にもかかわらず

1900−1930

はじめに

「にもかかわらず、決定的なことが起こったのだ」
――ニーチェ

私は三十年にわたる闘いの勝利者となった。人々を不必要な装飾から解放したのだ。「装飾」とは、かつて「美しい」ものを形容する言葉だった。だが今日、私が精魂を傾けてきたライフワークによって、この言葉は「無意味な」ものを意味する言葉となった。いまでは自明のことのように受けとめられているが、もとはといえばこれは私が主張したことだ。一九二四年にシュトゥットガルトで出版された卑劣極まる本『装飾なきフォルム』[1]は、私の闘いぶりを黙殺したため、みずからの品位を貶めることとなった。

いままで私が書いてきたものを集めた『虚空へ向けて』と『にもかかわらず』の二冊は、私の闘いの記録である。いつの日かこの世の富から閉めだされてきた人々に富が取り戻された暁には、人類は私に感謝するであろう。私は確信をもってそう宣言する。

ウィーン　一九三〇年十月

アドルフ・ロース

Nr. 1 WIEN 1903 Preis 20 h

DAS ANDERE

EIN BLATT ZUR EINFUEHRUNG ABENDLAENDISCHER KULTUR IN OESTERREICH: GESCHRIEBEN VON ADOLF LOOS 1. JAHR

「他なるもの」第1号表紙（1903年10月）。タイトル文字はヴェル・サクレム書体。
1・2号とも冒頭広告はのちの「ミヒャエル広場に建つ建築」依頼主ゴールドマン＆ザラチュ

「他なるもの」より　アドルフ・ロース著「オーストリアにおける西洋文化入門小冊子」第一期

西洋文化

アメリカに移民した私の叔父はフィラデルフィアで時計職人をしている。住所はちょうど八番通りと九番通りのあいだのチェスナット通り。この周辺はウィーンでいえば、ちょうどケルントナー通りにあたる。私が叔父のもとを訪ねたとき、彼はパークアベニューに住宅を構えていた。

彼の妻、つまり私の叔母はアメリカ生まれの生粋のアメリカ人だ。彼女には兄がおり、ベンヤミンといった。彼は町の郊外で農業を営んでいた。私は街なかの叔父のもとにやっかいになっていたが、ある日、ベンヤミンとその妻アンネのところを訪ねるようにと言われた。数多い従兄弟のなかのひとりが案内役となって、私とベンヤミン夫妻のもとへ向かうことになった。われわれは鉄道に乗り、駅から一時間ほど歩いた。

道沿いには大きな家々が立ち並んでいた。風車があり、切妻壁でベランダがついたすてきな二階屋ばかりだ。これらはみな典型的な農家だった。

ベンヤミンの家もまさにそんな家だった。われわれは招き入れられた。アンネは、「「ヨーロッパから来た甥」とお会いできてとてもうれしいわ」と言い、「それもオーストリアからだなんて！」と付け加えた。二年前、彼女がはじめてヨーロッパの旅をしたときに訪れた場所が、ちょうどオーストリアだったのである。

アンネはコットンのプリーツスカートをはき、白いブラウスを着て白いエプロンをつけていた。彼女はきびきびして老いても愛らしく、子供はいなかった。髪はまんなかで分けていた。食事の時間になると彼女が料理をして、手ずからオートミールを取り分けてくれた。食後、われわれは農作業中のベンヤミンに会うため農地に足を踏み入れた。十五分も歩くと畑のなかに腰を下ろし、タマネギの皮を剝いているひとりの老人がいた。彼は長靴にドリル織り[1]のズボンをはき、色物のフランネルのシャツを着て帽子を被っていた。その帽子はウィーンの水泳選手がつけるような形[2]によく似ていた。この老人こそベンヤミンだった。

それから四週間後のことだ。ベンヤミンのもとへ同行してくれた従兄弟が死んだ。原因はチフスだった。叔母の親戚が集まるのを待つことになった。死んだ甥の葬儀に参列するのに、田舎に散らばる親戚が一同出てくることになったのだ。

葬式の二時間前になって、私もフィラデルフィアに連れていく、そこで喪章も手に入れてやるから式に出ろ、と言いだす者がいて、あわただしく私がフィラデルフィア行きの馬車鉄道の一席に腰を下ろすと、エレガントな喪服姿の中年女性が私に声をかけてきた。私は暗澹たる気持ちになった。田舎での六週間の滞在中、私は誰ともつきあいがなく、明らかにこの女性は人違いをしているはずだった。そのことを乏しい英語力を駆使して伝えるのにてこずった。

だが、彼女は私を知っているようだった。驚くなかれ。なんとこの女性はアンネその人だったのだ！　私の知っているあのアメリカの農夫の妻ではないか。私は彼女の着ている服を指さし、そのせいで別人だと思ったのだと言い訳をした。「あなたが間違えるのも無理ないわ」と彼女は言った。「このワンピース、じつはウィーンで買ってきたものなのよ、それもドレコール〔3〕のものなの」

われわれが葬式の場に到着すると、参列者はみなそろっていた。見慣れているはずのベンヤミンのことすら、私は見分けがつかないところだった。なにしろ彼は喪章をつけたシルクハットを被り、品のあるフロックコートを身につけ、細身のズボンをはいていたのだ。この細身のズボンは、私がこの一八九三年当時はいていたゆったりしたズボンに比べ「時代遅れ」だと思っていた。だが後になって私は知ることになったのだが、彼は「いまだに」ではなく「すでにもう」細身のズボンをはいていたのだ。私がそのときアメリカでのトレンドを知らなかったのはよかった。私のなかでは細身のズボンは時代遅れだという認識があったからだ。そう考えなかったら、新興国アメリカにやってきたヨーロッパの人間として、私のプライドはずたずたに引き裂かれていたことだろう。

*

ウィーンで一時間も列車に揺られれば街を抜けて風景はすっかり変わり、田園のなかにある農村に入っていく。われわれ都会人にとってそこで出会う人々は、海をこえて数千マイル離れた場所に住む人々以上になじみがない。われわれは彼らと関わる機会がまったくないのだ。そのため、彼らにむかって何か褒めるようなことを言うと、逆に彼らはわれわれに侮辱されたと受けとめる。逆に田舎くさいとかダサいなどと言いづらいことを口にすると、感謝の微笑をもって応じるのである。彼らはまるで国際博覧会の中国ブースにある中華料理屋の中国人のような格好をし、ものを食べている。さらに地元の祭りの際にはスリランカのシンハラ人のようにカラフルで異国情緒あふれる仮装行列をして、ウィーンから物見遊山に出かけてきた人々を楽しませるのだ。

困ったことだ。数百万ものオーストリア人が都会文化の恩恵を受けていないのだ。仮にこの田舎の人々が突然大都市の人間と同じ社会的権利を要求することになったとしたら、どういうことになるだろう。彼らはおそらくアメリカにおける黒人のような差別を受けるだろう。実際、私は見たことがある。野良仕事から帰ってきたばかりの田舎くさい革の半ズボン姿の農民がウィーンのカフェでコーヒーを注文したところ、注文拒否を食らったのだった。

西洋文化を熟知し、わがものとしている人間は、特定の地理や営為、気候に条件づけられたどんな文化にもただちに順応することができる。ウィーン人なら誰でも、いざ山へ行くとなれば登山靴に革の半ズボンをはき、ローデン生地[4]の防寒用ヤッケを着こなすことができる。だが、山の住民となるとそうはいかない。彼らは都会に出かけるのに、フロックコートにシルクハットを着こなすことができないのだ。この点はもう一度強調しておくが、彼らが都会へ出かける場合、都会人のまねをしてもどうにもならない。なんでもしゃれのめす冗談好きが、こうからかうのが目に見えるようだ。「ロースさん、あなたは農民にエナメルの靴を履かせ、シルクハットに燕尾服姿で畑を耕せとでもいうんですか」

当の農民は、私が言っていることなどまじめに受けとめはしないだろう。そうでなければ伝統的な民族衣装を継承していく人々がいるなんて考えられないからだ。しかし「愛はまず身内から[5]」ということわざがあるように、まずは田舎の人々に対し美的な試み、つまり都会風の格好をしてみてほしいと呼びかけることくらいは許されるだろう。あなたもぜひやってみてほしい。だが、これをもってしてオーストリア住民の八〇パーセントがいまだ文化的に二流だと決めつけるのはフェアではない。私はいままで、ガリツィア在住のユダヤ人[6]はユダヤ固有の民族衣装カフタン[7]を着つづけるべきだなどという要求を西洋式の身なりをしているユダヤ人から聞いたことは一度もないからだ。

ある人が私にこう言ったことがあった。「革の半ズボンを脱げない人間は、サロン用の服と革のズボンとをたやすく着替えることができる人間よりあやつりやすい」と。それは違うと私ははっきり言っておく。

馬具屋の親方

むかし、ある馬具屋の親方がいた。実直で腕のいい親方だった。彼がつくる馬具には、前世紀につくられたものと共通するところはまったくなかった。またトルコ製のものとも日本製のものともまったく共通点はなかった。つまり、彼の馬具は新時代の馬具だったといえよう。しかし、彼は自分がつくるものが新時代のものであることなどまったく思いつきもしなかった。ただ自分ができるかぎり最高の馬具をつくっているという自負しかなかったのだ。

そこへ一風変わった流行が街を席巻するようになった。それを人は分離派と呼んだ。分離派は新時代にふさわしい日用品をつくることを要求した。

この話を聞きつけた親方はいちばんできのいい馬具を選び、それを分離派の指導者のもとへ持っていった。親方は指導者に言った。「教授！――分離派の指導者たちはすぐに大学教授に納まる者が多かった――私はあなた方が望まれていることを聞きました。私も新時代の人間だ。そうであるからには時代に即した仕事をしたい。そこでお答えいただきたいのだが、私の馬具は新時代にふさわしいものだろうか？」

教授は馬具を吟味し、親方に長々と説明した。説明にはこんな言葉が散りばめられていた。「工芸における芸術」「個性」「モダン」「ヘルマン・バール」「ラスキン」「応用芸術」……。そして教授は結論づけた。

「いや、あなたの馬具は新時代にふさわしいものではない」

恥じ入った親方は、その場を即座に出ていった。そして言われたことをもう一度吟味し、仕事をし、さらに考えた。だがどんなに教授の要望にかなうよう努力を重ねても、親方はいままでどおりの馬具をつくることしか思い浮かばなかった。

がっくり肩を落として、親方はふたたび教授のもとを訪れ、どうにも解決の糸口が見つからないと訴えた。教授は、親方の新たな試作をためつすがめつ眺めて、こう言った。

「親方、あなたにはまったく「想像力」というものが欠けていらっしゃる」

そうだったのだ。親方には明らかに「想像力」というものがなかった。ああ、「想像力」！　だが、親方は馬具をつくるのに想像力が必要とされているとは思いもよらなかった。もし自分に豊かな想像力が備わっていたなら、画家か彫刻家、あるいは詩人か作曲家になっていただろう。

教授が言った。「明日もう一度いらしてください。われわれは新しい着想をもって工芸の世界をより豊かにするために日夜努力しているのです。あなたのためにどんな協力ができるか、ひとつやってみましょう」

そこで教授は、講義のなかで学生たちに新しい馬具を構想させ、デザインさせたのだ。

次の日、親方が来ると教授は四十九点の馬具デザインを示して見せた。学生四十四名が各自一点ずつ制作し、教授がみずから五点、そこに花を添えた。これらの作品は雑誌「ザ・ステューディオ」[8]のためのものだった。そこにはいまふうの気分ともいうべきものがあふれていた。

親方はじっくりと作品をひとつひとつ観察した。すると彼の目はみるみる輝きを取り戻していった。

そして彼は言い放った。「教授！　私がですね。あなた方のように乗馬や馬、皮革や馬具づくりに関してほとんど知らなかったとしたら、私にもあなたがおっしゃるところの想像力とやらをもつことができたでしょう」

親方はいまや何にもまどわされることがなくなり、自分の仕事に満足して馬具づくりに精を出している。はたして彼のつくるものが新時代にふさわしいものであるのかどうか彼は知らない。彼が熟知しているのは、馬具とは何かということだけである。

国家の福祉事業

I

最近、ウィーンでこんなことがあった。ある少年が「プラネッテン（惑星）」を売り歩いていた。これは粗末な新聞で、低級俗悪な話題を世間に広めるのに一役買っている代物だ。百部を一〇ヘーラー[9]で卸し、一部を二ヘーラーで売る。少年はこれで稼いでいた。人々は夕暮れになるとプラーター公園でビールを飲みながらこの新聞を読むので、少年もその時間帯は公園周辺を歩きまわり、そのまま公園で夜を明かすことになるのだった。彼がどこに住んでいるのか誰も知らなかった。少年は公園の近くにある宿泊施設で、一五クロイツェル[10]〔＝三〇ヘーラー〕払えばゆったり眠ることができた。おまけに、この売り上げで二日は十分に腹を満たすことができた。母がくれる一〇ヘーラーだけではやっていけなかったのだ。こんな事例はどこにでもある。いたるところに貧しい人々はいる。一〇ヘーラーを元手に商売をして二クローネ[11]〔＝二〇〇ヘーラー〕を儲ける人々だってたくさんいる。オーストリアでは、商売をして生計を立てる行為を正面から不道徳だと言う者はいないが、けっして品のいいことだとは思われていない。国富をもたらすことは、それほど褒められた仕事ではないとされている。証券取引所に通う者など、多少侮蔑をこめて「株屋」などと呼ばれているほどだ。

逆の国もある。バルカン諸国からは遠く、非常に遠く離れたところだが、商人が何ほどかの価値を認められているのである。きわめて洗練された商人は株式取引所に通い、そこでがっちり稼いだ者は皇帝や王から食事に招待されるのだ。株で儲けるなど、われわれのもとではもっとも恥ずべき所行だと考えられている。「お国変われば、ならわし変わる」というわけだ。

いずれにせよ、プラーター公園の新聞売りの少年の行為を、ある新聞が法律欄で「都会っ子の現状」だとか「堕落した青少年」と題して書き立てているのを目にしたが、それは言いすぎというものだ。大人たちの商行為をもはや禁止することができない以上、金銭欲の毒が繊細な若い世代を堕落させないよう、国家はなんらかの対策を講じることができるはずだからだ。ありがたいことに、依然として法律上「子供への家庭内懲罰」は認められている。だがこの新聞売りの少年の母親は、十分にこの権利を行使しなかったという理由で一週間の禁固刑を食らったという。ところで、なぜ彼女は息子に外で勝手に稼がせたのだろうか。母親はこう考えたのだ。息子が飢えることをよしとし、それが子供を鍛え強くするのだと。もっとも、鍛えられたのは商根だけだったが。

妄想めいたことが私の頭をめぐりはじめる。くだらぬ、ありえないことではあるが、話は五十年前のアメリカの法廷だ。少年の手を握る貧しい女が裁かれようとしている。そして裁判官の声が厳粛に響きわたる。「あなたはひどく法律に背いた行為をおこなった。すなわち、息子トーマス・アルヴァ[12]に新聞を売らせたのだ。これはモラル崩壊への第一歩である。エジソン夫人！ あなたを一週間の拘禁刑に処す」

II

件《くだん》の新聞売りの少年の話をめぐって、数通の投書がもたらされた。そこにはこんなことが書かれてあった。

「ユダヤ人だけが株式取引所に通っていることをロースはまったく知らないのではないか?」。そんなことは私だって知っている。さらにこうもあった。「株式取引所だけが悪名を着せられるのか? ロースは無料宿泊施設フォイヤーシュタインについて書かれたものをまったく読んでいないのではないか?」。私はこれも読んでいる。「そもそも「プラネッテン」をおおっぴらに売ること自体、禁止されていることをロースは知らないのではないか?」ともあった。それだって私は知っている。

最近その内実を暴露された無料宿泊施設フォイヤーシュタイン[13]に関して、ここでは周知のこととして語らせていただく。性病にかかった十三歳の少女がほかの子供たちに病気を移した例の事件だ。マスコミは騒ぎ立てた。なんてことだ、目も当てられない! 無料宿泊施設は悪の巣窟だ。世間の良俗を脅かす存在だ。子供は元来家族の庇護のなかにいるべきだ……。

こうした貧困層の家族構成を詳しく見てみれば、たいていは父がおり、母がおり、そしてたくさんの子供たちとくる。ひとつの部屋のなかで料理をし、食べ、みな一緒に寝る。さらに毎晩、夜が更けると、アパート代も払えないために寝場所のない貧しい人間たちが、男も女もベッドを求めて集まってくる。そして困った事態が発生する温床になるわけだ。

そこで、人々はいつも議論しあうことになる。子供たちにいつから性教育をすべきか、あるいは性教育がいったい必要なのかどうかというテーマだ。

だがプロレタリアートにしてみれば、こんなテーマは「戯言」にすぎない。子供たちに生殖機能を教えこむのは消化機能を教えるに等しい。そこにたいした違いはない。つまりたとえ父と母、さらに寝床を求めてやってくる男と女が消化機能のほうは子供の目から遠ざけておかねばならないと考えたとしても、彼らには性の現場における羞恥などまったく存在しないのだ。宿泊施設フォイヤーシュタインのひとつのベッドに四

人の子供が一緒に寝ているのとは訳が違う。一組の男女が一緒に寝るのだから。

十四歳以下の年少者がかかった性病を、いちいち医者が訴え出るよう義務づけることが適切かどうか、私にはわからない。年少者による性病罹患数の統計をとってみれば、子供は家族のもとにいるべきだなどというばかげた呼びかけはすぐにナンセンスだとわかるだろう。外に危険があるのではない。外にいれば年少者たちは公序良俗によって守られているからだ。むしろ危険は家庭のなかにあるのだ。

法の立案者がそのことを悟るには、まだ数年を要する。子供たちがきちんと家のなかにいるかぎり、危険や悲惨、悪徳や放埒はないと彼らは考えている。だからこそ、出版法案[14]における文言、つまり新聞の路上販売は十八歳以上から許可する、という一節ができているのである。

未成年による営利活動自体が厳しく禁止されているわけではない。ただし外での営利活動は禁止されている。家のなかで家族の庇護のもとにおこなうぶんには許可されているのである。寝床を借りに来た男女がお楽しみの最中に、子供たちが国の法律にしたがって一晩中紙袋の糊づけをするとか、爪楊枝を切るなどの内職に勤しむことは許されている。その一方で、外は危険に満ちているからダメだというわけだ。

アメリカでは考え方が異なる。少年や荷物運びにぴったりの頑健な青年が新聞を手に売りまわっている姿をみれば、人々はこれをまったくの浪費だと考える。これは国力と国家財産の浪費だと。われわれオーストリア人は、たしかに豊かだ。国力も国家財産も潤沢である。若者たちに新聞売りをあてがう余裕もあろうというものだ。しかしアメリカ人は財力を節約し、若い世代の力を無駄に浪費せず、しっかり使用する。そして幼くともすでに自立した子供たちが彼らを搾取しようとする連中の手に落ちないよう、市当局やあるいは新聞で財をなした新聞王たちが、新聞売りの子供たちがわずかの金でたらふく食えるだけの宿泊施設を用意しているのだ。そこではたったの五セントで泊まることができ、無料で風呂に入ることもできる。

金を稼ぎたいという気持ちは、プロレタリアートの子供たちにすらある。それを国家権力が押さえこむことはできない。だが、国家は彼らの願いを正しく導くことはできる。もし少年たちに公共の場での新聞売買を禁止するなら、「プラネッテン」の売買を秘密裏におこなわざるをえなくなる。私に言わせれば「プラネッテン」などという俗悪きわまる新聞は検閲で取り締まるべきなのだ。絶対に！　こんなものはたんに愚劣さをばらまいているだけなのだから。読者のみなさん、一度この件についてはぜひ財務大臣に働きかけてほしい。「プラネッテン」は多大な税収入をもたらす宝くじ販売をもっとも効率よく売りさばくいい宣伝になっている。財務大臣はこの新聞を禁止することには反対だろう。

医者たちによれば、幼少期の梅毒は成人に比べればさほどの害にはなっていないという。さらに心理学者たちによれば、ひとりでするマスターベーションよりもふたりでおこなうマスターベーションのほうが人格におよぼす害はそれほど多くないという。いずれにせよ、いまやプロレタリアートの生活環境はより改善されている、と私は固く信じている。

商品

この欄では、読者を本物の目利きにするために書いてみよう。いい商品をつくっている生産者は私の書こうとしていることを支持するだろうが、粗悪品しかつくっていない生産者は私を貶めようとするだろう。だが考えてもみてほしい。みずからの商品にプライドをかけて、まともな生産者が最高の素材を加工し、高額報酬に値する職人を使ったとしても、その商品の価値が一般人に理解されなかったとしたら、すべては無駄骨だ。Xの店では同じ物が半額で購入できると消費者はよく言うが、そうした物言いがずっと幅を利かすと、決まってつくり手の気持ちを萎えさせることになる。ということは、結局消費者が物の値段や売買の内実を左右するのであり、ひいては自分たちの生活の質を高めるうえで責任を負っているのである。つまり他人の生活にも責任を負っているということだ。

だが質のいい物を買う購入者でも、まわりの人間が買った物の素材や仕事の善し悪しを解さないと知るや、とたんに損した気分になる。誰しも搾取の対象としてバカにされたくはない。人々がいい物を買うのは自分のためだけでなく、その商品をまわりの人間から粗悪品だと思われたくないという気持ちが働くからだ。

すでにいい萌しはあった。ウィーンの皮革製品と銀細工工芸である。このふたつに対しては、いい素材を使い信頼に足る仕事をしている商品をほしいがために誰もが惜しげもなく金を払った。うなずける話だ。バッタ屋で安く手に入る同じものを、ヴェルツル[14]の店ではその四倍の値段を払っていた人々もいたが、彼らをバカなやつらだとは誰も思わなかった。だが、そこへ登場したのが分離派である。分離派連中は、さてこれからというときに、せっかく萌したいい流れをぶちこわしてしまった。いくつかの工芸分野が分離派の影響下に入らなかったことは、せめてもの救いだった。これは教育省が馬車製造と紳士服、さらに靴づくりのためにいわゆる「時代の流行をゆく」芸術家を招聘しなかったことによる。そのため、いまだこれらの分野には、古きよき血が脈々と流れている。

＊

ロツェット&フィッシュマイスター社[16]は、自社店舗のショーウィンドウの右側にひとつの指輪を飾っている。私はその前を通るたび、えも言われぬ喜びに満たされる。ひとつの大きなダイヤモンドがきわめて絶妙で軽やかに、繊細かつ独創的に飾られているのだ。それを目にする者は、このような仕事が現実におこなわれている時代に生きている喜びを心の底からかみしめるのである。ある金細工職人の頭のなかにだけ、たったひとつの宝石を指輪に嵌めこむというシンプルなアイディアがひらめいた。諸君はぜひあのショーウィンドウに赴き、じっくりと眺め、私とともに喜びを分かちあってほしい。そして誰もがすぐに見極め、納得するだろう。ああ、これが現代ということかと。ケチのつけようがない。過去の時代や西洋文化を理解しない人間のもとでは、こうした認識は生まれようがない。だが、この指輪と分離派のデザインによる指輪とのあいだにある距離ほど大きなものはない。いったい分離派のものは現代的なものと呼ぶべきなのだろうか⁉

*

アメリカでは、われわれのテーブルに登場するカブやインゲン豆のようによく料理される野菜がある。ナスである。英語ではエッグ・プラントと呼ばれる。ウィーンでも最近になってメランツァーネという名で市場に出回りはじめた。この青く細長い野菜は、ナッシュマルクト[17]あたりで近い将来主婦層に浸透するだろう。だが、いまのところ安価のわりにあまり需要がない。みな調理の仕方を知らないのだ。ナスはジャガイモのようなものだと考えていただければよい。この場を借りて、私がいちばんうまい調理法をお教えしよう。

まず皮を剥き、カットする。切り方だが、細長いナスの場合は短冊切りに、丸々している場合は幅四ミリにスライスする。そして塩をふり、小麦粉、溶き卵、パン粉をまぶして衣をつける。最後にシュニッツェルのように、バターを溶かした油でじっくり揚げる。

私はシュピーゲルガッセ[18]八番地中二階のベジタリアン専用食堂で、このナス料理を十月十五日から八日間毎日昼時に提供することにした。近所の男たちが試しにやってきて、自分の妻に話すことだろう。そうなれば妻たちもやってきて試すかもしれない。そして噂を聞きつけた飲食店の経営者も集まってきて一気に広がるかもしれない。

印刷書体

この小冊子のサブタイトルは、すべて大文字で「EIN BLATT ZUR EINFUHRUNG（入門小冊子）[1]」と印刷してあるが、書体はすべてヴェル・サクルム体[19]という名前でポッペルバウム社[20]が売りだしたものだ。読者がこれを分離派の書体だと判断するのもむべなるかな。だがそれは違う。この書体は新しく思われるが、実際は一七八三年につくられたもので、ウィーン市が印刷術を学ぶ徒弟職人のために公認したものだ。百二十年の歴史があるわけだが、まるで昨日つくられたかのように新しい印象を与える。もっといえば一昨日つくられたオットー・エックマン[21]の文字より、あるいは一昨々日につくられたワーグナー派[22]のピンと延びた「T」の文字に代表されるアルファベットよりも新しい感じがする。繰り返すが、この書体は一七八三年に生まれたものなのだ。当時の人間はある書体を生みだしたが、特定の様式を想定していたわけではない。現代の芸術家たちは新しい書体を発明しようとしているが、時代の壁は厚く、そう簡単にゆくものではないということだ。

つまり、われわれはこの書体を新しいとみる嘘ではなく、百数十年ものあいだ連綿と続いてきた真実とより深くつながっているのだ。

読書

こんな投書を受けとった。「あなたにお近づきを願いたく、お手紙を差しあげる次第です。聞いてください。私には息子がひとりおります。年齢は八歳、非常に聡明な少年です。しかし悪い癖があるのです。彼は目を引く人間や、その人となりについて話題にしたい人間、あるいは興味をもった人間を見ると、彼らを指さすのです。そのたびに私は「そんなことをするものじゃない」と言い、ぴしゃりとやりました。そのおかげでその癖はいったん治ったかにみえました。ところが最近のこと、ふたたびある男性を指して「パパ、あれは誰なの?」と尋ねました。もちろん、私はすかさずぴしゃりとやりました。するとわが子は深い同情のまなざしを私に向け、ポケットからくしゃくしゃの紙をとりだしたのです。新聞の切り抜きのようでした。そして私の鼻先に突きつけました。読んでみると記事にはこうありました。「ドイツ皇帝ヴィルヘルムは舞台を見にきたおり、最初の幕間の際にオペラグラスを使わず観客席をじっくり見渡し、わが皇帝陛下のもとにいた何人かに繰り返し声をかけようとして彼らを指さした」!! 新聞は一九〇三年九月十三日付「時代《ツァイト》」三百四十九号です。驚きました。いったい私はどうすればいいのでしょう? もう息子にぴしゃっとやったところでなんの説得力もない。いまでは私が息子に指摘しても、もちろんドイツ皇帝のおこないを非難しても、まったく聞く耳をもたなくなってしまったのです」

*

私はここで一冊の本を挙げたい。上記の問題と密接に結びついており、私が「国家の福祉事業」の欄で言及したテーマと関わる。フランク・ヴェデキント[24]の『春のめざめ』である。ここにはある子供の悲劇が描か

(1) ここでは小冊子のタイトルまわりを縮小して掲載している。小冊子の第一号は、ペーター・アルテンベルクが発行していた雑誌「芸術(*Die kunst*)」の付録だった。第二号は単独で刊行された[23]。

れている。最初のページに目を通した者は誰しも考えるだろう。ああ、これはポルノ本ではないか。性にまつわることをあけすけにしゃべりちらしている子供たちの話じゃないかと。ところが先へ先へと読み進めていくうちに止まらなくなってしまう。内容はさらに「ひどく、ますますひどく」なるのだが、最後にパタンと本を閉じたとき、誰もが感動に打ちふるえることになる。

この本をすべての父親たち、母親たち、教師たちに読んでいただきたい。子供の内面が緻密に描かれていて、彼らとつきあういいヒントがたくさん見つかるだろう。

*

あるM・Mという男性は「ボヘミア」[25]という新聞のなかで、私のこの小冊子に関して論評しておられる。彼は「オーストリアにおける西洋文化入門」というタイトルを「不遜きわまるお笑い草」と呼び、次のように書いている。「望むらくは次号の『他なるもの』では満を持してこう断言されることを望む。いま現在、塩壺には塩を掬うための匙がない。だが塩匙をウィーンの全レストランがもれなく導入していれば、いまごろウィーン人たちは塩をナイフで掬う悪習から解放されていたのである。仮にレストランを訪れる全ウィーン人がそもそも食べ物をナイフで口に運ぶ習慣をやめていたならば、少なくともこの「ナイフで塩」という習慣の醜悪さもなくなっていただろう」。最後の文章をM・M氏は強調してはいなかったが、彼の真意を際立たせるため、あえて私が強調した。

こうした事情を考えると、たしかにオーストリア＝ハンガリー帝国の四百万人もの人間に西洋文化を教えこむ必要はないとは言えなくなるが、M・M氏はむしろはっきりと必要だと考えているのである。

彼のような人間を私はもうひとり知っている。数年前のことだ。ウィーン人のレストランにおける食事作法について記事を書いたことがあった。その文章を採用しようという新聞は一紙もなかった。たしかに私の文章のせいで定期購読者を失うようなことがあってはいけない。とにかく、私は校正原稿を受けとった。そのなかで私はこう書いていた。「ウィーンのレストランに関して不愉快なのは、食事客が自分で塩を足せないことだ。塩用の匙がないからだ。それで食事客がナイフで塩を掬うため、塩には次第にレストランの全メニューの味と色が染みついていく」。私はこの小冊子の読者にこの原稿を読ませた。すると彼はこう言った。「まったくおかしな話です。誰でも食べかすがついたナイフを使って塩を掬っています。だから私は塩を掬うときには、ナイフをなめてきれいにするようにしています」

M・M氏と私の校閲者とのあいだには、ふたつの対照的な考え方がある。

このふたりの男性が手を組めば、「オーストリア文化入門」と題した小冊子をイギリスで出版しかねない。これは別にばかげた想像ではない。げんにウィーンモードクラブは毎年こうした企画を立てており、プライドの高いオーストリア人たちから失笑を買うどころか、共感を呼んでいるほどなのだ。

見たことと聞いたこと

イギリス王エドワード〔七世〕のウィーン訪問後、次に来訪することになっていたのはドイツ皇帝とロシア皇帝だった。そこで町を飾りたてるために、埃まみれのビゼニウス装飾がウィーン市所有の倉庫から引っ張りだされた。だが、たとえば分離派の芸術家たちに依頼するのもひとつの選択肢として考えられなかったのだろうか。彼らなら難なくやってみせただろう。事実ここ数年、分離派たちは彼らの展示会を飾るのにきわめて簡便に、もっとも金のかからない方法で「移動することのできる装飾」という難題をみごとにクリアしてきたではないか。もし市の職員が分離派の芸術家を使うことに躊躇されたのであれば、私なら建築家ウルバン[26]を推薦していた。彼ならトレーシングペーパーをみごとに使いこなし、どんな注文にも対応して自在に町を飾りたてただろう。彼は分離派のなかでも穏健派の代表と目されている。彼でもやりすぎると言うなら、ガス管や水道管の技術者に頼むのもよかっただろう。彼らならおそらく王の戴冠式がおこなわれた際のロンドンの町の飾りつけの写真を見つけだし、それをヒントにふさわしい方法を編みだしたにちがいない。あるいは「ライプツィヒ・イラスト新聞」[27]の素描画家リマー[28]であれば、風が吹けばいっせいに旗が翻る風景をみごとに演出してみせただろう。リマーでなければ、旗も喪に服す布切れになり垂れ下がるだけだ。あるいはこんなことを考えたかもしれない。張りめぐらされた電線に、木材を巻いて白く着色した旗の掲揚ポールをくくりつけ、そこから幾千もの三角旗を掲げる。なんと荘厳な風景だろう。あるいはこんなのはどうか。道の端から端まで巨大なネットを垂直に張り、その上に人間ほどもある巨大文字で、わがウィーンへようこそ、と歓迎の言葉をプリントするのだ。すばらしい舞台が現出すること間違いなしだ。イギリスの戴冠式では、花が所狭しと載せられた水平のネットが路上に頭上高く張られ、そこを通過した際にパッとネットが開かれ、祝福を受けるべく新しい王の上に花のシャワーが注がれる。ここまでやれと私は言うつもりはない。それはあまりに高望みであり、やりすぎである。

注意してほしいのは、写真で見るとイギリスでは掲揚ポールに巻かれた木材は本物を使っており、オーストリアのように紙ではない。紙だと美しくはないが、木よりは安くすむ。それがウィーン流というものだ。

＊

キュンストラーハウス[29]の前に旗の掲揚ポールが二本立っている。これをつくった男の名前を明かせないのが残念だ。彼は古風な装飾や流行の装飾におもねることなく、工場から直接持ってきたような鉄パイプを、大胆にもそこにポンと立ててみせたのだ。路面電車の電線用パイプが見るも無惨な柱頭と刻み目をつけた装飾を施されているウィーンで、もっと言えば芸術家がつねに工場製品を見下し、ハインリヒスホーフの前の歩道の外観を復古調のひどい装飾で著しく損ねているこのウィーンで、この男がつくったポールはじつにすばらしいものだった。

誇りに満ち、自由で軽やかにそのポールは立っている。それはわが新時代の工業の成果を証し、人間の心のなかに荘重で歓喜に満ちた芸術的感覚を呼び覚ますためには装飾によってつまらぬ策を弄する必要がないことをはっきりと示している。

＊

私はどこにいようと、「トリスタン」[30]の上演を見逃したことがない。私にとってこの作品は、われわれが知りうるなかでもっとも優れた芸術作品だ。「トリスタン」がつくられた後に私が生まれてきたという恩寵に感謝したい。

私はけっして涙もろい人間ではない。涙を誘う劇が上演されると、人々が次々にポケットからハンカチをとりだし、客席全体が涙に包まれると不思議に思う。彼らはいったいどうしてしまったんだ⁉　歌手ラインホルト本人の身に何かが起こるわけではないし、歌手ライマースは一時間後にはレーベンブロイ食堂に陣取って、いつものケーニヒスベルク風肉団子[31]を注文するだろう。彼らはしょせん演じ手にすぎないのだ。

しかしトリスタンとなると、私はステージにどの歌手が立っていたのか思い出せなくなってしまう。そして第一幕の一時間十五分の音楽が私の心を鷲づかみにし、落ち着きを失う。イゾルデがトリスタンから引き裂かれ、王妃の衣を無理やり着せられるという恐ろしい悲劇に胸をしめつけられる。幕が降りるころには自分の目に涙があふれている始末だ。誰かが私のこんな状態をひそかに見ていないか、内心びくびくしているのだ。バレたら恥ずかしいではないか。だが、いつもこうなのだ。

　トリスタンが新たに生まれ変わった。演出を託されたのはローラー教授[32]。これも当然だが観た。こんな舞台だった。まず幕が上がりはじめる。しかし若い船乗りの声が私の耳には入らなかった。私の目は舞台に釘づけだ。あの船はいったいなんだ!? 船体が斜めに切断されているではないか。あれは縦断面なのか、横断面なのか？ 歌手ミルデンブルク[33]はいい声をしている。だが、いったいあの船体は横断面なのか、縦断面なのか私は気になって仕方がない。すぐに明らかになるにちがいない。幕がもうすぐ上がりきる。「風を、風を」。ああ、そうか。船は横断面だったのだ。ありがたい。これ以上、私は待ちきれなかっただろう。今度は別の物が気になりだす。いったいあれはなんだ？ トリスタンが船を進めだし、すぐに舵を取る。こんなシーンをローラーはアッター湖[34]畔で実際に見たにちがいない。「わが身ばかりがかわいいあの人にこう伝えよ」……。あるいはローラーが見たのはグムンデン湖[35]畔だったろうか。グムンデンの町にはいま、わが友アルテンベルクがいる。彼はじきにウィーンに戻ってくるだろうか？ 「どうすれば船を安全に進められよう」……あれは、歌手シュメーデス[36]だ。なぜここでヴィンケルマン[37]を使わなかったのか。ヴィンケルマンは怒るだろう。だが、そんなこと、私にいったいなんの関係があるだろう？ 「おお、わが戦士トリスタン……」。ブランゲーネがふたたび幕を閉じる。彼女は愛らしい衣装を身につけている。あんな衣装を芸術祭のようなところで妻に着せたらさぞ似合うだろう。「どうすれば彼は船を安全に進められよう……」。プラハで活躍するマティルデ・フレンケル＝クラウス顔負けのミルデンブルクのみごとな歌いっぷりだ。さあ、まもなく媚薬の登場だ。だが、媚薬はどこにある？ 小箱がそこら中に散乱している。なかなかうまい小道具・大道具の配置だ。絨毯はプラハのルドニカー社[38]の手になるものだ。私も玄関用に使っていた。小道具に使われている家具の詰め物もいい。ザンドール・ヤーレイ[39]だったら、こうはできなかっただろう。「私の目に彼の姿が映った……」。ヤーレイは、ローラー教授がノルマン様式[40]の婦人室という構想を先取りしたことが癪に障るにちがいない。しかし、いったいどの小箱に媚薬は入っているのだろう。なるほど、あの箱のなかだ！　だとするとほかの箱はなんのために用意されているのだろう?……

いよいよ終幕に近づき、私のじりじりした思いはやがて満たされる。女たちが例の箱に近づき、いよいよ開ける。そこにあるのは王冠だ!!　すばらしい。私だったら、こんな演出は思いつかなかっただろう。

幕が下りた。拍手喝采だ。私はとっさに立ち上がった。われを忘れてすっかりトリスタンに夢中になっていた。私は自分が演出のあれこれに疑問を感じたことを恥じた。素直に感動を受け入れればいいのだ。私は外に飛び出した。もうトリスタンの舞台を一度見ると、じっと座っていることなどできたものではない。私は一目散に家に帰った。

ああ、すっかり心を奪われてしまったのだ。

私の身に起こったことが他の人にも起こったかどうか、私は知らない。

習慣

エチケットの問題

十年前、私がハンブルクからアメリカに向かっていたときのことだ。船上で、私はその後の人生の方向を決めるような出来事を体験した。

私のほかにもひとりオーストリア人が乗船していた。彼はいい家の生まれの技術者で、好感のもてる若い青年だった。食堂でわれわれは別のテーブルに座った。彼はアメリカ人に混じっていた。数日後のことだ。私はこんな話を耳にした。青年と同席している者が船長にこの若いオーストリア人を別のテーブルに座らせてほしいと頼んでいるというのだ。あまりに不作法で、彼の横では物も食べられないという。彼はナイフについた食べかすをなめる。そのナイフで塩を掬うため、テーブル全員で共有して使う塩を汚してしまうというのだ。他の人々からも文句が出た。そこで彼は別のテーブルに移された。今度はドイツ人たちのテーブルだった。そのとたんドイツ人たちのプライドが刺激された。というのも、アメリカ人たちが許さなかったことを自分たちがやすやすと許すわけにはいかなかったからだ。そこでベルリンから来たある紳士は、この不幸なオーストリア人青年がスープにナイフで塩を入れるたびに、塩壺をとりあげて給仕を呼びつけ、わが意を得たりとばかり笑みを浮かべて大きな声でこう言い放ったそうだ。「この塩を替えたまえ! また汚れてしまった」。同情した人々が塩用のスプーンをそっと差しだしたが、青年は気がつかなかったという。これが私の聞いた顚末である。そこで私に白羽の矢が立ち、同胞の青年に知っておくべき必要なエチケットを説明してほしいと頼んできたのだ。話してみると、彼は好感のもてる青年だった。逐一説明しても、怒りだすようなことはいっさいなかった。彼はむしろ顔を火が出るほど真っ赤にして泣きださんばかりだった。私はアメリカの旅に出る数年前にドイツのドレスデンで暮らした経験をもちえたことをありがたく思った。そこには貧乏な学生たちが出入りするレストランがあり、そんな場所ですら塩用の匙は用意されていた。そのときの経験がなければ私の身にも同じことが起こっただろう。なにしろオーストリアには塩用の匙という存在は知られていないのだから。

トルコでは肉の入った米料理を手で食べ、オーストリアではソースをナイフで運ぶ。だがトルコ人もオーストリア人も西洋に行けばフォークを使わざるをえない。オーストリアプライドであれトルコプライドであれ、われわれが自信をもってふるまえるなら郷に従うことに問題はない。だが、いまだにイギリスの若い世代はわれわれを蔑んでいる。さらに成熟した西洋の住人たちがわれわれオーストリア人と同じテーブルで食事をしたがらないのも現実である。

トルコでは青年トルコ党員〔41〕による生活文化の変革運動が展開されている。その運動は西洋で暮らした経験をもつ者が始めたものであり、オスマントルコ帝国全土に広げていこうとしている。われわれも彼らに追い越されるのを待っている場合ではない。たとえば日本人は、われわれオーストリア人をとっくに追い越している。ウィーンにいる若い日本人学生たちは、レストランでは彼らをとりまくウィーン市民よりよほど西洋文化のルールに精通している。これは数あるなかの一例にすぎない。一部のオーストリア人たち――割合でいえばかぎりなく小さな数になってしまうだろうが――は、たしかに洗練された食べ方というものを知ってはいる。しかしそんな彼らも他の問題となると、とまどって立ちつくすしかないのである。

たとえば祝宴の祝い方は？　人を訪問する際に気をつけることは？　招待の仕方は？

こうしたことにとまどっている方がおられれば、ぜひ私に問い合わせてほしい。私の知りうるかぎりで、すべての質問にお答えする所存だ。

服装

人はどのように装えばいいのか？

現代的にだ。

では、いったいどういう服装を身につけているとき、現代的な装いをしているといえるのか？

もっともめだっていないときだ。

私はめだたないよう装う。さてその格好でアフリカのティンブクトゥ[42]へ、あるいは田舎町クレッツェンキルヒェンへ行くとする。そこでは、人々はみな私のことを見て驚くだろう。それも非常に驚くだろう。私の装いがめだつからだ。したがってここで条件をつけなければならない。西洋文化の中心にいてめだたない場合にかぎり、私は現代的な装いをしているということになる。

茶色い靴を履き、ジャケットを着て舞踏会へいくとする。ここでまた私はめだつことになる。そのため、さらに条件をつける必要がある。つまり、西洋文化の中心にいて、さらにある特定の機会をわきまえたときにこそ現代的な装いをすることになる。

ある昼下がり、はきなれたグレーのストライプのズボンに着古したフロックコート、そして愛着のあるシルクハットという出で立ちで人目をひくことがないというのは気分がいい。私がめだたないのは散歩しているのがハイドパークだからだ。この格好で貧民街のホワイトチャペル[43]をぶらつけば、ひどくめだつことになる。とすると、またさらに条件を付け加えなければならなくなる。すなわち西洋文化の中心にいて、ある特定の機会をわきまえ、さらに上流社会でめだたないのが現代的な装いなのである。

オーストリアではすべての人がこの条件を満たしているわけではない。というのも、これらの条件はわれわれにとって困難だからだ。イギリスでは誰もが西洋文化のなかで暮らしていることを自覚しているが、オーストリアやバルカン諸国では都市住人だけである。すべての人が「正しいこと」をきちんとわきまえるのはむずかしい。国家ですらも「間違い」を強制してくることがある。たとえば官吏だ。官吏たち――さしあたりここではふだん制服を着ていない官吏のことを指す――は日中、高官との謁見や公式の訪問の際、あまりに滑稽な格好をさせられるため、外を歩けば周りを爆笑の渦に巻きこまずにはいられないほどだ。彼らは猛暑の日ですら午前中燕尾服を着る。これなど通行人のあざけりの視線を避けるためにも脱いだほうがいい。ありとあらゆる場面でかくも馬鹿げたことがまかり通っている。もし読者諸氏が西洋文化のあり方で迷われたならば、ぜひ私に問い合わせてほしい。私の知る範囲で精いっぱいお答えしたいと思う。

アメリカのむかしの風刺新聞より

ここに浮浪者がひとり。ぼろぼろのフロックコートを着こみ、足の指の突きでた靴を履いている。こう呼びかけている。どうか慈悲深きお恵みを！

ある主婦が言う。哀れなお人！　さぞお困りでしょう！　夫のお古ですがこの靴をどうかお履きになって。

浮浪者が答える。マダム！　ありがたいが遠慮いたしましょう。私の黒いフロックコートにその黄色い靴を合わせてしまったらジェントルマンが台無しですからね。

住まい

新聞記者たちは昨年、現代芸術家がいかに趣味が悪いかということをわれわれにさんざんけしかけた。今度は私が記者たちの悪趣味をやっつける番だ。

フェンシングを学ぼうとする者は、まずみずからラピエール〔フェンシング用の剣〕を手にとらねばならない。フェンシングを見ているだけでは何も身につかない。同様に、住まいをつくろうと思うなら、まず自分ですべてをやってみなければならない。そうでなければ何も学べはしない。できあがったものはおそらくめちゃくちゃだろう。だがそれは自分自身が犯した間違いだ。自制心と謙虚な気持ちさえあれば、すぐにミスに気づき、自然と失敗を改め、よりよい方向に改善するようになるものだ。

住まいは人になじみ、人は住まいになじむ。

趣味の悪い住居になることを恐れてはならない。趣味は人それぞれ。これは正しくてあれは間違いだ、と誰が決められよう。

自分でつくった住居であれば、君たちの選択はいつも正しいのだ。

現代芸術家のスポークスマンは言うだろう。われわれはその人の個性に合わせて住居のすべてをしつらえてみせましょうと。それは嘘だ。芸術家は自分のやり方でしか家をしつらえられない。たしかに君たちの趣味に合わせようとする人々はいる。絵筆をパレットにつけ、絵の買い手の趣味に合わせて絵を描く画家がいるのと同じようにだ。しかし、彼らのことを人は芸術家とは呼ばない。

自分の住居は自分でしかしつらえられない。君たち自身が手がけることで家ははじめて君たちの家になるからだ。画家であれ壁張り職人であれ、他人がやるとそこは自分の住まいではなくなる。せいぜい無個性きわまるホテルの部屋になるか、住まいのカリカチュアになるだけだ。

そんな部屋に一歩足を踏み入れると、私はそこで人生を過ごさねばならない哀れな住人をいつも気の毒に思う。ここに、人々が家という存在によって大きな悲劇を背負いこむほんとうの事情があるのではないか!? そう思わないか？　こんな無味乾燥な家に住むなんて、まるで貸し衣装屋で借りてきたピエロの格好を着こんでいるようなものだ！

そんなことにならないよう願うばかりだ。君たちが借り物の安衣装に気づかんことを心から願う！

運命の厳粛な歩みのもとでは「応用芸術家」などという流行の名前を鼻にかけたハッタリなど通用しない。人間と魂を描写する者たちよ、筆をとりだせ！　そして描写せよ！　誕生と死、災難に見舞われた息子の苦痛の叫び、死にゆく母親の断末魔のあえぎ、これからみずから死に赴こうとする娘によぎった末期の思い、これらのものがオルブリッヒ[44]の寝室でどのように演じられ、どのような印象を与えるのかを描写するのだ。たとえば、こんなシーン。自殺した若い娘がいる。床の上に長々と横たわっている。片方の手がまだ痙攣し、銃口からまだ煙の出ているリボルバーを握りしめている。机の上には一通の手紙。絶縁の手紙だ。こんなシーンが展開している部屋は趣味がいいだろうか？　だが、いったい誰がそんなことを問題にするだろう？　誰がそんなことを気にかけるだろう？　そこはただの部屋なのだ。それで十分だ！

だが、もしその空間がヴァン・ド・ヴェルド[45]によってつくられたものであったとしたら？

とすればそこはもう部屋ではない。

とすればそこは……

それはいったいなんだろう？……

死への冒瀆だ！

君たちのもとに、いつもささやかな喜びがとどまらんことを！

フェンシングを学ぼうとするならば、みずからラピエールを手にとらねばならない！

さらに指導者が必要だ。指導者はフェンシングのすべてを熟知していなければならない。そういうわけで、私が君たちの住まいの指導者となろう。君たちの家はめちゃくちゃだ。それをなんとかしたいと思うなら、私に聞けばいい。私が秘訣を与えよう。この小冊子上で住まいに関することならなんでも聞いてほしい。もれなくお答えしよう。

部屋に新しく壁紙を張りたいが、迷ってはいないか？

新居の窓と扉を塗りたくはないか？

新居に古い家具を収納するのにベストのやり方を知りたくはないか？
居間に籐の肘掛け椅子が置けるかどうか困っていないか？
これはできるか？　あれはどうか？
色彩見本、布地のサンプル、壁紙の一部、さらに平面図と図案、なんでもいい。私に送ってほしい。返却がお望みなら、切手を同封されたし。私ができるかぎり君たちの住まいに関する悩みにお答えしよう。

われらのコンペティション

この小冊子を刊行している間、われわれはコンペを開催することにした。

このコンペは芸術家のためのものではない。工場労働者や職人のためのものだ。みずから働き、つくっている人間たちからこそ現代の工芸の健全化が、さらに文化と趣味の向上が期待できるのだ。工房や工場で奮闘している君たちを助けられるのは君たち自身しかいないのだ。それを自覚してほしい。

君たちは怖じ気づき、勇気も活力もない。あまりにも長く建築家やデザイナーたちの言いなりになってきたからだ。

このようなコンペは、君たちの現場にどれだけすばらしいセンスや独創力が隠れているのかをはっきり示すことになる。振り返るな。脇見をするな。過ぎ去った世紀も芸術家のアイディアも関係ない。さあ親方、職人、そこの徒弟方、自分自身に問うときが来たのだ。

第一回目のコンペは家具職人を対象にする。ウィーンでも第一級の貴族サークルの御仁たちが君たちの作品を評価する。そのために君たちもぜひ奮闘してほしい。

とはいえ、市井の市民より貴族のほうがいいセンスをしているかどうかなどというのは、私に言わせれば愚問にすぎない。

ただわれわれの前にある事実とはこうだ。つまり理容師見習いがスーツを選ぶ際、伯爵に思われるよう努力するが、伯爵が理容師見習いに見えるよう努力する姿を私は見たことがない。つまり、いいセンスとは誰にとってもいいセンスなのである。

このすべての人間に共通する内的衝動は、人類創世以来つねに文化を向上させてきた。

仕立屋仕事に当てはまることは、すべての職人仕事にも当てはまる。

つまり、貴族趣味にもっとも合致する仕事が選ばれることによって、制作者と購入者たち両方にとって利益が生まれる。つまりどんな物をつくりうるのか、どんな物を買うべきなのか、ということを両者が同時に知ることができるのだ。

誰に賞が与えられるわけではない。サロンに展示され、売りに出されることを通じ、有能な者は自分で自分を評価するのだ。[46]

読者投稿　一般読者の質問への回答

L・T氏へ――いや、私は「建築的」活動をやめるつもりはない。これからも事務所やコーヒーハウス、居住空間の内装を手がけていく。しかし私の仕事の仕方は、前号に書いた内容に矛盾するものではない。あなたはていねいにも、いままでこなしてきた私の仕事を「建築的」と表現された。だが、残念ながらそうではない。たしかにわれわれは、壁紙デザイナーまで自分は建築家だと自称する時代に生きている。だが、そんなことはたいしたことではない。アメリカでは、ボイラーに石炭を投げ入れている人夫までもがエンジニアと自称しているほどだ。しかし内装を手がける仕事は、建築とはなんの関係もない。私はげんにいまやっているこの仕事ができるからこそ、いままで食べてこられた。私がアメリカで、ある一時期皿洗いで生計を立てていたのと同じことだ。

ある農夫が私のところへ来て次のように言ったとしよう。「都会へ引っ越して、都会人として暮らしたい。そこで、あなたが何から何まで整えてくれませんか。そこで支出した費用の一〇パーセントを「建築家報酬」としてお受け取りいただきたい」。そこで私はこの百姓と靴屋とシャツ屋へ行く。ステッキ、傘、ハンカチ、住所登録、名刺、ネクタイピンをそろえる。これで一丁あがり。はい、次……。こんな生計の立て方もありうるだろう。文化を知らぬ者のための指南役というわけだ。

こんなふうに私は家をしつらえてきたし、これからも続けていく。そしてアドバイスをする。壁紙をなんとかしたい？　いいだろう。ノイエンマルクトのシュミットの店[47]に行こう。ストライプのものがいい？　それとも単色で統一する？　こちらがお好みか？　私はあなたの趣味に合わせてお勧めする。

私のところへ来る人々の理由はさまざまだ。壁紙についてまったく知識がない場合、製造元を知りたいがわからない場合、あるいはたんに自分で選ぶ時間がない場合、等々。だが誰もが自分の好みに合わせてしつらえた住居に住んでいるのだ。

もっとも私のアドバイスによって、多少彼らの個性は弱められてはいるが。

＊

ロツェット＆フィッシュマイスター、コールマルクト。彼らは、私が前号で彼らを称賛したことに対して恩に感じている。私がとりあげたことで指輪が売れ、いま新しい物をつくっているため、数日お見せすることができず申し訳ないと伝えてきた。だが感謝されるいわれはない。私がこの二社をとりあげたのは彼らを宣伝するためではなく、私の考えていることを示すのにぴったりだったから挙げたまでだ。むしろ私のほうが感謝しなければなるまい。なにしろ私の文化講座[48]の腰を折らないように、ご親切にも新しい物をすぐに完成させるというのだから。さらにいえば私の主張はこの二社の指輪だけでなく、私が列挙するすべての職人仕事に向けられている。私が挙げた仕事人たちには、私が浸透させようと奮闘している主張をあなた方の仕事でもって実証してほしいのだ。また、なかなかそのよさが広く認知されていない商品の上に、できるかぎりこの文化講座のタイトルを厚紙にプリントし、でかでかとその商品の上に張りつけてほしい。これがロース氏の言っているものですよ、とわかるように。さらにその商品を、次号が出るまでは陳列したままにしておくよう購入者に頼んでくれたなら、なおさらありがたいことだ。

作法

H・H氏へ——あなたのレターシート[49]は最初のページから始まり、二ページ目に続き、四ページ目で終わっている。だが、レターシートは次のように書くようお勧めする。まず最初のページに書き、次に便箋を裏返して続きを書く。便箋は吸い取り紙を使用することが前提だ。そして四枚目の紙に行く。そこで便箋をめくって二枚目に書く。ここで長辺が左右に来るように紙を置き、三枚目を書く。イギリス人やアメリカ人はこのように手紙を書くのが習慣だ。実用性を重んじた結果、乾かす必要がないので、このやり方が定着した。私はこれに合わせて読むようになっているので、オーストリア人の書く手紙はじつに読みづらい。

A・R氏へ――もしあなたが、見知らぬ女性を同伴している友だちに道で会ったとする。その場合、あなたは社交上の礼儀にしたがって、十分距離を保って挨拶しなければいけない。両者に対して同時に挨拶するのもいけない。もっと避けなければならないのは友だちだけに挨拶することだ。この場合はまず帽子をとり、まっすぐ両者を見つめることだ。

V・G氏へ――どんな状況であれ、女性に右側を歩かせるのは避けなければいけない。車のなかでなら、女性が右側に座ることは問題ない。乗車する際はまず女性を最初に乗せ、それを確認した後、車の後ろを回りこんでみずから乗りこむ。男性客の場合も同様だ。しかし女性同伴で歩く場合は、女性にとってより歩きやすい道を譲ることが肝心だ。オーストリアでは、偶然道の左側に歩きやすい部分がある場合、女性に平気で右側のぬかるみを歩かせ、自分は乾いた道を歩くという「敬意を表される側」にこだわる狂信者を見受けることがある。これはいただけない。歩道を行く場合は、車道とは反対側に女性を歩かせるのが自然だ。

試していただきたいエチケット。（1）果物の種は、手を軽く握って口にあて、そこに出して皿の上に置くこと。（2）パンとゼンメルはナイフで切ってはいけない。ちぎること。これらにフォークを突き刺し、それでソースをつけるのは避けること。パンやゼンメルの一部をちぎり、それでソースを掬うようにすること。これには器用さ、練習、さらに上品さが必要。

装い

F・R氏へ――ウィーン人がフロックコートに黒いネクタイを合わせてオペラに行くことを、「ノイエ・フライエ・プレッセ」がおかしいと槍玉に挙げているが、この主張は正しい。黒いネクタイをするのは、デミドレス（ウィーン人は間違ってスモーキングと呼んでいる）を着るときだけだ。またフロックコートに白いネクタイを合わせるより、「スモーキング」[50]に白いネクタイを合わせている男性を見かけるが、これはいただけない。それどころか最近ヨゼフシュタットで、この「スモーキング」に色物シャツを合わせている男がいた。それはどこかの「靴職人」[51]だろう、とあなたはおっしゃるかもしれないが、この男の名前を聞いたら、びっくりされるにちがいない。

住居

扉の上飾りやその様式に関する質問だが、私はいつも同じ答えしかできない。つまり、私は体のどこにどのような刺青を入れるべきなのかと質問されているに等しい、とお答えしておく。

好奇心旺盛なG・K氏へ——家具業界が服飾業界と同じレベルに達しているなら、家具をつくる際に次のような経過をたどることになるだろう。

われわれは多くの服を持っている。ワードローブが必要だ。そこで家具職人の親方のもとへ行く。

「こんにちは、親方！」と女性客。

「いらっしゃい、お客さま！　何がお望みで？」

「服のワードローブがほしいんです。寝室に一・六メートルほどのスペースがあるのですが、扉はいくつくらいとりつけられます？」

「それなら三つはいけますね。服をかけておくのと、畳んで収納するのとどちらがいいんでしょう？　そこには服を入れるんですか、それとも下着を？」

「両方です。いま考えているのは、ふたつの扉は服をかけられるようにして、ひとつは下着をしまうようにしたいと思っております」

「それなら下着用の収納には抽斗をつけたほうがいいですね。そうでないと使いづらいですからね」

「それはとても便利ですね。だけどそうすると、けっこう値が張るのではないかしら」

「少しはね。そんなに変わりませんよ。どのくらいの高さのものを考えてらっしゃいますか」

「逆に親方にお尋ねするけど、どのくらいがお勧めでしょう」

「うちじゃあ二メートルのものをつくっていますがね。これなら洋服かけの上に帽子の収納箱をつける十分なスペースもできます」

「すばらしい。それはすぐにでもほしいです。そこでいちばんの問題はお値段だけど」

「それは材料と質と内側のつくりによります」

「もうちょっと詳しく説明していただけませんか?」

「つまり、オーク材を使うか紫檀材を使うか、表面を艶消しにするか光沢仕上げにするか、内側も外側と同じようにしっかりつくりあげるか、安く仕上げたいかってことです」

「木材のサンプルを見せていただけます?」

「もちろん。ほら、これですよ」

「着色していない木材ですね。私はてっきり緑とか紫のものを考えていたのだけれど」

「むかしはそうでしたよ、奥様。世間で分離派の家具がもてはやされていたころはね。でも、もうずいぶん前にすたれました。家具をそんなふうに塗っていた人々はかわいそうでね。いまになってそれが恥ずかしくて、できるかぎり早く処分しようとしているくらいです。いまどき、誰もが高級なマホガニー材や紫檀材を緑に着色するなんて野蛮な行為だと思っていますよ。そして簡素なカエデが木材として認知されはじめているんです。ありがたいことにもう過去の話になりますが、あの分離派が幅を利かせていた最悪の時代は、革のスーツケースまでも緑だ紫だって塗られていたんです。そんな趣味の悪い代物をいまだ使っている人々なんて、いまじゃポーターの前で恥ずかしくていけないということでお蔵入りですよ。当時はそれがいいものとされていたんです。新聞雑誌も半分くらいは分離派の肩をもつし、誰も芸術と進歩の敵だなんてレッテルを貼られたくはなかったですからね。こんなものがほんとうにいいのかなんて疑問に思っても、黙っているしかなかったんですな」

「親方のおっしゃるとおりです！　ワードローブだって、スーツケースくらいは長持ちしてもらわないと困ります」

「そうですよね。私の仕事は安くはない。だけどいいものしかつくりません。この木材だと、補強金具なしでもろもろ考えてこれくらいの値段になります。こっちの木材だと、これくらいってところかな」

「こちらの木にします、外側も内側も同じ仕上げにしていただきましょう」

「明日、見積もりを出してお送りしますよ。ご満足いただけるといいんですがね」

「私たちもそう願ってますわ。それでは失礼します、親方！」

「ええ、それではまた、お客さん！」

様式などこれっぽっちも話題にあがらなかったことがおわかりいただけただろう。ここではいましかない「一九〇三年十月のスタイル」というものを暗に示しているのだ。それは現代の燕尾服をルネサンスのスタイルでつくってほしいと注文する客などもはや誰もいないのと同じである。なぜワードローブ、つまり職人仕事と、そこに収納される服飾製品が違うやり方で扱われるべきなのか私にはわからない。

M・S氏へ――あなたは長々とあきらめに満ちた手紙を書いてよこした。その内容を要約してここでご紹介する。「私がロースさんのことを誤解していなければ、あなたは分離派にとどめを刺し、新しい様式を導入しようとしていらっしゃる。私は結婚して三十年になりますが、その間、三度も家の内装を変えることになり、私はそれを甘んじて受け入れざるをえなかった。あなたが言わんとしていることは想像がつきます。今度こそは間違いないものだ、今度こそはもう永遠に変える必要ないのだ、とおっしゃりたいのでしょう。同じ台詞を私は何度も聞かされてきました。ドイツ・ルネサンス、バロック、そしてアンピールと様式が変わるたびにです。そして分離派を受け入れることは幸運にも避けられた。それは理解しています」

この手紙に対する私の答えはこうだった。「あなたはそんな骨折り損をせずに済んだものを。最初から現代的に家をしつらえるべきでした。そうすれば、いつも現代的で快適に暮らせたのです。たしかに一八七三年の家と現代の家に共通するものはなかったでしょうが、おもだった家具はたいして変わらないでしょう。ただ別の配置にしたり、別の部屋に移すことは可能になった。それは新しい発明がこのような試みをする事態をつくりだしたからなのです。つまりどこにでも光源をつくりだすことができる電気の灯りが、家具のアレンジに革命を起こしたわけです。多くのものが古び、補われ、そして新しくつくられました。贈り物、旅の思い出、写真、絵画、彫刻作品、ガスヒーター、こうしたすべてのものが役立ち、機能を果たし、気づかぬうちに蝕まれ、そしていずれ無用の物となる。われわれはどんどん進歩し、高みに達し、生活に対しますます大きな要求をするようになる。一八七三年の古い家具は、一九〇三年の新しい家具とうまく調和しています。古い城にある一六七三年の家具が一七〇三年の家具と違和感なく並んでいるのと同じことです。あなたの住居は、あなた自身の希望と成長を映す鏡なんです。あなたは、あなた以外は持ちえないあなただけの家を持っている。あなたはあなた自身の家を所有してきたのです。しかし、あなたはまた家を改造しはじめる。それが遅すぎるということはないのです。あなたには子供たちがいる。彼らは将来、あなたが家をつくりつづけ、変えつづけてきたことに感謝するでしょう」

H・B氏へ——（1）二五〇〇—三〇〇〇フロリン[52]で男性用寝室のための家具をいっさい、しかも持ちがよく、簡素で、趣味のいい物を買うのは無理だろう。だがその一部をそろえることはできるかもしれない。あなたが想定しているのが、椅子や照明器具、壁紙、絨毯、塗装などは抜きにして箱物の職人仕事のみだということにして話を進めさせていただく。書き物机、本棚、小さな棚に限ってここでは述べる。使う素材は、こげ茶に塗られた軟材がいちばん安上がりだろう。トネリコ材[53]はより優れたものだ。まずはあなたが信頼に足ると思われる家具職人の親方に問い合わせ——おそらくもっとも安く仕事をしてくれる職人とはいかないだろうが——部屋を見てもらい、家具の配置について相談してみることだ。そのうえで図面を描いてもらう。その際、家具には飾り縁も面取りもいらない、と注文をつけることを忘れずに。できあがった図面と部屋の見取り図を私宛に送っていただければ、私が両方とも手を入れよう。（2）書き物机の表面には模様の入っていないなめらかなリノリウムを使うことをお勧めする。色は茶色がいい。まず机の角を鉋《かんな》で削り、横断面の表面を磨いて、その上にリノリウムを張りつける。二ミリぶん糊をつけ、木材とリノリウムを合わせて、縞模様のついた真鍮の廻り縁で固定する。この真鍮が机の縁《へり》を形成する。真鍮のねじの頭部は、飛び出さないようにしなければならない。天板の縁《ふち》であるギャラリー[54]は、当然必要ない[55]。

ある対話

「この小冊子はたしかにいいものだが、いかんせん題名がいただけない！」

「なぜです？　どこがいけないのか私には見当もつきませんが」

「とくに「西洋文化」というところだ。それはわれわれのものではないか！」

「話の腰を折るようで申し訳ありませんが、あなたはクローゼットペーパー、まあはっきりいえばトイレットペーパーですが、これを使う習慣を西洋文化の重要な要素だと思われませんか？」

「それはそうだ」

「さらにお聞きします。もしシルクハットを被っただけのアフリカのズールー人の田舎者が、自分は西洋文化にしたがって装っているのだ、と主張できると思いますか？」

「それは無理だ。文明化した服装という点では八〇パーセントが彼らに欠けているといえるだろう」

「いいでしょう。そこで考えてみてください。オーストリア人の八〇パーセントはトイレットペーパーを使う習慣とまったく縁がないのです」

「そんなことがありうるのか？」

「事実、そうなのです。軍隊に勤める将校なら誰もが、このことをあなたに立証してくれるでしょう」

「ふむ。しかし、この小冊子を出したところで、その八〇パーセントをめざめさせはしないだろう。あなたのメッセージがそもそも彼らには届くことはないからね。とすれば、せめて読者の西洋文化の無知を非難しようとは思わないのかね？」

「思いませんね。ただ私は読者に協力を求めたいだけなのです。この小冊子が出てからというもの、多くのレストランで、客たちが塩を掬う匙がないと文句を言うようになったという話を聞きました。これがまずはスタート地点です」

「だが、あなたの活動はオーストリアの名声を傷つけているうえに、われわれオーストリア人と距離を置こうとする外国人を少なからず生じせしめることになっている」

「それはたいした問題ではありません。たとえばここに口臭のひどい人がいるとします。そのことをわれわれはその人に指摘してあげるべきなのです。そうすることで彼は治すことができる。その人を避けるより、よほどいいことではありませんか」

（一九〇三年）

わが人生の断片より

私はある高名な空間芸術家X氏に、道でばったり出くわした。

「こんにちは。昨日、あなたが手がけた住居を拝見しましたよ」と私は口火を切った。

「そうですか。どの家です？」

「Y博士のご住居です」

「なんてことだ、よりにもよってY博士の家を。あんなひどいもの見られたくなかったですね。あれはもう三年も前の仕事です」

「なんたる言い草だ！　ご冗談もほどほどにしていただきたい！　いいですか、ご同僚。私たちのあいだには原理的な考え方の違いがあるとずっと感じてきました。それは時間に対する感じ方です。私が考えている間隔というのは、かなりの年月のことです。それをあなたはたった三年！　ちなみに私は、Y博士の家は端《はな》からくだらない代物だって公言してましたよ。あなたはいまごろようやくそのことに気づかれたようだ」

（一九〇三年）

陶器

　今日の文化を享受している人々にいちばん好まれているのは、グラスや陶磁器、マヨルカ焼き、炻器《せっき》など装飾のない実用品である。できれば私はグラスで飲みたい。水であれ、ワインであれ、ビールであれ、シュナップスであれ、グラスはその飲み物がいちばんおいしく感じられるものであってほしい。ここが肝心である。この観点から、私は古ドイツ語で書かれた格言のレリーフや分離派の装飾など実用的でないものはすべて捨て去っていいと思っている。実際、飲み物の色をよりおいしそうに、より美しく見せるグラスの加工法というものがある。同じ水でも、あるコップに入れると味気なくまずそうに見え、別のコップに入れると山から湧き出た岩清水のように清涼に見えることがある。グラスの素材やカットの仕方に左右されるのだ。グラスを購入する際は、陳列してある商品に水を注がせ、そのうえでいちばんおいしそうに見えるグラスを選ぶのがいいだろう。となれば装飾が施してあり、緑色の蛭《ひる》が浮いているように見えるグラスは当然売れ残る。

　飲み物がおいしそうに見えるだけでなく、実際おいしく飲むことも重要だ。過去三百年の間につくられてきたグラスは、この要求をほぼ満たしてきた。だが現代、いや私は現代そのものを中傷する気はないのだが、昨今の芸術家には、あまりおいしそうに見えない装飾や、そこからは何も飲めないようなグラスの形をつくることが許されているのである。そのため、水が口の端からこぼれてしまうグラスもあり、注いだ酒の半分しか飲み干せないリキュールグラス[1]もある。目新しい形にはくれぐれも注意が必要だ。できるだけ古い物を選ぶことをお勧めする。

皿についても事情は同じである。現代のわれわれは、いまでは想像もつかない所作で肉を切っていたルネサンス人より繊細な感覚をもっている。たとえ皿に青いタマネギの絵柄が入っていたためにスープの色がいかにもまずそうな緑灰色になっていようと、ロココ人は気にしなかった。それに比べ、われわれは繊細な感覚をもっている。この現代を生きるわれわれは、なんとしても白い皿から食べたいのだ。芸術家たちはこれとは別の考え方をもっているのだが。

*

しかし、陶器はただ料理や飲食のためだけに役立つものではない。窓ガラス、タイル、壁や机の被覆、オーブン、暖炉、花瓶、傘立てなどにも利用されている。そしていまや陶芸家までもが、ある形をつくり、釉薬をかけ、焼くために陶土を素材として使えるようになった。彼らは人間や動物、植物や石を見たままに表現しようとする衝動に突き動かされている。

私は一度、数人の「応用芸術家たち」とコーヒーハウスで話をしたことがある。テーマは工芸学校に陶器の実験所を設立することに関してだった。私は彼らが持ちだす話にいちいち反論した。そしてまた逆もしかりだった。私は現場の親方や職人の立場を擁護した。一方、彼らは芸術家の立場を擁護した。

われわれの席へ、ビロードのような葉をつけたみごとな赤い花が運ばれてきた。花はグラスに活けてあり、テーブルの上にすっくと立っていた。応用芸術家のひとりが言った。「ごらんください、ロースさん。あなたはただこのようなグラスをつくれば満足されるようだ。だがわれわれは、この花のような色をした釉薬をつくりだしたいと考えているのです」。彼らはこのアイディアの虜になっていた。それどころか世界中の花から、新しい釉薬の色を生みだすことを望んでいた。彼らは語りに語った……。

その間、この花という自然存在は、私に貴重な贈り物をしてくれた。私は彼らのしゃべる声から遠ざかっていった。かしましい言い争いや議論をしている人間たちのなかで、平然と座っていられた。彼らの話す戯言を聞かねばならぬという宣告からまんまと逃れたというわけだ。私は自分の思念にふけっていた。

私が考えていたのは、ある親方のことだった。芸術家ではない。一介の職人である。彼は花を見ない。彼は花を愛しもしない。彼は花の色など知らない。だが彼の魂は、陶土に釉薬を塗ることでしか表現できない色に満ちている。

私にはありありと親方の姿が見える。彼は焼き窯の前に座り、じっと待っている。彼は造物主が思いを馳せることを忘れた色を夢見ているのだ。花も真珠も鉱石も、どれひとつとっても同じ色をしているものはない。彼はこの色を釉薬で表現したいのだ。そしてきらめかせ、輝かせたいのだ。この色こそが人々を喜びとメランコリーで満たすことができるだろう。

親方は考える。

(1) 酒にうるさいオランダ人は、リキュールグラスにぴったりの古典的なフォルムを発見した。いわゆる花が開いた風媒花型である。これを使えばとろみがあってスムーズに流れないリキュールも楽に飲める。一方ウィーン分離派は、リキュールグラスにオランダ人とは逆の原理を応用したが、いかにも彼らがやりそうなことだ。こちらは上がすぼんだマンダリン型を採用した。このグラスだと、体を反らして頭を地につけられる蛇人間しかグラスを干せない。

「火が燃えている。火は私のために燃えているのだろうか？　それとも私に反して燃えているのだろうか？　火は私の夢にしっかり形を与えてくれるのか？　私の夢を溶かし去ってしまうのか？　私は何千年ものあいだ営々と続いてきた現場の伝統を知っている。それが陶工たちを支えてきた。その伝統を私は熟知し、自分の仕事に活かしてきた。だが、われわれはまだ完成の域に達していない。物質の精神をいまだ克服していないのだ」

私は親方が物質の精神を解明し克服してしまわないことを望む。それはこれからもずっとわれわれにとって解き明かしがたい神秘でありつづけてほしいのだ。でなければ、この親方がつらくとも幸せをかみしめながら、待ちこがれ、希望を抱き、新しい色と色調を夢見ながらじっと窯の前に座ることもなくなってしまう。新しい色や色調こそは、神が人間に創造の喜びに邁進できるよう人間の英知からあえてそれをつくりだす能力を奪ったものなのだ……。

「それでこの問題に対してロースさん、あなたはどうお考えですか」と件《くだん》の芸術家連のひとりが尋ねた。

私は彼らの議論に対してなんの意見もありはしなかった。

テーブルの彼らはみな製図板の前に座って陶器のデザインを描いている連中だ。そしてデザインの方法論をめぐりふたつの陣営に分かれていた。一方はありとあらゆる様式をデザインし、もう一方は「現代風のもの」だけを描いている。両者は根本的に軽蔑しあっていた。さらに後者の陣営はふたつの立場に割れていた。ひとりは自然をモチーフにした装飾を、もうひとりは空想の産物をモチーフにすることを望んでいた。だが三人はいずれも共通して親方を見下していた。なぜか？　それは親方がデザインを描けないからだった。しかし、それは親方を傷つけることではない。職人ビゴ[1]がパリで十年前につくったタイルを考えてほしい。いまだその魅力は色あせることがない。その一方で五年前に芸術家たちが市場に出した模様は今日すでに古臭いものとなり、彼ら自身の頭痛の種になっている。これはあたりまえのことだ。現代風をねらったものは、みな同じ運命をたどる。

陶器の品物を買おうとするなら、まずはじっくり商品を眺めることだ。購入三年後には、すぐに古臭いデザインに成り下がるものに金を出す者はいない。その点、最高の職人技が発揮された仕事は古びず、その価値を保ちつづけるだろう。だが、たとえ気に入っても、装飾が施された分離派の商品には手を出してはならない。これが一時的にせよ好まれるのは、美しいからでもわれわれの感覚に訴えるからでもない。分離派装飾がわれわれに好むよう強いるため、その気になるだけである。ヘルマン・バール[2]の指摘を待つまでもなく、まずは各自、自分のもっている感覚を信じてほしい。

製図板と焼き窯！　ある世界観がこのふたつを峻別している。前者にはコンパスの線が描きだす正確性が備わり、後者には偶然と火、人間の描く夢と生成の神秘が生みだす不確実性の世界が広がっているのだ。

*

私はこの文章を現代感覚《モデルネ》をもっている人間のために書いている。過去の世紀ではなく、現代に生きられることを世界秩序に感謝している者のために書いている。ルネサンスやロココに恋い焦がれている者のためにではない。こういう輩はいつも画家や彫刻家が職人のためにデザインを提供していた過ぎ去りし時代をよしとする。人々が壺から汲んで飲み、古代の女だけの種族アマゾネスの戦いぶりをゴテゴテと彫塑し、彫刻作品にしていたルネサンス時代。ホラ貝装飾つきの船の形をした塩入れ、おまけに舵が塩匙となっているような代物がもてはやされていた時代。こんなものばかりが彼らの頭を満たしている。要は非現代的な人間たちなのだ。職人にデザインを提供するか、あるいは自分が偶然親に彫刻学校へ送りこまれて卒業すると、なんでもつくりあげてしまう輩なのだ。

彼らの手にかかれば、すべてがこんな具合になる。鏡？　ほらここにある。見れば裸の女の彫刻が鏡を掲げている。インク壺？　それならこれだ。ふたつの穴には小さな岩礁があり、そのまわりには泉の妖精ナイアス〔3〕たちの彫刻が戯れる。穴にはインクが入っており、もうひとつの穴にはインクを乾かす撒き砂が入っている。灰皿だって？　それならこれだ。体をくねらせた踊り子の彫刻になっており、踊り子の鼻の頭に灰を落とすようになっている。一事が万事こうであり、見るものすべてを装飾の塊にしてしまうのが、この手の人間たちのやり方なのだ。

私には、こうしたものがいいとは思えなかった。それを表明すると、芸術家たちは口々に言いたてる。ロースは芸術の敵なのだと。そうではない。私が芸術の敵だから、これらをよしとしないのではない。私は本来の芸術を叩き潰そうとする者から芸術を守りたいだけだ。だから、これらをよしとしないのだ。私は分離派の牙城で展覧会を開くよう依頼を受けてきた。それもいいだろう。もし商売人たちが寺院から追いだされた暁〔4〕にはぜひ開こうではないか。商売人だって？　いや、分離派はそんなあまいものではない。彼らは芸術を汚《けが》す者たちだ。

君たち、ルネサンス信奉者たちに背を向けよ。自分たちの現代芸術を愛せ！　現代のすばらしい鏡を見よ。こんなにも混じりけなく鮮明に白いハンカチを映しだす鏡をルネサンスが生みだしえただろうか？　現代のインク壺を見よ。大きく四角いクリスタルガラスがみごとに光り輝いているではないか！　これならバランスを崩して倒れることもない。現代のすばらしい灰皿を見よ！　銀の嵌めこまれた大きなガラス製の灰皿だ。なかにはまだ燃えている葉巻をすぐに消すために水が入っている。銀の嵌めこまれたへこみは、火のついた葉巻を置くためのものだ。ルネサンスがこんなにみごとな物をつくりあげられただろうか？　喜ぼう！　そうだ、喜ぼうではないか、君たち二十世紀の人間たちよ！

＊

ショーウィンドウに飾られた白い陶磁器製の動物を見てみよう。釉薬の施された黄色や青の斑は、動物たちの特徴をよくとらえた洗練さを感じさせる。みなかわいらしい。コペンハーゲンの仕事だ。丸くなった猫、あるいはお互いに体をくっつけあっている愛らしい二匹の子犬。私はこれらがたまらなく好きだ。ただしショーウィンドウのなかにあるものを見るときだけ、という条件がつく。なぜなら――なんともおかしなことに！――もしこのなかのひとつでもプレゼントされたら私は困るだろう。こんなに高価なものを自宅で眺めるために飾ろうとは思わない。たしかに訪問客が見れば喜ぶだろう。ほお、これはコペンハーゲンじゃないですか！　と。客を喜ばすにはもってこいである。葉巻を勧められて、これはかの有名なボック・インペリアレス[5]ですよと教えられれば誰でも喜ぶのと同じことだ。なにしろ一本二クローネもする！　コペンハーゲンに高い代償が払われている以上、私は客が来るたび、どうだ、すごいだろう、あなたはお買いになれますかな、という無礼なユーモアを腹に隠しつつ、一日中猫の陶磁器の前に客を座らせることになる。当然、こんな高価な物を年から年中購入できるわけではないし、いつも客にそうさせたいわけではない。自分の部屋ではありふれた物を眺めていたいものだ。たとえば編みあげの肘掛け安楽椅子やクリンガー[6]の複製、あるいは前世紀のおかしな作品、みな古びたガラクタばかりだ！　家に飾って眺めるための贅沢品など、私の生活にはもう必要ない。この百年の経験を通じ私はこうしたものからすっかり足を洗ってしまった。

　今日、われわれは古ドイツ語の格言レリーフからは解放された。だが、もしここで「応用芸術家」がやってきて、こう言ったとする。今度は現代語でレリーフを新たにつくるか!?　私は言うだろう。ノーだ。もう格言はまっぴらだ！　風刺新聞で自分の部屋を飾りたてたくはない。そのためなら他にふさわしい場所がある。

コペンハーゲンは花瓶もつくる。だが「花瓶《ブルメンヴァーゼ》」は正しい表現ではない。たんに「壺《ヴァーゼ》」といったほうがより実体に近いだろう。もし花が活けていなければ「花瓶」は「壺」なのだから。花なら私も部屋にほしい。だが洗練を極めたコペンハーゲンの芸術作品に対して、花は勝ち目がない。ブンツラウ[7]の器のほうが花の美しさはより引き立つだろう。それは誰しも感じることだ。だからコペンハーゲンの壺はいつも空なのだ。

かつて人々は「使えない日常品」、たとえば飲めないビールジョッキ、ピンを叩くこともできない靴用トンカチなどばかげた品々に囲まれて暮らすことに夢中になっていた。だがそんな時代は終わった、と私は考えている。現代人は不必要な物を捨てるすべを身につけている。私は一度愉快な気分で目が覚めたことがあった。コペンハーゲンの動物たちがあまりにみごとなできばえで、ごそごそと動きはじめ、コペンハーゲンの壺職人の親方に飼われることになった、という夢を見た。

ロースはセンスがいい、という人が少なからずいる。一度そんな噂が立つと、人の買い物につきあうことが苦ではなくなる。ある婦人が分離派の店で買い物をするから、アドバイスをしてほしいと頼んできた。彼女が求めているのは部屋を飾るためのものだった。金に糸目はつけないが、大きな物だけは避けたいという。私が勧めたのはロダンの小品だった。苦悩に満ちた顔が石から生みだされていた。婦人はあらゆる方向から作品をじっくり吟味した。

彼女は困った様子で言った。「これはなんの役に立つのかしら?」

私は答えに窮した。それに気づいた彼女が続けた。「ねえ、ロースさん。あなたはグルシュナー[8]や他の分離派の人々に対していつもケチをつけるわね。私はあなたが何をおっしゃりたいのかよくわかりますわ。こんな石でマッチに火をつけることができるのか？　できなくたってかまわないわ。どこに置けばいいのか？　蠟燭を立てることはできるのか？　どこに蠟燭を入れる部分があるのか？　葉巻の灰を落とすことはできるのか？　そんなことばかり……」

私はいったいなんと答えればよかったのだ？　芸術を汚す者たちよ！

（一九〇四年）

ウィーンにある最高の内部空間、最高の邸宅、最高の消えゆく建物、最高の新建築、最高の散歩道について　あるアンケートへの回答

ウィーンにある最高の内部空間は？――シュテファン大聖堂。

私がそんな古いものを挙げるとは意外だって？　私に言わせれば古ければ古いほどいいのだ。物事には何度言っても言い尽くせないことがある。このシュテファン大聖堂もそのひとつ。われわれは世界でいちばん荘厳な教会の内部空間をもっていると言っても過言ではない。これはわれわれが先祖代々から相続してきた目録一覧に載っているガラクタではない。この教会の内部空間は、われわれにわれわれ自身の歴史を物語ってくれる。過去のあらゆる世代が、彼らの言葉によってこの空間創造に参加してきた。ただし、われわれの前世代までは。それに対して現世代は過去の時代の言葉を話すことができない。そしてここ四十年間の共同作業が言葉に結実しない以上、この空間がもっともすばらしい境地に達している証拠である。想像してみよう。たそがれどきを迎え、教会の窓から差しこむ光がだんだん弱くなっていく。室内が暗くなり、静かな暗がりのなかにわれわれは浸されていく……。そのとき空間がどんなすばらしい印象を与えるか、私は表現することができない。さらに暗い室内を抜け、教会から一歩外に出たときにわれわれを襲う劇的な感情ときた

ら！　誰しもが体験しているだろう。この感情はベートーヴェンの第五シンフォニーを聴いたときよりも強烈だ。この体験を味わうためには第五シンフォニーなら三十分はかかるが、シュテファン大聖堂なら三十秒ですむ。

　ウィーン最高の邸宅は？——バンク通りにあるリヒテンシュタイン公爵邸[1]。

　この邸宅はまったくウィーン風ではないうえ、こせこせしたウィーン・バロック様式はみじんも感じられない。もっともこの複雑な細かさを魅力とみる向きもあろう。だがこの邸宅からはローマの力強い表現が響いてくる。ドイツ・グラモフォンの余計な雑音の入りこむ余地のない、まじりけのない響きだ。ミノリーテン広場[2]からアブラハム・ア・サンタ・クララ通り[3]を通ってこの建物まで歩き、正面玄関の前に立って頭を上げ、じっくり眺められるといい。

　ウィーン最高の消えゆく建物は？——アム・ホーフ広場にある陸軍省の建物[4]。

　ウィーン市民たち、これはじっくり見ておいてほしい。まもなく見られなくなる。この建物が取り壊されることになっているのは周知のとおりだが、この冒瀆行為を阻止しようと声を挙げる者はいない。まあ、仕方がない。せめてこの建物のある広場をしっかり記憶に刻みこんでおいてほしい。陸軍省の建物はこの広場にとってなくてはならないものだ。取り壊されれば、広場の魅力もないに等しくなる。

　ウィーン最高の新建築は？——町のなかのある建物が壊されると次にはどんなひどい代物が新築されるのか、誰も心配しないのだろうか？　去年ケルントナー通り[5]とヒンメルプフォルト通り[6]が交差する角の建物が取り壊されたとき、ご多分にもれず私も心配した。だが、なんたるサプライズ。そこにはケルントナー通りの雰囲気にぴったりのすばらしい建物が出現したのだ[7]。古い都市の伝統を継承するように、慎ましやかで落ち着いた、上品な建物なのだ。この建物の写真が芸術新聞に掲載されることはないだろう。誰ひとり芸術的

右ページ上・「ウィーンにある最高の内部空間」シュテファン大聖堂。14世紀から16世紀にかけてゴシック様式に増改築された。図版はカール・エッティンガー著『ウィーンのシュテファン大聖堂の洗礼』（1949年）より。
右ページ下・「ウィーン最高の邸宅」リヒテンシュタイン公爵邸（ドメニコ・マルティネッリほか、1711年）。現在はリヒテンシュタイン美術館。フランツ・シュライヒ画（1903年）。
上・「ウィーン最高の消えゆく建物」旧陸軍省。1776年ごろ、既存の僧院を改築、軍施設に転用（1913年解体）。撮影1908年。
左・「ウィーン最高の新建築」ヨハン・ヴァラント設計の住居兼商業ビル（1907年）

だとは思わないからだ。だがこれは人々が現代的と名づける下品なものではない。非の打ちどころのない燕尾服を着ているこの建物の施主と建築家は、たとえ田舎の仕立屋の番頭だの現代建築家だのといった連中が非現代的だとけなそうと、へっちゃらでいることのできる人々だろう。私はこの無名の建築家に感謝の意を表する。

ウィーン最高の散歩道は？——ハイリゲンシュタットにあるベートーヴェン通り。早春がいい。

（一九〇六年）

私の建築学校

なすすべもなく無為に時を過ごすほど不幸なことはない。

十五年前のことだ。私は分離派の建物の会議室の内装を手がけたいとヨーゼフ・ホフマン教授に頼んだことがあった。関係者以外誰の目にもつかないし、数百クローネしかかからない仕事だ。やらせてもらえると思ったのだが、きっぱり断られてしまった。

こんなこともあった。ヴィルヘルム・エクスナー[1]がつないでくれて、技術博物館の仕立屋養成マスターコースで講演をすることになった。だが当時事務局長だった枢密顧問官アドルフ・フェター[2]が横やりを入れてきて、中止に追いこまれたのだ。

とくに後者は私をひどく傷つけた。私は建築をつくることで実例を示すこともできなければ、教えることによってまわりの人間たちに何かを与えることもできないのか、と暗澹たる気持ちになった。さらに、公の場所で私の仕事が次第に陽の目を見るようになって、芸術上の敵対者たちから私の真意を曲解されるにいたって、私はますます苦しむようになっていった。

そんな日々を過ごす私に一条の光が射した！　私のみるところもっとも優秀だったオットー・ワーグナーの弟子たちの何人かが、ワーグナーがやめることで空いた教授のポストに立候補してほしいと頼んできたのだ。

むろん、立候補したところで無駄なことはわかっていた。だが、このもっとも優秀な若者たちの私に寄せる信頼が自分の建築学校を設立しようという原動力となった。

そんな経緯を経て生まれたのがアドルフ・ロース建築学校（Adolf Loos-Bauschule）である。

従来、建築学校ではふたつのことが重要視されていた。ひとつは過去の建築様式に手を加え、現代の生活の必要に応えるよう努力すること。もうひとつは新しい様式を模索する方法論を学ぶこと。だがそんなことより、私の考えを伝えようと決めていた。私は伝統にこそ力点を置こうと考えていたのだ。

われわれは十九世紀のはじめに伝統と切れてしまった。私はそこにもう一度立ち返って、いまとつなぎあわせようと思っているのだ。

われわれの文化は、なによりもまず古代ギリシャ・ローマの文化遺産を深く理解することのうえに成り立っている。われわれの考え方、感じ方の雛型はローマ人から受け継いできたものだ。また、現代の社会感情や魂のあり方すらも同様である。

人類が古典古代の文化遺産の偉大さを認識して以来、優れた建築家たちは一様に同じことを考えた。つまりこうだ。自分はこのように建てるが、古代ローマ人も同じように建てるだろうかと。私はこの精神を生徒たちに教えこみたいと思っている。

今日という日は昨日、昨日という日は一昨日を土台に成り立っている。

これはいつもそうだ。これからも変わらないだろう。私が教えるのは真実だけだ。あらゆる学校や世論で間違った教えがまかり通っている以上、私自身は真実が勝利するのを目にすることはないだろう。私の生徒たちが勝利を目にすることができるかどうかは、彼らの力にかかっている。私はときに小さな声で、私の生徒になどなってはいけないと忠告することがある。彼らはさまざまな組織や連盟、芸術雑誌、新聞などを通じ、世論を牛耳っている派閥から閉めだされ、わが道を切り開くしかないからだ。公共事業を委託されることも教授の道も、彼らには閉ざされている。だが、人々の日々の要求に応えるためにこそみずからの生活を捧げているのだ、という自覚は、称号や勲章、天下り先の確保といったものに十分代わりうるものを与えてくれるだろう。

私の生徒は正規の学生と非正規の聴講生に分けられる。正規の学生には私の建築事務所で働いてもらう。聴講生には私の講義を聴きにきてもらう。ウィーンのふたつの国立教育建築機関である工科大学と美術アカデミーの学生が大量に聴講を申し込んでくれたのは、ほんとうにうれしかった。

いままで三つのテーマについて講義をした。建築内部の改装、芸術史、材料学である。シュヴァルツヴァルト学校[3]には、私の授業用に施設を使わせていただいた。私ならびに私の生徒は校長のオイゲーニエ・シュヴァルツヴァルト博士に心から感謝している。当校は間違いなく批判にさらされたことだろう。多くの聴講生が押し寄せたために、四十人が入る教室をふたつつなげて講義しなければならないこともあった。聴講生はあらゆる階層から集まった。ウィーンに短期滞在している外国からの客人が聴講したいと申し出てくれたこともあった。また貧しい学生が王女の横に着席するという一幕もあった。

さる大学の教師は、自分の生徒に私の講義に出ることを禁止したという。それに対して私個人は感謝している。意欲ある個性の強い学生だけが授業に残り、野次馬程度の学生は排除できたからだ。

正規の学生は三名のみであった。そのなかのひとりは工芸学校の卒業生で、残りのふたりはすでに工科大学の学籍登録をして数学期学んでいたが、建築に関する予備知識はほとんど持ちあわせていなかった。私の教育方法は、具体的なプロジェクトに関わりながら技術的、建築学的なディテールを徹底的に研究していくというものだ。建築プロジェクトの造形に関しては、ウィーンの建築家が伝統を捨て去ってしまった時代にまでさかのぼり、そこから発想しなおす。学生が他の学生の課題を比較検討し、そこから学ぶという方法こそが本来の教育の進め方だ。建築プロジェクトは内部空間から始まり外部に向かって順にデザインしていかねばならないこととした。床と屋根、つまり寄木造りの床と天井の格間《ごうま》が優先され、ファサードはその後に来るべきものである。正確な軸線を描くこと、そして家具設備をどう配置するかを考えること、この二点をとくに重視した。この方法にしたがって、私は生徒たちに立体における三次元的思考を鍛えるようにした。今日、これができる建築家はほとんどいない。目下、平面上における思考を学ぶことで建築家の教育課程が終了してしまうからだろう。

来年には、私の建築学校の基本を整えたいと考えている。建築のメカニズムと構造も講義したい。こうなればギムナジウムとレアルシューレ[4]の卒業生も入学できるようになる。最終的には、毎年ウィーンの建造物の実測もさせたい。その際には、各時代の、われわれが受け継がねばならない伝統をもっている建築からひとつを選んで実測する。さしあたりヘッツェンドルフ・フォン・ホーエンベルク[5]の代表作、ヨーゼフ広場にあるパラヴィッツィーニ宮殿[6]から始めるつもりだ。

（一九〇七年）

文化

ドイツ人は自国の文化を捨て去ってイギリス文化を受容した。こんなことを言われたらドイツ人は不愉快に感じるかもしれない。ブルガリア人もそんなことは耳にしたくないだろう。中国人にいたっては反発を感じるにちがいない。これはセンチメンタリズムの問題ではない。何がドイツ的で、何がイギリス的なのか判断できない人間にとって、服装やベッド、室内用便器を使うならもっとドイツ的なものを取り入れよう、と言われても混乱するばかりだろう。だが各専門家のあいだでは、イギリスのフォルムがどういうものかははっきり認知され、しっかり浸透しているのだ。

ドイツ人は、みずからを慰めるためにこう持論を展開するかもしれない。「十九世紀、イギリス人が各地に普及させたものこそドイツ独自の文化なのだ。そして古代ゲルマン文化はツンドラ地帯に生息するマンモスのように、氷に囲まれた島国イギリスにおいてまったく外部の影響を受けることなく保護され、新鮮で生き生きと活力に満ち、他の文化すべてを踏みつぶしてきたのだ。来る二十世紀にはただひとつこの文化のみが、古代ゲルマン文化を継承した民族こそが地球全体を覆い尽くし支配することになるだろう」と。

古代、地球上には多様な文化が平和に共存していた。それが百年、千年と歳月が経つにつれ各文化は淘汰されていき、十五世紀に入るとゲルマン民族は独自の文化を失っていった。その後十九世紀までヨーロッパを支配することとなる俗ラテン語文化であるロマンス系文化を受容せざるをえなくなっていったのである。十年前、私はロマンス系文化と古代ゲルマン文化を特徴づけてみたことがある。私の見立てによればロマンス系文化は猫の文化であり、古代ゲルマン文化は豚の文化である[1]。

豚は古代ゲルマン人にとってもっとも重要な家畜だった。ヨーロッパのなかで古代ゲルマン人がそうであったように豚はもっとも清潔な動物である。豚は水とともに生き、水をもっとも必要とする動物であり、水浴びしなければ半日と過ごせないのである。清潔という言葉はあらゆる動物にとって縁遠いものであるが、豚の肌はつねに水分を必要とする。だがロマンス人とオリエント人はそのことを理解できないため、豚は彼らのあいだに放りこまれると生きていけず、みずからの汚物のなかでのたうちまわることになる。これは豚にとって途轍もない苦しみだ。ユダヤ人のあいだでは豚は不潔きわまる動物で通っているが、古代ゲルマンの農民たちは家族の一員として豚とともに寝たものだった。古代ゲルマン人にとって、豚がいかに大事な存在であったかがよくわかる。さらに豚の皮膚は人間の皮膚同様、毛がなく裸状態である。解剖学者が人間の死体を研究対象にする以前、豚を使っていたのもうなずける話だ。

一方、ロマンス人は豚に対して別の見方をする。豚はみずからを汚し、不潔な動物であるからこそ水を必要とするのだと考える。そのためロマンス系文化はこう説くのだ。みずからを汚さなければ水を必要とすることはないと。「汚い豚は毎日体を洗うから、清潔でいられるんだよ」と子供たちに説明するのは、すでにロマンス化したゲルマン人なのである。ロマンス系文化の理想は猫である。猫はじつに汚い動物だ。あらゆる動物のなかで猫がいちばん水を嫌う。日がな一日、猫は毛についた汚れを舐めている。そのため猫はびくびくしながら毛に汚れがつくことを嫌う。一方、古代ゲルマン文化の継承者たるイギリス人は、自分の体が汚れることなど歯牙にもかけない。彼らは厭うことなく厩舎に入り、馬に乗って原野を駆けめぐり、森を疾駆し、牧草地を走りまわり、山に分け入り狩猟する。どんな場所でも仕留めた獲物を自分でとりあげ、雇い人夫に拾いあげさせるようなことはしない。そしてみずからが馬を操る。その一方で、ロマンス人は狐狩りに行くにせよ獲物を追いまわすにせよ、人夫に馬を引かせる。古代ゲルマン文化の継承者たるイギリス人は、すっかりロマンス人化したわれわれに、登山をはじめとして元来ゲルマン文化の性格であった自分の体を汚すことを厭わぬ幾多のふるまいをもたらすこととなった。そして十四世紀を生きたわれらのゲルマン系先祖にならい、イギリス人は今日でもなお水浴を続けている。

ところでこの島国には、数千年にわたりイングランド文化とスコットランド文化という二種の文化が共存してきた。だがスコットランド文化のほうがより古代ゲルマン人の文化観を体現してきただけに、イングランド文化を凌駕することになった。その結果、イギリス人は概してスコットランド人化したと表現できよう。現代に目を転じてみると、イングランド人は農耕を生業とし、スコットランド人は牧畜を生業としている。古代ゲルマン人は山のなかでこそ居心地のよさを感じる民族であり、もっとも生き生きと活動できたことからも、スコットランド文化が濃厚に古代ゲルマン文化を反映していることがうかがえよう。

古代ゲルマン人の身につけるものにも着目してみよう。農耕の際、牛馬に引かせる犂《すき》を意味するスラブ語「Pflug」が、あらゆるゲルマン語系言語においても「Pflug」と表示することからわかるように、犂はスラブ人を通してヨーロッパにもたらされたものである。その際、犂の後をついていく農夫には長靴が必要になる。この長靴は馬に乗るには問題ないが、軍隊行進をするには不向きなものだ。元来古代ゲルマン人はよく行進する民族でもあったため、長い紐を使って短靴を踝《くるぶし》のところで結びつける必要があった。そして足を動かしやすいゆったりした半ズボンをサスペンダーで吊ったのである。あるいは何もはかずストッキングだけをはくのがいちばんよかった。馬に乗る際には膝も太腿も動きやすい状態にしておく必要がないため、ぴちっとした股袋で十分であった。

身につけるもの全般にいえることだが、平地ではフラットな生地のものが必要であり、山地では粗い生地のものが必要となる。ゲーテの小説『若きウェルテルの悩み』の主人公として名高いウェルテルは古代ゲルマンの血を引いているはずであったが、彼の服はあまりにスラブ的で農耕にしか向かなくなったため、山地では使い物にならなくなった。山地を駆けめぐるための勇壮なゲルマン文化の象徴であったはずの乗馬ズボン、乗馬用長靴、青い乗馬服[2]、乗馬用帽子、これらはみな儀式用の礼服と化したために、実際の用をなさなくなった。乗馬服は燕尾服となり、洗練された社交の世界では白昼にふだん使いで着るものではなくなってしまった。今日でもなおドイツの教授たちは、大臣のもとに赴く際、燕尾服を身につけているが、街ゆく青少年たちのからかいの対象に成り下がっている。

だが現代のウェルテルともいうべき新風俗を体現する若者たちは、古代ゲルマン文化を再興すべく新たに紐靴とスコットランド風長靴下、さらに膝丈のズボンをはき、粗い生地の上着を身にまとって登場し、世間を驚かせている。今後百年、ドイツの教授たちはこうした服を着て大臣を表敬訪問することになろう。そして古代ゲルマン女性を引き継ぐべき現代のシャルロッテ[3]たちをその腕に迎え入れるのは、腋下まであるゆったりしたズボンをサスペンダーで留めて行軍する男たちなのだ。これもゲルマン文化のひとつの型である。

長い時を経てイギリスを経由し、古代ゲルマン文化を継承したオーバーオール姿のアメリカ人労働者が、いまや世界を席巻している。ついにゲルマン文化が地球を覆いつくす時代がやってきたのである。

（一九〇八年）

無駄（ドイツ工作連盟）

このたびドイツ工作連盟[1]のメンバーが集まり、ミュンヘンで会議を開いた。席上メンバーたちは産業界や職人たちを前に、工作連盟がいかに重要な役割を果たしているのか再三説明した。組織の存在意義を正当化するため、彼らは十年前から自分たちの手によって現代社会にふさわしい芸術を各産業分野に提供しなければならないと主張してきた。この背景には、各分野の職人たちがあまりに現代的だという事情がある。現代の人間にとって芸術は至高の女神として崇める対象であり、もし芸術を日常品に落としめるならば、それは芸術を冒瀆するに等しいと職人たちは考えるのである。

この点は、一般消費者も同じように考えてきた。したがって工作連盟所属の似非文化人たちによる現代文化への攻撃は無駄に終わったように思われた。たとえば岩礁のまわりにふたりのニンフが戯れている彫刻をあしらったインク壺、壺を持った少女の彫像からなり、壺に蠟燭を差しこむようになっている燭台、オーク材製の太鼓の形をしたナイトテーブルで、食器棚が太鼓の形をしており、細かい糸鋸で刻みこまれた枝が絡まっている……こうした芸術を志向する商品は、げんに売れ残っているのである。たとえ購入したところで、二年後には時代の流行が変わり、所有していることが恥ずかしくなるような代物ばかりだ。つまり芸術を工芸に持ちこむという発想はなんら意味がなかったのである。だが一度生みだしてしまうと、なかったことにするのはむずかしい。そこで工作連盟のメンバーは、文化全般を盛りあげることで芸術と日用品の統一という突破口を見いだすことに心を砕くことになった。

だが、これもうまくいっているようには思えない。われわれが共有する文化――文化とは元来社会全体で自然と共有している存在でしかない――は共通のフォルムを生みだす。だがヴァン・ド・ヴェルドがつくりだす家具のフォルムと、ヨーゼフ・ホフマン[2]の家具のフォルムは相当違うものである。となればドイツ人は、ホフマンの生みだす文化とヴァン・ド・ヴェルドの生みだす文化とどちらを選ぶべきか？ あるいはこういう比較も成り立つだろう。リーマーシュミット[3]の文化か、オルブリッヒの文化か？

私にいわせれば、こうした比較自体、文化とはなんの関係もないものだ。「応用芸術家」たちの実入りのいい仕事ぶりは、国家と生産業者を巻きこんだ国民経済全体の問題であるからだ。世間でもこうした意見が圧倒的に多い。一度あまりに文化にこだわる工場主を相手に、私が経済問題を三日も繰り返し説いたなんてこともあった。

だが、ここであえて問う。そもそもわれわれは「応用芸術家」を必要としているのだろうか。

答えはノーだ。

いままでこの無駄な存在を工房から遠ざけておくことができた工芸分野のみが高い技術を保っていることからも明らかである。こうした工芸分野の生みだしたものだけが現代の様式を代表し、世間に浸透しているため――それが唯一、時代の様式であることの試金石である――われわれはそれらをとくに趣味のいいものだとは感じず、ごくあたりまえのものとして受け入れている。そこまで時代に浸透している工芸分野は、現代人の考え方や感じ方と分かちがたく結びついているのである。われわれがふだん使っている車、グラス、光学機器、傘、ステッキ、スーツケース、馬具、銀製のシガレットケース、装身具、服装、これらはみな現代的である。これらが現代的であるのは、こうした分野の専門家でもない「応用芸術家」がアドバイザーと称して首を突っこんでくることがこれまでなかったからである。

　現代の優れた製品は、芸術とはなんら関係がない。芸術作品と日常品が密接に絡みあっていた野蛮な時代は、とっくに過ぎ去ったのだ。これは芸術のためにもいいことだ。十九世紀は人類の歴史を編纂するうえで多くの紙面を割くことになろう。芸術と工芸を決然と区別したという偉大な業績は、この世紀がなしとげたことだからである。

　日用品に装飾を施すことが芸術の始まりだったのはたしかである。たとえばパプア人たちは家財道具すべてを装飾で飾りたてる。人類の歴史は、芸術が日用品、つまり工芸によって生みだされる製品から独立することを通じ、いかにして芸術が世俗化から逃れえたのかを示している。十七世紀の人間は、女種族アマゾネスの戦いの様子が彫りこまれた壺から臆することなく酒が飲めたし、ローマ神話に出てくる女王プロセルピナ[4]が誘拐される様子が描かれた皿の上で肉を切って食べるだけの無神経さを持ちあわせていた。だが、そんな野蛮なことはわれわれにはできない。われわれ、そう、現代の人間には。

　だが、芸術を職人仕事から区別しようとするからといって、われわれはいったい芸術の敵なのだろうか？非現代的な芸術家ならば、靴製作の現場で自分の助けが必要とされないのはなんたることかと不平を漏らしたりもしよう。アルブレヒト・デューラーは靴のデザインをすることが許されていたのに、と目に涙をためて過ぎ去った時代に思いを馳せる者もいるだろう。しかし十六世紀ではなく今日に生きていることの幸せを知っている現代人は、このような芸術家の才能の乱用を野蛮だと感じるのだ。

この感覚はわれわれの精神生活にも役立っている。なぜならカントの『純粋理性批判』[5]は、帽子に五本のガチョウの羽を挿すような[6]時代錯誤の男からはけっして生まれなかっただろうし、ベートーヴェンの「第九交響曲」[7]は、首のまわりに皿くらいの大きさの孔雀の羽飾りを巻いているような[8]時代遅れの男からは生まれなかっただろう。たとえデューラーが靴職人ハンス・ザックス[9]親方の仕事部屋で全作品を描いたとしても、そこよりゲーテの死んだ部屋のほうが優れている。

十八世紀は科学を芸術から解放した。かつては科学も芸術と絡みあっており、銅版画の上に詳細に示された解剖図にギリシャ神話の神々を用いたり、メディチ家所蔵のものと同じヴィーナスの彫刻が解剖標本として使われ、美しい顔と手足を除き、内臓の部分だけ生々しく表現されているものもあった。今日でもバイエルン地方のように、歳の市が開かれると土地っ子たちにこの「解剖標本ヴィーナス」を使って人間の内臓を学ばせるところもある。

われわれが必要としているのは家具職人的な文化である。もし応用芸術家が絵描きに戻るなり町の掃除人夫にでもなれば、われわれは家具職人的文化を手にすることができるのである。

（一九〇八年）

文化の堕落

イギリスの生活と住居に関する一連の啓発的な本を連発したことで知られるヘルマン・ムテジウス[1]がドイツ工作連盟の目的を論じ、その存在意義を根拠づけようと試みている。連盟の目的そのものはいいとしよう。だが、ドイツ工作連盟がその目的を達成することはまずないだろうし、どだい無理な話なのだ。なにしろ連盟のメンバーたちは、現代文化に別の文化を移植しようと試みる人間たちなのである。なぜ彼らがそう試みているのか、私にはわからない。だが、それがうまくいかないことはわかる。ぐるぐると回りつづける時代の大車輪を止めようと、無謀にもそのなかに手を突っこんで、無傷ですんだものなど誰ひとりとしていないのだ。

われわれは時代に見合った文化とフォルムをもっている。そのなかでこそ現代の生活が成り立っているのだ。そしてわれわれの生活を可能にする日用品に囲まれて暮らしている。日常的に使われている棚やシガレットケース、装飾品をつくったのは特定の個人でもなければ特定の組織でもない。時代がつくったのだ。そしてこれらの日用品は年々日々、もっといえば瞬間瞬間変わりつづけている。なぜならまずわれわれ自身が変わり、そして考え方も変わり、生活習慣もそれに合わせて変わるからだ。その変化を通じて文化そのものが変わっていく。だがドイツ工作連盟のメンバーたちは原因と結果を取り違えている。われわれが現在のように座っているのは、家具職人が椅子をこのように座るべく設計し、つくったからではない。われわれがこう座りたいと欲したから、現代にあった椅子がつくられたのだ。そのため——現代の文化を愛する者にとってはありがたいことだが——工作連盟の活動は、なんら力を発揮することがないのだ。

ムテジウスによれば、ドイツ工作連盟の目的は次のふたつにまとめられる。第一に質の高い仕事をすること、第二に現代の様式を確立すること。このふたつの目的は、元来同じことだ。現代の様式にしたがって仕事をする者はおのずと質の高い仕事をする。逆にいえば現代の様式にしたがって仕事をしない者はひどい仕事をしているということになる。実際そのとおりなのだ。質の悪いフォルム——私はわれわれの時代にそぐわないフォルムをそう呼ばせてもらう——は、これはすぐ消え去ると予感できれば人々を安心させる。だが低俗な製品が延々とつくられつづけるとなれば、二重に不愉快な気持ちにさせられる。

工作連盟は、われわれの時代にふさわしくない作品をこれからもずっとつくろうとしている。これはいただけない。にもかかわらずムテジウスは、連盟との協同を通じて現代の様式を発見するのだと主張している。無駄なことだ。自分たちの時代の様式なら、われわれはすでに持ちあわせているではないか。われわれは芸術家とされる工作連盟のメンバーがいまだ首を突っこんでいない分野においては、自分たちの様式を保っているのだ。十年前のことだが、これら芸術家連は、新たに自分たちの活躍する場所を開拓しようとして家具職人たちの縄張りを荒らしたあげく、仕立屋の地位を引きずり降ろそうとした。まだドイツ工作連盟が結成されていなかった当時、彼らは分離派に属しており、ビロードの袖のついたスコットランド生地のフロックコートを身につけていた。襟に厚紙を詰め、黒いシルクで覆っていたのだが——そこには「聖なる春[2]」のブランドマークがついていた――、それはパッと見、三重巻きのネクタイだと思いこませるしかけになっていた。仕立屋の一件に関しては私自身が激しく論難し、この紳士たちを仕立屋業界と靴業界から追いだし、この「芸術家たち」に汚染されていない工芸分野を助けたという経緯がある。ちなみに、この芸術家たちの文化的芸術的企てに恭順の意を示した靴職人の親方は仕事を失い、工作連盟の紳士たちは、結局いままでどおりウィーンで評判のいい仕立屋に注文を出し、定期的に服をつくらせるようになった。

現代の皮革製品がわれらの時代にふさわしい様式に則っていることを誰が否定できよう⁉ 現代の食器やグラス製品、浴槽やアメリカ製の洗面台、工具や機器類、これらを誰が否定するだろうか⁉ これらすべて、そう、芸術家の手中に落ちていないすべての製品が――口をすっぱくして言うが――時代に即していることを誰が否定しようとするだろう⁉

現代の製品が美しいかどうか、私は問わない。これらの物は時代精神をまとっている。だからこそこれでいいのだ、と私は言おう。そして現代製品を過去の時代に持ちこんだとしても、けっしてふさわしいものとはならないだろうし、他の民族・国民が使用できるものではないかもしれない。これらは現代の様式に適したものなのだ。イギリスを除き、われわれオーストリア人は、他の国がわれわれのレベルに達することは不可能だという誇りをもってわれら自身を評価することができる。

話を先に進めよう。私は素直に、均質で軽くカーブした、緻密な職人仕事から生まれた私蔵のシガレットケースを美しいと思う。これは私のひそかな美的満足を満たしてくれる。一方、工作連盟に属している工房でつくられたシガレットケース（デザインは某教授による）は見るに堪えない。そのような工房で制作された、銀製グリップのついたステッキの持ち主は、私に言わせればジェントルマンに値しない。

文化国家においてわれらの時代にふさわしい様式で生みだされたもの――ドイツ工作連盟がめざしている

ものこそこれだろうが——はおよそ見積もって全体の九〇パーセントを占める。残りの一〇パーセント——毒された家具職人の仕事も含まれる——は芸術家の手が入ることによって消え去ってしまっている。いま、この一〇パーセントをふたたび取り戻すことが問われているのだ。それにはわれわれ自身がまず時代精神を感じ、考えねばなるまい。それが可能となれば他のことはおのずとうまくいく。現代人に向かって、私はハンス・ザックスの言葉をもじってこう言おう。「時代、それは現代人のために歌う」

十年前、私がちょうどカフェ・ムゼウム[3]の仕事をしていた同時期に、ウィーンのドイツ工作連盟の代表を務めていたヨーゼフ・ホフマンはアム・ホーフ広場にあるアポロ蠟燭工場の販売店[4]の内装を手がけていた。当時、人々は彼の仕事を、現代を表現するものとして称賛した。だが今日、そんなことを言う者は誰もいないだろう。この十年の歳月が物語るのは、ホフマンの仕事が時代精神をまとったものではなかったということだ。そしてさらに十年も経てば、いっそう明らかになり、今日制作されているものが十年後の「現在の様式」となんの縁もないものだ、ということがはっきりする。たしかにホフマンは、私のカフェ・ムゼウムの仕事以降、糸鋸を使ったこせこせした彫刻装飾を入れたりすることをやめ、こと設計に関していえば私のやり方を踏襲するようになった。だがいまだに彼は、材料となる木材に奇妙な着色液を塗ってみたり象眼細工装飾を施すことで家具がより美しくなると信じている。だが現代人は、刺青の入った顔より入っていない顔のほうが美しいと感じるのであり、たとえ刺青のデザインがミケランジェロの手によろうとも事情は変わらない。ナイトテーブルも同じである。

われらの時代の様式を見いだすために、まずわれわれが現代人でなければならない。だが現代にふさわしい様式で制作されたものに手を加えようとしたり、現代様式に新たなフォルムを持ちこもうとする者たちは——彼らの所行はそこらでみられるナイフやフォークなどの食器類を示すだけで十分明らかだろう——われ

カフェ・ムゼウム（ロース、1899年）。外観（上）と内部（下）。入って左手がビリヤード・コーナー。
ロースがデザインした椅子は、のちにトーネットに合併吸収されたヤコブ＆ヨーゼフ・コーン社製

われの時代の様式のなんたるかをきちんと認識していない。彼らが何を試みようとも無駄なことだ。

現代人はとくに、芸術と日用品を一緒くたに考えることを芸術に対するもっとも強烈な冒瀆であると感じる。この点、ゲーテは現代人であった。私はいまこそ彼の言葉が必要だと思われる。――ゲーテ、ベーコン[5]、ラスキン、ソロモン王[6]の言説はいまでもよく美術展示会の説明書きでも引用されているが――ゲーテの次の言葉は、はっきりわれわれ現代人の問題を明らかにしてくれる。

ゲーテは言った。「かつて床を飾り、キリスト教会の丸天井を覆った芸術は、現在では容器や腕輪などを飾るものに成り下がった。こうした時代は、人々が考えている以上に堕落しているのだ[7]」

（一九〇八年）

装飾と犯罪

人間の胎児は、母親の胎内のなかで生きとし生けるもののすべての成長段階を体験する。誕生後、赤ん坊の世界に対する感覚的印象は生まれたばかりの子犬と同じである。そして幼少期に入ると、人類がたどってきた歴史の変化を全身で経験していく。二歳になるとパプア人のように、四歳になると古代ゲルマン人のように、六歳になるとソクラテスのように、八歳になるとヴォルテールのように世界の変化を経験するのだ。そしてまた八歳になると紫という色を認識するようになる。この色は十八世紀になってはじめて「発見」されたものだ。それ以前、現在なら「紫」と表現されるスミレの花は「青」とされ、アクキガイ[1]は「赤」とされていた。陽光を分光器で分解し波長の順に並べた色のなかには新たな名称を与えられた色もあるが、物理学者によると、その色を人間が実際に認識できるようになるには次世代を待たねばならないという。この事例から紫を認識するのに時間を要したこともうなずけよう。

子供に道徳観念はない。パプア人もわれわれからみれば道徳観念がないに等しい。彼らは敵を殺し、その肉を食べるが、パプア人のあいだでは犯罪者ということにはならない。だが現代人が人を殺し、その肉を食べたとすれば、犯罪者か変質者とされるのがあたりまえである。パプア人はみずからの皮膚をはじめボート、舵など身のまわりのものすべてに「刺青」を入れる。だからといってパプア人が犯罪者というわけではない。だが、現代人が刺青を入れたらどうか。やはり犯罪者か変質者ということになるだろう。実際、囚人の八〇パーセントが刺青を入れているという監獄はざらにある。刺青の入った者で監獄に収監されていないとすれば逃亡中の犯罪者か変態貴族にちがいない。もし刺青を入れた者が自由の身で死んだとすれば、それは殺人を犯す前に死んだということにすぎない。

みずからの顔のみならず身のまわりの物すべてに装飾を施そうとする欲望は、造形芸術の始源である。同時にそれは絵画芸術の揺籃でもある。すべての芸術はおしなべてエロティックなものだ。

最初に生まれた装飾は十字架であった。十字架こそはエロスへの衝動から生まれたものである。それは人類が生みだした最初の芸術作品であり、人類最初の芸術家がおのれのなかに湧きあがるものを表現するために壁に描きつけた最初の芸術的行為だったのだ。その意味はこうだ。水平の線は横たわる女であり、それに交わる垂直線は女を差し貫く芸術家自身である。この十字架を描きつけた男はベートーヴェンと同じ衝動を感じ、第九交響曲をつくりあげたときにベートーヴェンが到達したエクスタシーの高みと同じ境地にいたのである。

だが内なる衝動からエロティックなシンボルを壁に描きつける現代人がいるとすれば、それは犯罪者か変質者である。だが人間である以上、そのようなシンボルを見て、エロスへの衝動をもっとも激しく掻き立てられるのが便所であるというのは自然なことだ。そのため、便所の落書きを見ればその国の文化程度をはかることができる。子供のなかで最初に起こる自然な表現が卑猥ないたずら描きである。だが子供やパプア人たちのあいだではあたりまえでも、われわれ現代人のなかでは変質的である。そこで私はある認識にいたった。「文化の発展は日用品から装飾を削ぎ落としていく過程に相当する」[2]というものである。これを世間に発表した。私はこの認識を世間が歓喜をもって受けとめるだろうと期待したが、世間はいっかな私に感謝する様子はなかった。それどころかがっかりして意気消沈してしまったのだ。彼らを悲しませたのは、もう新しい装飾を生みだすことができないのだと理解したからだった。どんな黒人にも許され、あらゆる民族や前時代のあらゆる人間に許されたことが、なぜ十九世紀に生きるわれわれにできないのだろうか？　世間はそう考え、頭を抱えてしまったのだ。数千年前の人類が装飾をつけずに制作したものは一顧だにされず捨てられ、消えていくに任せてきた。現在では、カロリング朝時代の工作台などまったく残っていないが、少しでも装飾がついたものとなるとガラクタでも収集し、きれいに保存し、それらを飾る宝物館まで建てている始末。そして世間の人々はその展示ケースをとりかこみ、なぜ自分たちにはこのような装飾がつくりえないのか、と自分たちの不能ぶりに溜め息をつく。あらゆる時代にはその時代の様式があり、なぜわれわれの時代だけ自分たちの様式をもつことをあきらめなければならないのか、というわけだ。ここで彼らが使っている「様式《シュティール》」という言葉は、装飾《オーナメント》のことを指している。そこで私はこう言った。「泣くな君たち。見よ、新しい装飾を生みだしえないということこそが、われわれの偉大な時代の本質をなしているのだ。われわれは装飾を克服した。われわれは装飾を必要としない時代に足を踏み入れたのだ。見よ、時は近い。あらゆるものに装飾のない時代がまもなく実現する。街路は白い壁のように輝くだろう！　聖なる街、天国の首都シオンのように。そのときこそ時代はほんとうの完成をみるだろう」

そんなことには耐えられない、という愚か者がいる。彼らに言わせれば、人類は依然として装飾の奴隷として重い足取りで歩くべきだという。だが、人類は装飾がけっして喜びをもたらさないところまで進歩した。パプア人のように刺青を入れた顔は美的感覚を高めるどころか価値なきものとするまでに進歩した。装飾のあるシガレットケースを買うより、同じ値段で装飾のないシガレットケースを買うほうがうれしいと感じるまでに進歩したのだ。人類は現代の服を着て、歳の市の見せ物猿のように金の飾り紐のついた赤いビロードのズボンをはいて歩きまわる必要がなくなったことに開放感を感じるようになった。だから私は言った。「ゲーテが死んだ部屋は、ルネサンス様式の絢爛豪華な部屋よりすばらしい。装飾のない家具は、博物館に展示されている象眼や彫刻が施されているすべての家具よりも美しい。そしてゲーテの言葉は、ペーグニッツ協会員〔3〕がめざした装飾過剰の詩文よりよほど美しい」と。

愚か者の耳に私の言葉は心地よく響かなかった。そして文化的な発展を進める国民のパワーを殺ぐことを義務とする国家は、国家のために装飾の発展と再興を議題にまでぶちあげたのだ。こんな国家に災いあれ！　国を動かす枢密顧問官たち自身が国家転覆を企てようとする国家などくたばってしまえ！　そのあげく人々はウィーン工芸博物館で「数多《あまた》なる魚群〔4〕」と名づけられた食器棚や、「呪われし王女〔5〕」という仰々しい名前をもつ棚など装飾のモチーフからとられた名を冠せられた不幸きわまる家具を目にすることになったのだ。さらにオーストリア国家は、みずからの使命を忠実に果たすあまり、オーストリア＝ハンガリー帝国から行軍の際、兵士に時代遅れのゲートルを巻くことを廃止しなかったのである。つまり文化的に進んだ二十歳の若者たちに三年間の兵役中、便利で簡便なメリヤス編みの靴下のかわりにゲートルをつけることを強いたのだ。結局これはどこの国の支配者層も考えるように、民度の低い国民であれば御しやすいという前提に立った処置だった。

まあよい。こうして装飾病とでもいうべき悪疫は国家によって公認されるにいたり、助成金まで出ることになった。だが、これは明らかに進歩から逆行している。装飾は人間生活に潤いをもたらすという見方を私は認めない。そうは言うが装飾は美しいではないか、という反論も認めるつもりはない。私や私の意見に賛同する人たちにとって、装飾はけっして生活に喜びを与えるものではない。たとえばジンジャークッキーを食べるとしよう。そこに装飾で覆われたハート型のもの、赤ん坊や騎手をかたどったものがあったとしても、私はなんの飾りもないまっさらな物を選ぶ。十五世紀の人間には理解できないかもしれない。だが現代人は私と同じものを選ぶだろう。装飾を支持する者たちは、私の簡素さへの嗜好は禁欲を求めてのことだと考えるかもしれないが、そうではない。工芸学校の教授殿、私が禁欲などするはずがないではないか！　私には、そのほうがよほど美味に感じるだけだ。かつて食欲をそそるようクジャクやキジ、ロブスターをごたごたと飾りたて、目にも彩な料理が用意されたものだが、私には逆効果である。料理の品評会に行くと、死んだ動物の死骸に詰め物をしたご馳走などが並んでいるが、それを食べることを考えるとぞっとする。私はそんなごてごてしたものより、ローストビーフが食べたい。

装飾の新たな復権が現代人の美的感覚の発展にとてつもない損害と荒廃をもたらした。だが、これも簡単に乗りこえられるだろう。いかなる者も、たとえ国家権力でさえも人類の発展を阻止することはできないからだ！　せいぜい進歩のスピードを遅らせる程度だ。われわれは待つことができる。だが、進歩を遅らせることで人間の労働や資金、材料をどぶに捨てることは国民経済への犯罪である。これによって被る被害を時代が埋め合わせることはできない。

文化発展のスピードは、それに乗り遅れた者たちのせいで遅らされている。おそらく私は一九〇八年を生きているといえるだろうが、隣人のなかには一九〇〇年や一八八〇年を生きている者もいる。同時代の人間たちの文化のあいだにここまで開きができてしまっているというのは国家にとって不幸なことだ。カルス[6]の農民たちは十二世紀に生きているといっても過言ではない。彼らは中世のゲルマン民族の大移動時代においてすら時代遅れと思われる格好で、皇帝即位記念式典の行列に加わったほどだった。そのような落伍者を抱える国はじつに不幸だ。さいわいなるかなアメリカ！　わが国には、進んでいる大きな都会ですら非現代的な人間、前世紀を生きていて進歩から取り残された者たちがうようよいる。彼らはいまだに紫という色を知らず、認識しえないために、絵画に紫色の影が描かれているのを目にするとびっくりする始末。彼らにとって美味なものとは単純な料理ではなく、一日かけてコックが微に入り細に入りつくりあげたゴテゴテのキジ料理であり、気に入るものといえば装飾のない簡素なシガレットケースではなく、ルネサンス調の装飾で覆われたシガレットケースなのだ。では田舎の事情はどうだろう？　服装も家財道具も前世紀の品だ。農民たちはキリスト教徒ですらなく、教化以前の異教徒のままである。

この時代遅れの人間たちが、国民と人類の文化的発展を遅らせている元凶である。装飾は犯罪者たちによって生みだされるだけではない。装飾が人間たちの健康を蝕み、国家財産や国の文化的発展を損なうことによって犯罪を犯すのである。ここに同じ生活レベルを求め、同じだけの収入を得ており、違う文化に属するふたりの人物が隣同士で住んでいると仮定しよう。国民経済の観点からみれば次のような成り行きをみることができるだろう。二十世紀的文化に暮らしているほうはますます富むことになり、十八世紀的文化に暮らしているほうはますます貧しくなるだろう。これはもちろん、両者が各自嗜好する世紀の文化を生活の規範として暮らすことを前提としている。二十世紀的人間は最小限の資金で生活の必要を満たすことができるため、貯金ができる。野菜を食べるにしてもさっと茹で、少しバターをつけるだけで十分満足する。だが十八世紀的人間は、これに蜂蜜とナッツ類とともに、何時間も調理してはじめて同じだけの満足を得ることができる。装飾の施された皿は値段が張るが、現代人が使う簡素な白い皿は安い。こうして二十世紀的人間は貯金が可能になり、十八世紀的人間は支出ばかりがかさむということになる。これは全世界の国民にも当てはまる。悲しいかな、文化の発展が遅れていく国よ。イギリス人はますます富み、オーストリア人はますます貧しくなっていく……。

　装飾のついた商品をつくりだしている国民の損失はこの比ではない。装飾が現代文化の生む自然な製品でなくなった以上、つまり時代遅れで退廃的なものになった以上、装飾家の仕事に対して、もはやそれに見合う報酬は払われなくなったのだ。

　木彫職人や轆轤《ろくろ》細工師の仕事環境の惨状、刺繡職人やレース編み女子工員たちに支払われる犯罪的なまでに安い賃金は周知の事実である。装飾家は、現代人が八時間労働で得る収入と同じ額を得るために、じつに二十時間働かねばならない。装飾がつけばふつう商品は値上がりするものだが、同じ材質を使い、三倍の時間をかけてつくっても、装飾のない商品の半値でしか売れないのだ。装飾をつけないことで、仕事時間は短縮されるうえ職人への報酬も上がるということが現実に起こっている。中国の木彫家は十六時間働くが、アメリカの労働者は八時間しか働かない。もし私が装飾の施されていない容器を買うのに、装飾の施されているものと同じ値段を払ったとすれば、かかった仕事時間から発生する差額は職人に帰せられることになる。もし装飾がこの世からなくなったとしたら――そんな状況はおそらく千年後に実現するだろうが――八時間働くかわりに四時間ですますことになるだろう。なにしろ今日、仕事時間の半分は装飾に当てられているありさまなのだ。

　装飾は労働力の浪費であり、それによって健康を損なうことにもつながる。つねに繰り返されてきたことだ。今日では材料の浪費にもなっている。その結果、健康・材料の両観点からみても金を無駄に浪費してしまっているのである。

　装飾がわれわれの文化ともはや有機的な関連を失っているとは、装飾がすでにわれわれの文化を表現していないということでもある。つまり、現在つくられている装飾はわれわれと縁がなく、人間とは関係のないものであり、世界秩序との関連も失っているのである。装飾には発展の余地もない。すっかり見かけなくなったが、オットー・エックマンの装飾はどうなったのだろう？　ヴァン・ド・ヴェルドの装飾は？　かつて芸術家はつねに活力に満ちあふれ、健康で人類の先頭に立っていたものだ。だが現代の装飾家は時代遅れとなり、病的な存在に成り下がった。そして彼らがつくるものは、三年後にはみずからの手によって否定される。文化的に開かれた者たちにとって、それは端から鼻持ちならないのだが、そうなるのに数年を要する者もいる。オットー・エックマンの仕事はいまどこにあるのだろう？　オルブリッヒの作品は十年後どこにいってしまうのだろう？　現代の装飾には、伝えてきた親もいなければ継承していく子もいない。過去も未来もないのだ。そして装飾は、われわれの時代の偉大さとは簡素な明快さではなく、秘密めいたむずかしいものにあると考える非現代人には歓喜をもって迎え入れられるが、それも数年経てば飽きられる。つまるところ、誰にも相手にされなくなるということだ。

人類は今日、いかなる時代にもまして健康だといえる。病んでいるのは一部の連中だけだ。だがこの一握りの連中が、まず装飾など発明することがない健康な職人たちを酷使する。さまざまな材料を使ってみずからデザインした装飾をつくることを強制するのだ。

装飾がどんどん変化していくとは、職人がつくった製品がすぐに無価値になるということだ。職人がそのためにかけた時間と使われた材料が、無駄に消費された資本になってしまう。私はかつて次のように書いた。「物のフォルムは、その物が物として保たれているかぎり生きている」と。これをもう少しわかりやすく説明してみよう。スーツは高価な毛皮のコートより頻繁にそのフォルムを変える。女性の舞踏会用衣装は、たとえそれが一夜のためのものであっても書き物机よりよほど早くそのフォルムは変化する。だが書き物机のフォルムが、もう古いからといって舞踏会用衣装並みに変更されていたとしたらたまったものではない。そんな事態にいたれば、机をつくるのに使われた資金は無駄以外の何ものでもなくなる。

こんなことはもちろん、装飾家にとっても明白である。そのためオーストリアの装飾家たちはこの欠陥を克服し、なんとか自分を有利な立場に置こうと苦心することになる。そこで彼らはこんな主張を展開する。「家具が十年後には時代遅れになるため、十年ごとに新しい物に買いかえる消費者がいる。彼らはわれわれにとって、古い物が使い物にならなくなってからはじめて新しい物を買う消費者より都合がいいではないか。産業界はそうした状況こそ歓迎するのだ。製品の変化が早ければ早いほど多くの物をつくる必要が生まれ、そのおかげで数百万人の雇用が生みだされることになるではないか」。ここにオーストリアの国民経済の秘密があるように思われる。火事が起こるたび「おお、ありがたい。これで人々に仕事ができた」という台詞をなんど耳にしたことか。ならば私にいいアイディアがある！　町に火を放つのだ。帝国全土に火を放て。そうすれば人々はあふれんばかりの金と幸福に包まれるだろう。家具をつくるなら三年後には解体して薪にできるようなものがいい。金具をつくるなら四年も経てば溶かして別の物にしなければ使い物にならないようなものがいい。いずれにせよ家具を競売にかけたところで労賃と材料費の一〇パーセントにも満たない値段で落札されるのがオチなのだから。こうすればわれわれはますます豊かになるという具合だ。

冗談はさておき実際のところ、損をするのは消費者だけではない。生産者はなおさら手痛い思いをするのが現状である。今日、文化レベルの発展によって装飾を施す必要のないものに装飾をすることは、労働力の浪費のみならず材料の浪費をも意味するのだ。だがすべての製品が寿命の尽きるまで美的にも満足できるものであるなら、われわれは金を出すことを惜しまない。そうした仕事であれば職人はより多く稼げ、仕事にかける時間を短縮することができるのである。かく言う私も、ボロボロになるまで使いきることができるものであるなら、フォルムや材料の観点からみて価値のないものの四倍の値が張ろうと金を惜しみはしない。

それくらいしっかりした長靴であれば、ほかの店で類似の品が一〇クローネで手に入るとしても、四〇クローネ払うこともいとわない。だが、装飾家の意のままにされている工芸分野の製品となると、それがいいものか悪いものなのか判断のしようがない。価値のわからないものに金を払う者など誰もいないのだから、職人の努力は無駄になるばかりである。

でも、これでいいのだ。装飾の施されたものなど、それが最低の品質だという一点において、かろうじて耐えうるものだからである。価値のないガラクタが火事で燃えてしまったと聞くと、火事ですら安穏とやりすごせる。私は美術館で愚劣なコスチューム展示（Gschnas）[7]を見て楽しむこともできる。なぜなら、コスチュームは数日展示された後すぐに取り壊されることを知っているからだ。だがそこらの石ころではなく金貨で石投げをするとか燃えるお札で煙草に火をつけるとか、真珠を粉にして飲むといったパフォーマンス芸術は美的にいただけない。

だが最高の材質と細心の入念さを投入して仕上げられた装飾つきのもの、しかも長時間の職人仕事を要したものとなると、いよいよ本気で美的に醜悪なものとなる。さんざん仕事の質を問題にしてきた以上、私には無関係だとシラを切るつもりはないが、こと装飾つきの仕事となると話は別だ。

現代人は、装飾が過去の時代における芸術的横溢の証として価値あるものと考えている。だが、現代の装飾は無理強いされて生まれてきた結果であり、無意味な苦闘の証であり、病的なものであるということを誰もがすぐに見抜くだろう。今日、もはや現代の文化レベルに則って生活している者からはどんな装飾も生まれはしないのである。

もっとも、いまだこのレベルに達していない人間と民族となると別次元の問題である。

私がこうして縷々説明しているのは上流階級に属する人々に対してである。人類の先頭に立って指導し、庶民たちの欲求と困窮をよく理解している人々に対してである。一定のリズムで織物を縫いこんでいき、ほどいてみないとそれが織物であることがわからないほど緻密な仕事をするカフィル人[8]、ペルシャ絨毯を編みこんでいくペルシャ人、レースの刺繍を編んでいるスロバキアの農婦、ガラス玉と絹で鉤針編み細工をつくる老女、こうした人々のことを上流階級の人間は理解し、なすがままにしておくだろう。こうした労働にいそしむ時間が彼らにとって神聖であることをよく知っているからである。もし革命論者であれば飛んできて「そんなものはすべてナンセンスだ」と言い放つかもしれない。路傍のキリスト磔刑像に祈りを捧げる老女を引き離して「神など存在しない」とどやしつけるように。上流階級に属する人間なら、たとえ無神論者であろうと教会の前を通り過ぎるときは帽子をとって会釈ぐらいはするものだ。

　ところで私の靴は、縫い目や紐穴も含め装飾が全面を覆っている。靴職人の仕事だが、それに見合った対価は支払われていない。そこで私は職人のところへいってこう言うのだ。「あなたはこの靴が三〇クローネだとおっしゃるが、私は四〇クローネ払うことにしましょう」と。この一言が靴職人のモチベーションを上げ、一〇クローネの上乗せ額以上の材質を選び、質の高い仕事をして私に感謝の気持ちを示そうとする。

　たとえばこんなシーンを思い浮かべてみよう。靴職人は目下、幸せをかみしめている。彼がふだんこうした幸せを感じることはめったにない。なにしろいま目の前に立っているのは、彼を理解し彼の仕事を正当に評価し、彼の誠実さをこれっぽっちも疑わない顧客なのである。注文した客は頭のなかですでに靴の完成形を思い浮かべる。客はどこに注文すれば最高の革が手に入るか、どの職人に任せればいいのか、わかっているのだ。靴は上品な靴にみられるように、みごとな縫い目や紐穴がついているだろう。そこへ私のような男がずかずかとやってきて、こう言うとする。「すべてお任せするが、ひとつだけ条件がある。靴にはいっさい装飾をつけないでほしい」。この一言で幸せを味わっていた靴職人はいっぺんで地獄に突き落とされることになる。仕事量は減るが、職人から仕事への喜びをすべて奪ってしまうことになるからだ。

繰り返すが、私は自分の主張を上流階級に属する人々に向かって説いているのだ。もし私の隣人たちが喜びを感じるというのであれば、自分の体に刺青を入れることも我慢しよう。人々の喜びは私の喜びでもあるからだ。私はカフィル人やペルシャ人、スロバキアの農婦がつくりあげる装飾も、私の靴の装飾も我慢しよう。もしそれらを否定してしまったら、彼らがめざす生の高みにいたる手段を奪ってしまうからである。だがわれわれには装飾を剝ぎとった芸術がある。われわれは一日の苦しい労働から解放されるとベートーヴェンやトリスタンを堪能しに行くことができる。だが、これは私がいつも注文を出す靴職人にはできないことだ。私が靴職人から装飾をつくる喜びを奪うことは許されない。その喜びに代わる手立てを彼らに与えることは私には不可能だからだ。だが第九交響曲を聴いてから帰宅して仕事に向かい、壁紙装飾のデザインを考えるような男は詐欺師か変質者である。

装飾を剝ぎとることで、多くの芸術がそれまで想像もしえなかった高みに上りつめることになった。ベートーヴェンが作曲したような交響曲の数々は絹やビロード、レースの飾りのついた服を着て歩くような人間にはとうてい作曲しえなかっただろう。いまどきビロードの上着を着てうろついているような輩は、芸術家ではなく道化役者かペンキ塗りくらいのものだ。われわれはより洗練され、繊細になった。かつての愚民たちは色とりどりの服装の違いで自分の個性を出すしか方法を知らなかったが、現代人は体を包むもの《マスク》としての服装を必要とするだけである。個人個人がしっかりした個を確立し、人間の個性が非常に強くなったため、もはや服装で個性を主張する必要がなくなったのだ。無装飾とは精神の力の証である。現代人は、必要とあれば好きなようにむかしの文化や他国の文化が生みだした装飾を利用すれば済む。現代人はみずからの発想や発明を、装飾ではなく別のことに投入するのである。

（一九〇八年）

ウルクに「装飾と犯罪」をばかにしてくれた記念に

親愛なるウルク〔1〕！
言わせてもらうが、いよいよ壁紙職人のシュルツェやヴァン・ド・ヴェルド教授の刑罰を重くするのに、彼ら専用の独房を用意する時期が来たようだね。

アドルフ・ロース
（一九一〇年）

建築

みなさんを大自然にかこまれた湖の岸辺にお連れしよう。空は青く、水は澄みきり、すべては深い静寂に包まれている。山と雲が湖面に映り、そして湖畔の家々や農家、教会の影が湖水に揺れている！　それらはみな、まるで人の手でつくられたものではないかのようだ。山や木々、雲、そして雲ひとつない青空のように、あたかも神の工房でつくられたかのようだ。そしてすべてのものが美と静寂のなかで息をひそめている……。

だが、いったいあれはなんだというのだ？　静寂を破る耳障りな音のような存在。切迫しているわけでもないのに悲鳴をあげているようだ。人間ではなく神によってつくられたような農家の母屋のあいだに、なんと一軒の別荘があるではないか。腕のいい建築家がつくったのか腕の悪い建築家がつくったのか、それはわからない。ただはっきりしているのは、たった一軒の別荘のせいでこの場を包みこむ安らぎも静寂も美もすべて台無しになっていることである。

神の前で建築家の善し悪しなどあったものではない。神の玉座を前に建築家はみな同列である。ところが、悪魔ベリアル〔1〕が跳梁跋扈する都市において、建築家の善し悪しは非常にデリケートな違いをもたらす。その違いが悪徳を引き起こす温床となるのだ。そこで私は問う。腕の善し悪しを問わずどんな建築家であれ彼らが手を出すと、なぜ湖畔の美観を損なうことになるのか？

農民はけっしてそんなことをしない。湖畔に鉄道のレールを敷く技師も、鏡のように澄み切った水面に航路の跡を残して進む船をつくる船大工も同様である。彼らは総じて建築家とは別のやり方をとる。農民は家を建てる牧草地の上に杭を打ちこみ、基礎壁をつくるために土地を掘る。次は壁職人の登場だ。粘土が出る土壌近くには、煉瓦をつくる煉瓦製造場がある。粘土が出なければ、護岸をつくるための石を使う。壁職人が煉瓦を積みあげ、あるいは石を積みあげている間に、その横で大工は自分の作業場をしつらえはじめる。大工がトンカントンカン作業する音が響きわたる。なんとも楽しい響きではないか。彼は屋根をつくっている。どんな屋根だろう？　美しい屋根だろうか？　それとも醜い屋根だろうか？　そんなことは大工には判断のしようがない。どうでもいいことだ。大工にとって屋根は屋根でしかない。

今度は家具職人がやってきてドアや窓の寸法をとり、関係する職人たちもみな集まってきて各々が担当する場所を計測し、工房に戻ってさっそく作業開始だ。家の主は漆喰塗料の入った大きな桶をかき混ぜ、家壁を純白に塗っていく。塗り終わっても刷毛を捨てはしない。来年の復活祭の時期が来たら、また塗りなおすからだ。

この農民は、家畜を含め自分と家族のために家を建てようと考え、予定どおり上々に仕上がった。それは隣人も祖先も代々同じようにやってきたことだ。野の動物たちが本能にしたがって自分の巣を上手にしつらえるのと同じである。この家は美しいだろうか？　もちろん、美しい。バラやアザミ、馬や雌牛が美しいように美しい。

そこで私はあらためて問う。腕のいい建築家も腕の悪い建築家も、なぜ彼らは湖畔のすばらしい景観を台無しにしてしまうのか？　なぜなら建築家は、ほとんどの都市住民がそうであるように文化をもっていないからだ。建築家には、農民があたりまえのように持ちあわせている文化の揺るぎなさというものが欠けている。都市住民は根こぎされた者たちなのである。私がここで文化と名づけているものは、人間の内面と外面とが均一に調和がとれている状態のことであり、それなくしては理性的に考えることも行動することもできない。私は近々講演することになっているが、そのテーマは「なぜパプア人には文化があり、ドイツ人には文化がないのか」というものである。

人類の歴史は、いまだかつて文化のない時代というものを体験していない。文化のない現代という時代をつくりあげたのは十九世紀後半の都市住民である。それまで文化の発展はみごとなまでに均一な進展をみせており、人々は自分の生きている瞬間に従順であればよく、前を見ることも後ろを振り返ることもなかった。だが、ここに偽予言者があらわれる。そして吹聴してまわったのだ。われらの生活のなんたる醜さ、不愉快さよ、と。そして彼らは過去の時代からあらゆるものを掻き集め、博物館に陳列してみせてこう言った。「見よ、これが美というものだ。君たちがいかにおぞましい醜悪のなかで暮らしてきたかがわかるだろう」

そこには列柱やコーニスのある家のように大仰な日用品があり、ビロードやシルクがあった。そしてなにより装飾があった。だが、職人たちはすでに現代化され文明化されて装飾を考案しえなかったために学校がつくられた。健康な若者たちは装飾ができるようになるまで学校に長々と押しこまれ、すっかりゆがんでしまった。中国では子供を壺のなかに入れたまま育て、[2]大きくなって壺をぶちこわして出てくると身の毛もよだつ奇形児になっているそうだが、学校で教育される若者たちも同じである。この悲惨な精神的奇形児たちは、見せ物にされる中国の兄弟たちと同様注目の的となり、その欠陥のおかげでいともたやすくパン代を稼げるようになったのである。

どうか考えてほしい！　「文化の道とは装飾がなくなっていく過程なのだ」と人々に呼びかける者は、十九世紀後半当時誰もいなかったのである。つまり文化の発展とは、日用品が装飾から解放されることと同義なのだ。パプア人は身のまわりのものすべてを装飾で覆い尽くす。みずからの顔と体から始まり、弓や船にいたるまで飾りたてる。だが、いまどき刺青とは退廃の証であり、刺青を入れている者といえば犯罪者か身持ちの悪い貴族崩れだけである。教養ある者はパプア人と違い、刺青の入った顔よりも刺青の入っていない顔のほうが美しいと思うのである。たとえ刺青のデザインがミケランジェロやコロマン・モーザー[3]の手になるとしてもである。そして十九世紀の人間は、自分の顔のみならずスーツケースや衣服、家財道具、家々にいたるまでありとあらゆるものを人工的に生みだされた新たなパプア流の刺青から守ろうとしたのである！ではゴシック時代はどうだったろうか？　少なくとも現代のわれわれはゴシック時代の人間より進化している。ではルネサンス時代は!?　これもわれわれのほうが進んでいる。現代のほうがより繊細でより上品になった。かつて人々はアマゾネスの戦いを彫りこんである象牙の杯から平気で酒を飲んでいたものだったが、現代人はそれほどの図太い神経を失った。それとともにわれわれはかつてもっていた技術力を失ってしまったのではないか、という疑問も湧く。たしかにそうだ。その代わりにわれわれはベートーヴェンの妙なる音楽を手に入れることになったのだ。なんとありがたいことか。現代の神殿は、古代ギリシャのパルテノン神殿がかつて青や赤、緑や白に彩色されていたように[4]塗られることはなくなった。なぜならわれわれはまったく色を塗ることのないまっさらな石に美を見いだす感性を学んだからだ。

だが当時は――これはすでに私が指摘したことだが――こうしたことをはっきり口にする者が誰もいなかった。そのため現代文化の敵であり古い文化の称賛者たちは、いともたやすく装飾に手を出した。おまけに彼らは過去の時代そのものを誤解していたのである。無意味な装飾のために使用に適していなかったものが保存されることとなり、装飾の施されたものだけがわれわれの手元に残された。そこから当時の人々は、どんなものにも装飾はつきものと思いこんだのである。さらにいえば装飾により簡単に時代とその出所が特定できたし、時代別に分類しカタログをつくることがその忌まわしい時代の知的娯楽でもあった。

だが、職人たちはその風潮についていけなかった。多種多様な民族が何千年とかけてつくりあげてきたものをたった一日でつくり、さらに新しい物を生みだすよう求められたのだから、たまったものではない。それらは各民族文化の表現であり、農民が自分の家を建てるように、その民族の職人たちの手によって自然と生みだされてきたものであった。今日の職人はかつての職人と同じ技術をもっている。だが、こと装飾になると、すでにゲーテと同時代の職人たちでも過去を再現することは不可能になっていた。こうした事情から、教育機関でいびつにされた者たちが呼びだされ、職人たちにあれこれと口を出すアドバイザーとして登場するにいたるのである。

こうして壁づくり職人、建築職人である大工はアドバイザーをもつことになる。職人たちは同時代の様式でしか建てることができなかった。だが過去のあらゆる時代の様式を再現して築きあげうる人間、同時代との関係性を失った人間、根を断ち切られ、教育を受けて歪んだ人間、こうした人間が支配者となった。建築家の誕生である。

職人は多くの場合、書物に縁がない。一方、建築家は書物に囲まれ、ありとあらゆることをそのなかから仕入れる。膨大な文献が建築家に知識を提供する。精巧に編まれた無数の出版物が、どれだけ現代の都市文化を毒し、自分で考えるという行為を妨げているか。この現状に気づく者はいない。建築家は自分に深い印象を残したフォルムを頭のなかに刻みこみ、その記憶のページをめくってそのフォルムを再現することができる。また建築家は「芸術的創造」に没頭するあいだ、その手本となる資料をつねに引用することもできる。いずれにせよ、同じ結果しか生まれない。その効果はいつも同じなのだ。いつも決まって無惨なものしか生まれない。この無惨さは果てしなく増大する。建築家の誰もが自分の作品を、出版物に不朽の名作として掲載されることをめざして奮闘し、数多くの建築専門雑誌が彼らの虚栄心を満たしてくれる。この状況がずっと続いている。

建築家が職人たちを排除するのは、こうした理由ばかりではない。彼らは図面を描くことを学んでいる。それしか学んでいないのだからできて当然である。だが職人にはこれができない。職人として生きてきた手にはむずかしくなっているのだ。職人の描く図面はぎこちない。だが建築学校の生徒は、よほどうまく図面を引いてみせる。そしていよいよここに早描き製図師が登場する。彼らは建築事務所からは引っ張りだこだ。そして高給取りに成りあがる！

建築はこれら建築家たちによって図案美術に成り下がった。だが仕事依頼を次から次に受けるのは、みごとな建物を建てる建築家ではなく、図面の上に自分の構想をみごとに展開してみせうる建築家なのだ。この両者は、本質的には正反対の人間なのである。

試みに、あらゆる芸術を一列に並べてみよう。まず図案を端緒にすると、そこから次に絵画芸術が来る。ここから二次元の彫刻を通って立体彫刻が生まれてくる。さらに立体彫刻から建築へと発展する。こうしてみると、図案と建築は同一ライン上の始まりと終わりということになる。

ということは、もっとも優れた図面描きが腕の悪い建築家であり、もっとも優れた建築家が腕の悪い図面描きでもありうるわけだが、建築家への道を選ぶにはあらかじめ図案美術の才能が求められている。その結果、現代最新の建築は製図板の上で考案される。こうして生まれた図面は、だまし絵のように立体的な表現を与えられる。それはあたかも実物と見紛う絵画が蠟人形館に陳列されているようなものだ。

　かつて建築家にとって、図面とは実際に作業をおこなう職人たちに自分のめざすところを説明するための手段にすぎなかった。それは詩人がみずからの心に秘める詩情を、あえて文字を飾りたて、読者が理解できるようにしなければならなかったのと同様である。だが現代のわれわれは、美しい飾り文字を使わなければ子供に詩を理解させられないほど非文化的ではない。

　これはよく知られていることだが、ひとつひとつの芸術作品には強烈な内的法則があるため、表現手段はひとつしかない。

　長編小説を例にとると、ある長編小説をもとに戯曲が生まれたとすれば、それは端《はな》から元ネタも戯曲もたいしたものではなかったのだ。長編小説でしか表現できないことがあり、戯曲でしか表現できないことがある。もっと噴飯ものなのは、ふたつの異なる芸術があったとして、共通点があるために混ぜてしまってもかまわないような場合である。したがって見世物小屋に資するような絵画はひどい代物なのである。たとえばサロンチロル人[5]を描いた通俗絵画など、いたるところに飾られている。ところが、モネの「印象・日の出」やホイッスラーの銅版画はそうはいかない。目を覆いたくなるのは、すでに図案作品として認定された建築図面——建築家のなかには図案家も紛れこんでいる——を石や鉄やガラスで建ててしまった場合である。そもそも本格的な建築作品の証とは、平面上ではその魅力を発揮できないことである。もし仮に、私が建築史上もっとも偉大な事件ともいうべきパラッツォ・ピッティ[6]を同時代人の記憶から抹殺したうえでその作品を当代最高の図案家によるものとしてプロジェクトコンペに出したとしよう。審査委員会は腰を抜かしてただちに私を精神病院に押しこめるだろう。

　しかし今日、てきぱきと図面を仕上げていく建築家が全盛である。フォルムを生みだすのは、もはや職人の工具でなく鉛筆になった。建築全体の輪郭や装飾のつけ方から、建築家がどの硬さの鉛筆を使っているかおおよそ見当がつくほどである。そしてコンパスはなんとひどい悪趣味をもたらしたことだろう！　さらに製図用ペンで描いた点描[7]が、なんでもかんでも正方形を意味してしまう「正方形病」とでもいうべき悪癖をもたらした。窓枠も大理石板もおよそ縮尺百分の一の図面上に点描されないものはなく、石工にせよ壁づくり職人にせよ、現場の人間は図面に描かれたナンセンスに不必要な苦労を強いられながら、実地に合わせて手を加えていかざるをえないのである。偶然インクの一滴がペンから図面に落ちて、できてしまった点描のひとつだとしても、それを現実化しようと金メッキ職人も苦労する羽目になるのだ。

そこで私は言いたい。普遍的な建築とは、平面上に展開された図面ではなんの印象も与えないものなのだ。私が設計した内部空間を写真に撮ったとしても、写真からはその空間の意図はまったく伝わってこない。これを私はもっとも大きな誇りとしている。モネの作品の所有者が美術館のなかでその作品を自分のものとは思えないのと同じように、私の設計した空間に住む居住者がその住居を写真で見せられても、自分のものであるかどうかは認識できないだろう。自分の作品がさまざまな建築専門雑誌に掲載されるという名誉を私はあきらめねばなるまい。多くの建築家が求める虚栄心を満たすのは、私には無理なのである。

こういうわけで、私の仕事はたいして影響力をもたないだろう。だいいち誰も私のことなど知らない。だが私の考え方と教訓の正しさが力を発揮していることは事実だ。私は雑誌や本に登場することのない者だ。私は誰にも知られていない者だ。だがその私こそが、何千もの建築家のなかで唯一本物の影響力をもっているのである。次の一例で私の影響力を示そう。はじめて私が建築仕事を請け負ったとき――すでに述べたように、私の仕事は図面上に表現しきれるものではないため非常に苦労したのだが――私の仕事は人々から非難囂々、ぼろくそに言われた。十二年前につくったウィーンのカフェ・ムゼウムである。建築家たちはそれを「カフェ・ニヒリスムス」と呼んでコケにした。だが何千もの現代建築家が手がけた仕事はとうのむかしにことごとく、がらくた小屋へ投げ捨てられた。しかし、カフェ・ムゼウムはいまでも残っている。彼らの作品が残っていたとしても、彼ら自身にとっては過去の恥でしかないのである。そしてカフェ・ムゼウムが現代の家具職人に与えた影響が過去に存在したあらゆる職人仕事を足した以上に強いことは、一八九九年、ミュンヘンで発行された雑誌「装飾芸術」[8]を見れば一目でおわかりいただけるだろう。そのなかに掲載されたカフェ・ムゼウムの内部空間の写真そのものは影響力をもたなかった——編集部の何かの手違いで載ってしまったと記憶する——写真としての出来そのものは完全に無視されたのである。むしろ影響力をもったのは作品そのものの迫力だった。その力は郵便も電話も新聞もなかったにもかかわらず、あるいはむしろそれだからこそ一挙に圧倒的な勢いで地球上の隅々まで伝播した、かつての巨匠の力そのもののようであった。

十九世紀後半、「われわれには建築様式がない！」という似非文化人の呼びかけが蔓延した。なんたる過誤！　なんたる間違った思いこみだろう！　まさにこの時代こそ、過去のあらゆる時代と一線を画す様式をもっていたのだ。そしてその転換は文化史上例をみないものであった。だが似非予言者たちは、装飾の違いによってしか様式を区別できなかったため、装飾はフェティッシュな崇拝対象となり、意図的に残された装飾を様式と呼んだのである。だがほんとうの様式をわれわれはもっていたのである。そこに装飾はなかった。もし仮に新旧の建物からすべての装飾を剝ぎとり、剝き出しの壁から十七世紀のものと十五世紀のものを区別するのは困難だろう。だが十九世紀の建物ならどんな素人でも一目でそれと見分けるだろう。この時代に入るとわれわれはすでに装飾を捨て去っており、偽予言者たちは装飾がないことを嘆いていたのだ。そこで彼らは過去の装飾をコピーし、賞味期限が切れて滑稽に感じられるまで使いつづけた。ここまで来て、彼らはとうとう新しい装飾をつくりだした。そこまで文化的に堕落してしまったのである。にもかかわらず、彼らは二十世紀の装飾を見つけだしたのだと喜んでいる始末だ。

だが二十世紀におけるほんとうの様式とは、そんなものではない。たしかに、純粋にそのフォルムによって二十世紀の様式を体現しているものは少なくない。それらは教育を受けて精神的奇形児となった建築家がアドバイザーとして口を挟まなかった分野である。そうした分野の職人として、仕立屋が筆頭に挙げられよう。靴職人、鞄職人、馬具職人もそうである。車大工、楽器職人も入るだろう。さらに非文化人たる建築家にとって、改善の対象としてはあまり上品に映らなかったあらゆる職人仕事も、余計な口出しをされて台無しにされることを逃れたのである。なんと幸運だったことか！　十二年前のことだが、建築家が首を突っこんでくることはないだろうと思われたため、私は近代的な内装のリフォームを請け負ったことがあった。[9]ここで私は自由に、想像力の赴くまま仕事をする芸術家のように――芸術家連中はよくこうした表現をしたがる――仕事に臨んだわけではなかった。私は別の態度をとった。一介の徒弟のようにびくびくしながら工房に足を運び、畏敬の念を込めて青い前掛けをつけた親方に挨拶した。そして「あなたの仕事の秘訣を学ばせてください」と願い出た。職人の親方を立てるという慣習は、建築家には想像もつかないことかもしれないが、いまだ工房の伝統として生きているのである。

職人たちは私の意図を理解してくれた。私が製図板上の勝手気ままなアイディアで職人たちの大事にしている木材をぶざまに色づけするような人間ではなく、さらに材料本来の質感のある色を平気で緑や紫の塗料で塗りつぶすような人間ではないことを彼らはわかってくれた。すると工房で仕事をする職人のプライドが仕事の端々にあらわれるようになり、彼らが注意深く隠し持っていた伝統が手にとるようにわかってきた。そして職人たちは、自分たちを抑圧する建築家への憎悪を表現するようになったのだ。私は彼らとのつきあいのなかでさまざまなことに気づかされた。たとえば最新鋭の水洗便所室を覆う壁板が近代的な家の壁の被覆に使えることや、手箱に使われている銀の金具が現代建築の桟や隅をうまく処理するのに使えるという発見もあった。鞄職人やピアノ職人のもとでは、留め金や補強金具の使い道を新たに見いだした。こうした発見のなかでもっとも重要と思われるのは、一九〇〇年代と一八〇〇年代の様式の違いは燕尾服の違い程度のものでしかないということだった。

　つまり両者にたいした違いはないのだ。一八〇〇年代の燕尾服は青い生地で金ボタンがついているが、一九〇〇年代のものは黒い生地で黒ボタンがついているというだけである。黒い燕尾服は現代の様式となっている。それを否定する者はいないだろう。教育を受けた精神的奇形児たちは、現代の服装の改革には手を出さなかった。その程度のことに口を出すのはプライドが許さなかったのだろう。彼らは服装と関わる必要はないと考えるきまじめな男たちだった。そのため二十世紀の服装はむかしの時代の様式が続くこととなった。品格を重んじる彼らにふさわしいのは、装飾をつくりだすことだけだったのだ。

　いよいよ私にも建物全体を手がける仕事が舞いこむようになったとき、自分に言い聞かせたことがある。建物の外観は、せいぜい燕尾服の変化程度にしか変わりようがないのだと。つまり、そう大きな変化は必要ない。そして私は、先人たちはどう建てたのか、さらに時代の経過を通じ、どう装飾から解放されていったのか、ということをつぶさに観察した。そこから私は、一度断ち切られてしまった発展の連鎖をもう一度つなぎあわせることになった。この作業を通じてひとつの確信を得た。連綿と続く進歩発展の道程を中断させないためには、簡素さがより顕著にあらわれているものをめざすべきだということである。金ボタンは黒ボタンに取り替えねばならなかった。建物の外観はめだつものであってはいけない。私はかつて、現代的な装いをしている人間はもっともめだたないものだ、ということを何度も強調してきた。[10]この物言いは、矛盾しているととらえられた。だが、これに似た私の逆説的な思いつきをまとめ、本にするという勇敢な編集者がいたのである。そして時代のなかで私の表現に違和感を覚えるものが減っていき、人々は私の発言を真実であるととらえるまでになったのである。
〔11〕
だがこのめだたなさということに関し、一点私が考慮に入れていなかったことがあった。服装に当てはまることが、必ずしも建築に当てはまるわけではないということだ。もし仮に、精神的奇形児たちによって建築が歪められることなく、服装のほうが劇場のガラクタ衣装並みに、あるいは分離派並みに改革されていたとしたら――実際、それは試みられたのだが――状況は逆転していただろう。

想像してほしい。各個人が、思い思いに過去の時代や想像しうる遠い未来の格好をしているのだ。男たちは遠いむかしから出てきたような格好をし、女たちは塔のように高く盛り上げた髪型で張り骨入りのスカートをはき、なかにはブルゴーニュ風のズボンをはいた優美な紳士たちもいる。なかには紫のパンプスを履き、ヴァルター・シェルベル教授がデザインしたアップリケつきの緑色の絹の上着を着ているものたちも数人混じっている。そこへ質素なフロックコートを着た男があらわれる。彼はめだたないだろうか？　そう、ひどくめだつことになるのだ。まわりから怒りすら買わないだろうか？　そのあげく警察が呼ばれることにならないだろうか？　警察は世間から反感を買うあらゆるものを排除するためにいるからだ。

だが実際は逆である。フロックコート男の服装はまともであり、こんな茶番を演じているのは建築界のほうなのである。実際、私が設計した建物は怒りを買い、警察が速やかに呼ばれた。もっともこんなもめごとは取るに足らぬことであり、開かれた場で警察沙汰にするようなことではない！

＊

私が上述した服飾と建築を比較している点に関し、疑問を抱いた者が少なからずいたことは容易に想像がつく。建築を服飾と同一に論じるのはおかしい、建築は芸術のひとつだろうと考える向きもおられるだろう。条件つきでその点は私も認めよう。だが、そう主張する者も、一方で人間の服装と建物の外観に関して一致する点があることに気づかなかっただろうか。たとえば建築上のゴシック様式と乗馬服は一致していないだろうか。十七世紀から十八世紀にかけて流行った肩まである男性用鬘《かつら》は建築上のバロック様式に相当すると思わないだろうか。現代の建築様式とわれわれの服装が一致していると考えられないだろうか。あるいは人々はその単一性を恐れているのだろうか。むかしの建築は同時代、同国内においてみな様式上単一ではなかっただろうか。単一だったからこそ様式とその国にしたがって、民族と町にしたがって様式上のグループ分けができたのではなかったか。現代の建築家がよくやるような、個人の能力を必要以上に強調する神経質な虚栄心などむかしの建築家には無縁だった。本来は伝統がフォルムをつくったのだ。フォルムが伝統を変えてきたのではなかった。どんな状況であれ、今日の建築家は確固たる地位を築いたフォルム、つまり神聖化され不動の伝統となった所与のフォルムを忠実に利用することはできなくなった。ある時代に生まれた新しい課題を解決するなかでフォルムに変化が生まれ、その過程でそれまでの規則が通用しなくなり、新しいフォルムが生まれてきたのだ。そして人々は、時代が提供する建築を自分たちのものとして受け入れた。新たに生まれた建築は同時代人すべてに好まれることとなった。だが現代はむかしと大きく違う点がある。今日の建築は二種類の人間、つまり施主と建築家しか相手にしていない。

建物はあらゆる人々に気に入られなければならない。この点、見るものすべてに気に入られる必要はない芸術作品とは異なる。芸術作品は芸術家の個人的な嗜好によってつくられる。だが建物はそうはいかない。芸術作品は人々の必要を満たすためにこの世界に生みだされるわけではない。建物は、必要を満たすために建てられる。芸術作品は誰にも責任を負っていないが、建物はひとりひとりに責任を負う。芸術作品は人間を快適な状態から引きずりだそうとするが、建物は人々の快適さに奉仕しなければならない。芸術作品は革新的だが、建物は保守的だ。芸術作品は人間が進むべき新しい道を指し示し、未来を志向するが、建物は現在を志向する。われわれは、みずからの快適さに役立つものすべてを好むものだが、一方で一度獲得した安全地帯から引き離そうとするもの、その状態の脅威となるものを憎む。つまり人間は建物を愛し、芸術を憎むのだ。

とすれば、建築とは芸術といっさい縁がないものであり、建築を芸術のなかのひとつに数えあげることはできないのではないか？　そう、できないのだ。ただ、建築のごく一部は芸術に属しているといえる。墓碑と記念碑である。それ以外の建築は、芸術の領域から閉めださねばならない。

われわれがわれわれの時代の建築を所有することになるのは、「芸術は目的をもつ」という大いなる誤解が解けたときである。同時に、「応用芸術」などという間違った決まり文句が国民の語彙から金輪際消え去ったときである。芸術家はただみずからに奉仕し、建築家は一般社会全体に奉仕しなければならない。だが、これまで芸術と職人仕事は一緒くたにされ、この両者に、そして人類全体にとてつもない損害を与えることになってしまったのだ。これにより人類は、芸術とは何かということがわからなくなってしまった。われわれは無意味な怒りに駆られて芸術家を迫害し、それによってどれだけ多くの芸術的創造を挫折に追いやってしまったことか。

人類は日々刻々と許されざるとてつもない罪を犯しているのだ。聖なる精神に対して償いようのない罪を。殺人、窃盗ほかすべての罪は償いうる。だが、人類がその盲目ゆえに芸術家を迫害したため――そうなのだ、怠惰の罪を犯してしまったために――死産させてしまった数多くの第九交響曲に対して犯した罪は償いうるものではない。これは神の計画を冒瀆したに等しい。

人類は芸術のなんたるかをすでに見失ってしまった。「商人用芸術展」というのは最近ミュンヘンで開催された展示会のタイトルだが、誰ひとりとしてこの厚顔無恥もはなはだしいタイトルをこきおろす者はいなかった。さらに「応用芸術」という悠長な物言いを笑い飛ばす者など誰ひとりとしていなかった。

だが、芸術が人間を無辺へと、より高みへと導くものであり、神の似姿に近づけるものだと知っている者は、日常的な物質的目的と芸術との混同が崇高なものを冒瀆することだと感じている。人間は芸術家に対して畏怖の念をもたないため、彼らが好きに活動をすることを許さない。そして職人仕事は理念上の要求の重みに足をとられて、その力を存分に発揮することができない。芸術家は現在生きている人々のあいだで多数派を形成することは不可能だ。つまり、芸術家が自由に活動できる時代は未来にしかないということになる。

建築には趣味のいいものと悪いものがあるため、前者は芸術家によるものであり、後者は芸術家ではない者がつくった、と人々は考える。だが趣味のいい建物を建てるというのは、毎朝ナイフではなく歯ブラシで歯を磨くのがたいした手柄ではないのと同様、たいした功績ではない。ここでは芸術と文化を取り違えているのだ。過去の時代、つまり洗練された時代において反対に悪趣味なものを示すことができただろうか。地方都市の名もない壁づくり職人が建てた家であれ、かつてはセンスがあった。当然、偉大な建築家も無名の建築家もいたのである。偉大な建築家には大きな仕事が入ってきたが、彼らはまともな教養があったために、名もない建築家に比べ世界精神[12]とより親密に結びついていたのである。

ところで建築とは、人間のなかにさまざまな気分を喚起するものである。そのため建築家のなすべきことは、この気分というものにはっきりした形を与えることである。部屋は快適な気分を呼び起こし、住居は住みやすく見える必要がある。裁判所の建物であれば潜在する悪徳に対して無言のプレッシャーを与えねばならないし、銀行の建物であれば、ここにあなたのお金が信頼に足る人間たちによってしっかり管理されていますよ、というメッセージを伝えねばならない。

建築家がこうしたことを可能にするためには、いままで人々のなかにある気分を喚起してきた建築を吟味しなくてはならない。中国人にとって死者を悼む色は白であるが、われわれのあいだでは黒である。そのためわれわれの建築家が黒を使って喜ばしい気分を演出することは不可能である。

もしわれわれが森を歩いていて、シャベルで積みあげたとおぼしき縦六シュー[13]〔約一八〇センチ〕、横三シュー〔約九〇センチ〕ほどの盛り土を見つけたとしよう。するとわれわれは粛然とする。この盛り土はわれわれに向かって「ここに死者が葬られています」と語りかけているからだ。これが建築なのだ。

われわれの文化はあらゆる時代のなかでもっとも傑出した古代ギリシャ・ローマの古典文化の偉大さを深く理解することのうえに成り立っている。われわれの考え方、感じ方は古代ローマ人から継承したものである。社会意識や魂の薫陶といったものも古代ローマ人から受け継いだのだ。

古代ローマ人が新しいオーダー、新しい装飾をつくりだせなかったのは偶然ではない。新しいものをつくりだすには、古代ローマ人はあまりに進歩的でありすぎたのだ。彼らは様式や装飾すべてを古代ギリシャ人より継承し、自分たちの目的にうまく役立てた。古代ギリシャ人は個人主義者であった。あらゆる建物は独自のシルエットをもち、独自の装飾をつけねばならなかった。だが古代ローマ人は社会的に思考した。古代ギリシャ人は自分たちの町すら支配しきれなかったが、古代ローマ人は世界を征服しえたのである。古代ギリシャ人は創造力をオーダーの発明で使い果たしたが、古代ローマ人はその能力を建物の平面図を考えることに使った。すばらしい平面図を展開できる者は、新しいシルエットを発明しようなどと考えはしない。

人類が古代ギリシャ・ローマの古典時代の偉大さを見いだして以降、偉大な建築家たちを結びつけたのはある共通の思考だった。つまり「私はこのように建てようと思うが、古代ローマ人だったら同じように建てただろうか」と考えたのである。現代のわれわれは、この思考法が間違いであることを知っている。時代、場所、目的、気候等々とりまく環境によって計画は変わらざるをえない。すべてを古代ローマ人のようにおこなうわけにはいかない。

しかし、建築が名もない建築家や装飾家によって偉大な時代の模範から遠ざかれば遠ざかるほど、ギリシャ・ローマの古典古代に戻ろうとする偉大な建築家が登場してきた。十八世紀に登場したオーストリアのフィッシャー・フォン・エルラッハ[14]、ベルリンのシュリューター[15]はまさしくそうした建築家だった。そして十九世紀の初頭にはシンケル[16]が出た。現在、シンケルは忘れられている。願わくばこの傑出した才能の光が将来、来るべき新しい建築の才能をもった世代を照らさんことを！

（一九〇九年）

ちょっとした出来事

ハインリヒスホーフ通りにあるオペラハウスの向かいに、フランスの金属加工会社クリストフル[1]が店を出している。私は毎日その前を通るのだが、いまではもう立ち止まってショーウィンドウを覗くことはない。ちょうど一年前のことである。こんなことがあった。そのとき私は急いでいたのだが、目に飛びこんできた物にびっくりして、思わず店の前で立ち止まった。

銀の飾り食器とナイフ・フォーク類が飾ってあるショーウィンドウのまんなかに、等身大のピンシャー犬の陶器[2]が置かれていたのだ。飾られていたナイフ・フォークは、装飾がもりだくさんの食器類を使うオルブリッヒ流の食事のためのものではなく、機能的なイギリス流の食事マナーを旨とする人々が使うものだった。そのなかに釉薬を塗られた白い犬の陶器が飾られていたのである。目と鼻先が着色されていた。

第一印象で、これはコペンハーゲン製だろうと思った。もともと私はコペンハーゲンを軽視していたのだが、この犬を見て否定的な気分が消えていった。そしてこの陶器の犬がほしいと思った。私は考えた。こんなふうに人が所有したくなるものをつくる職人がいるのか。彼の名は？　彼はどこの職人だろう？

私は店のなかに入り、たずねてみた。店の人間によれば、これをつくった職人は百五十年ほど前にこの世を去った人物らしく、この犬はセヴレス[3]の工場でつくられた複製だという。けっこうな値段で買うことはかなわなかったが、この犬を眺めることが私の日々の楽しみになった。

こうして一年が経ったある日、私の日課が突然奪われてしまったのである。私の犬がいないではないか。あの犬はどうしたのか店でたずねてみた。

「あるアメリカの方が購入されました。また同じ複製を取り寄せて、ショーウィンドウに飾ることをお約束しますよ」と店員は言った。

アメリカ人は今後、この店とは反対側の歩道を歩いてほしいものである。

（一九〇九年）

ウィーン人に告ぐ　ルエーガー逝きし日に記す

人気を誇った市長カール・ルエーガー[1]が埋葬された。これでカールス教会[2]を軸に据えた都市計画のパトロンがとうとう死んだことになる。

ルエーガーは、かつて皇帝カール六世が温めていたプロジェクトを実現しようと奮闘していたひとりだった。皇帝はショッテン門[3]からヨーゼフ広場[4]を抜け、ヴィーデン地区にいたる大通りを延長させ、教会をつくってそこを終着地点にしようと計画していたのである。

だがリングシュトラーセの建設により、この計画は挫折した。

教会をとりまく公園や教会の建築構造、落ち着いた内部空間ときわめて対照的な正面玄関前の拡張計画など、さまざまな計画が意図されていた。これはこの教会が大通りの終着点となるべきだったことを示しているが、結果的にこの計画は、リングシュトラーセ建設のための口実に使われたにすぎなかった。

いずれにせよ、カール六世の計画を実行するのは不可能だった。リングシュトラーセの建設責任者に最終決定を出す権利を有しているのはわれわれウィーン人であり、女帝マリア・テレジアが父カール六世の意思を受け継ぎ、杭を打たせてそこにプラター通りから町の中心部に直結する道を建設しようとしたことがあったが、その計画を却下したのもわれわれウィーン人自身だったのだ。

ルエーガーとその信奉者たちは、この教会にふさわしいもの、この教会に必要なものが何かを見極め、整備しようとした。

まずカールス教会に見合う威容として、大きく水平に伸びる軸線と広がりが必要である。しかし、キリスト教会は公の建物をつくりうるのみである。その一方で、公の建物を建てることはウィーン市の自由裁量に任されている、とウィーン人は考えているのだ。

たしかにウィーン人たちは、労働者向け住宅群の集まるシュメルツ地区に、王宮博物館を建てるような間違いは犯さなかった。でなければいまごろ、博物館の立っている場所には賃貸アパートが建ち並んでいたところだ。

ただ、いずれにせよ、カールス教会都市計画のパトロンであったルエーガーは、教会とウィーンの町の佇まいを好き勝手にいじり倒そうとする市民の蛮行を頑としてはねつける政治力をもっていた。だがその彼も、もう死んでしまった。

いまやわれわれウィーン人たちの天下である。勝手に自分たちの趣味を押し通そうと、シュメルツ地区に王宮博物館を建てようと、それに待ったをかける者は誰もいない。

げんに当初カールス教会用に用意されていた敷地には、三棟の賃貸アパートが建てられたのだ。

そこでウィーン人に告ぐ。

諸君、私は以下のことを提案する。一枚の記念パネルのために、みなで募金をするのだ。

各アパートの中心部に高々と顕彰記念碑を掲げるのである。何を顕彰するかって？　記念碑にはこの三棟のアパートに賛同するすべての人々の名前を刻み、称賛を書きこみ、彼らがいかにこのアパート建設に献身的であったかを永遠に顕彰するのである。

ウィーン人はたくさんいるのだから、たいした額の募金をする必要はない。それに記念碑をつくるのに大金はいらない。

募金を集める際には、このアパート建設のために奔走した市民の名を公にするのがいいだろう。

その名から選びだすがよい。

そしてこのアパートに強く賛同した者の名は、誇らしげに建物の名称として掲げられることになろう。

（一九一〇年）

ミヒャエル広場の建物に関するふたつの主張とひとつの付言

私の設計による最初の建物

私がついに自分で設計した建物が建てられることになった。そのファサードに私があれこれ手を入れていることに関して、市の建築局が差し止めを申し入れてきたのだ。そのおかげというべきか、私の計画がすっかり注目を浴び、世間に知れわたることになった。宣伝効果たるやすごいものだ。私は建築局になんと感謝すればいいのかわからないほどである。

私の手になる最初の建物！　とうとうこの私がほんとうにひとつの建物をまるごと任されることになったのだ！　この歳になって建物を建てられようとは夢にも思わなかった。それもそのはず、過去の体験から私に仕事を発注する奇特な人間などいるはずもないと思っていたし、建築局が私の計画を許可することなどありえないと考えていたからだ。

かつてこんな経験をしたことがあった。風光明媚なレマン湖畔にあるモントレーに守衛つき別荘を建ててほしいという注文を受けたことがある。[1]湖畔には建築用石材として使える原石がごろごろあり、土地の古くからの住人たちはこの石を使って家を建てていたため、私も同じことを考えた。理由はふたつあった。第一にこの石を使えば安くあがり、翻ってそれは建築家への報酬に跳ね返ってくる――つまり施主が建築家に払う報酬も安くて済む――、第二にそうすれば運びこむ資材も少なくて済む。基本的に私は職人の仕事量が増えすぎることに反対である。むろん、この原則は建築家である私自身にもあてはまる。

材料以外の点でも、とくに悪巧みをしていたわけではなかった。そんな私が町の建築課に呼びだされて、こう詰め寄られたのだ。「おまえのようなよそ者がレマン湖畔の美観をよく壊せるものだ」。そのときの驚きといったら！ 設計図を見た役人が「この家はあまりに簡素すぎる。どこに装飾があるのか？」と言う。私は遠慮がちに反論を試みた。「湖だって、風が凪いでいるときは波紋ひとつ立てることなく、装飾などありません。だからといって、それを問題にする人などいないじゃないですか」。だが相手にされなかった。そのあげく、わざわざ役人はごていねいにも私のために証書まで発行してくれたのである。そこにはこう書かれてあった。「簡素すぎるゆえに醜悪きわまるこのような家を建てることを禁ずる」。私はしょげるどころか、このうえない幸福感に満たされて家に帰った。

このうえない幸福感に満たされたのである！ それもそのはずこの地球上で、おまえは芸術家であるというお墨つきをお上から文書にしてもらった建築家がいるだろうか。われわれ建築家の誰もが芸術家であることを自任している。だが多くの人々は必ずしもそれを真に受けるわけではない。なかには芸術家として認められている者もいるが、ほとんどはそうではない。だが私に関しては誰もが、それどころか私自身ですら私が芸術家であることを認めざるをえなくなったのだ。なぜなら私はフランク・ヴェデキントやアーノルト・シェーンベルク[2]のように自分の活動をお上から禁止されたのだから（もし役人がシェーンベルクの楽譜に彼の思想を読みとることができ、それで禁止したとするなら、それはそれですごいことかもしれないが）。

私は自分が芸術家であるという自負はあった。といっても、それはあくまで自分のなかでひそかに信じていたことである。そこへ、わざわざお上が公に認めたのである。私は善良な一市民として、役所のお墨つきに信頼を置くものである。だがこの芸術家認定は高くついた。誰かが、あるいは私自身だったかもしれないが、この一件を公言してしまったのだ。巷では周知の事実となり、誰もそんな芸術家などという「危険人物」と関わりをもとうとしなくなったのだ。だからといって、私がぶらぶらと無為の日々を送っていたとは思わないでいただきたい。こんな顧客がいた。一〇〇〇クローネしか資金はないが、五〇〇〇クローネに見える内装をつくりたいという客がいると、私に話を振ってきた。私はそのスペシャリストだった。だが逆に、五〇〇〇クローネの資金がありながら、一〇〇〇クローネに見えるベッドのサイドテーブルを所望する客は、別の建築家に話を持っていった。むろん、前者のタイプの人間が後者より多かったため、私のもとには次から次へと仕事が舞いこんだ。これを思えば、私がお役所から危険人物の烙印を押されたことに文句をいう筋合いはないのかもしれない。

ある日のことだ。不幸な男がやってきて私に建物を建ててほしいという。彼は私がいつもひいきにしている仕立屋[3]だった。この誠実な男は――正確にはふたりの男だったのだが――毎年私にジャケットを仕立ててくれており、非常に辛抱強く、いつも元日の日にだけ請求書を送ってくるのだった。請求書の未納分は――これを秘密にしておくことができないのでここで自白しておくが――いっこうに減ることがなかった。そのためだろう。少なくとも未納分を回収しようとこの仕事を私に依頼してきたのではないか。いまでも私はそう疑っている。そんなつもりはありませんよ、と仕立屋は言うのだが。建築家は通常、名誉ある贈答品、つまり設計報酬をもらう。名誉ある贈答品とはうまい言い方だ。まあそれはいいとして、結局のところ設計報酬から仕立代の未納分は差し引かれた。

「ミヒャエル広場に建つ建築」、通称「ロースハウス」（1911年）広場側ファサード（撮影1930年）。
左手の通りはヘレンガッセ、右手はコールマルクト。正面4本の列柱は構造材ではなく、
両端の柱で支えるラーメン構造。住居階の一部窓下のフラワーボックスは当初の設計案にはなく、
ウィーン市の工事中止命令を受けて講じられた打開策である。写真の上から広場側の窓下すべてに
フラワーボックスを描いたロース自身のスケッチ（1911年夏）が残されているが、1911年晩秋、
まず4階の5つの窓に試験的に設置された後、現在ある数に落ち着いた

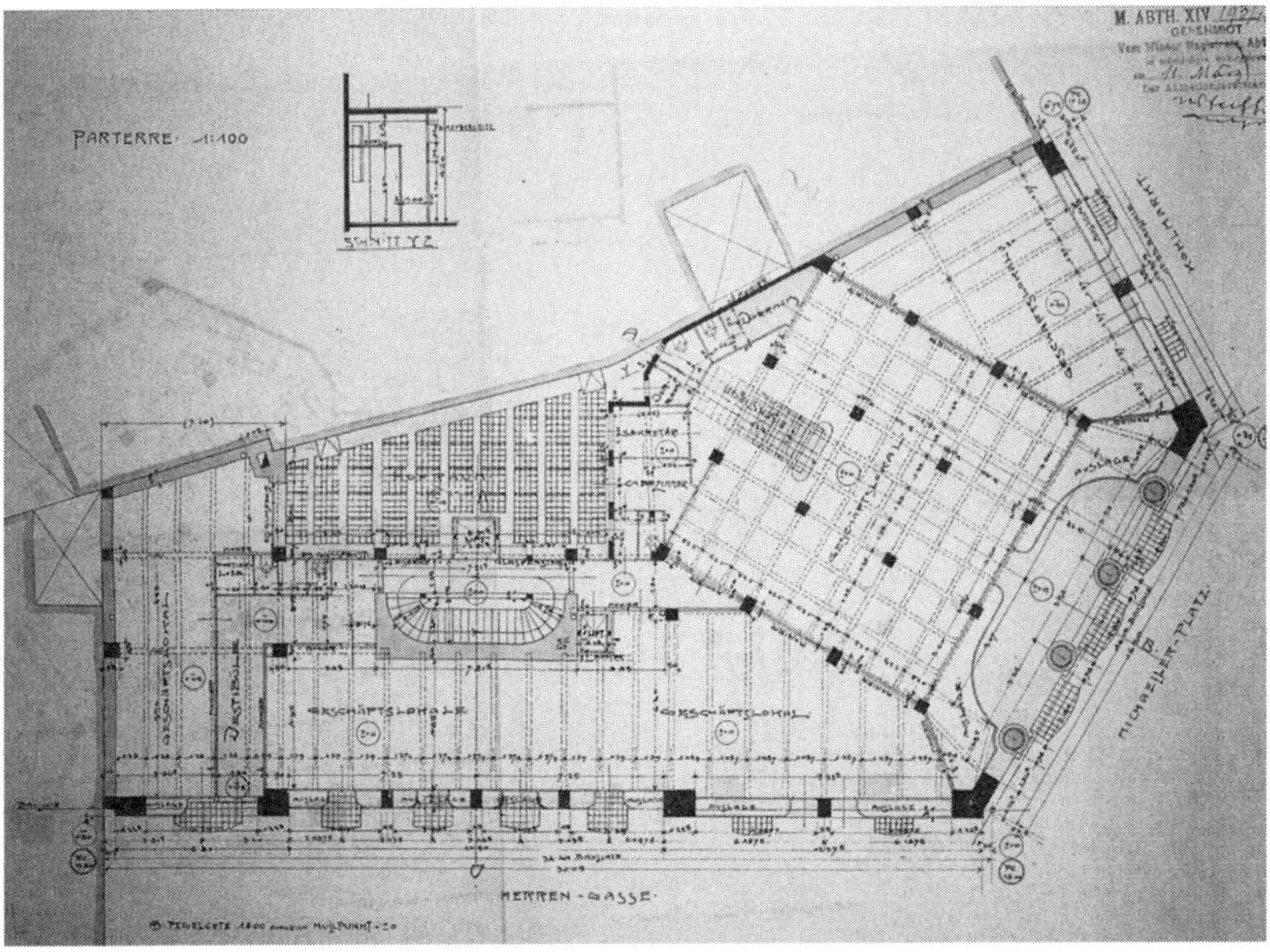

上・ロースハウス 1 階平面図（1910 年）。広場側では 1 階・中 2 階を後退させて列柱回廊を構成。
下・店舗階外観（1912 年夏）。左手ヘレンガッセ側、中 2 階のベイウィンドウが一部開いている

上右・店舗１階。正面の階段を上がったところは踊り場。上左・踊り場から２階を見上げる。
（以上撮影 1930 年）。下・階段から１階店舗スペースを見下げる（1911 年）

上・店舗2階（1930年）。床高は5メートル。正面奥にギャラリーとサロン。
下・サロン内部（1911年）。床高6.32メートル。窓の外側はミヒャエル広場

上・2階サロン右隣の試着室と中2階（床高4.1メートル）を見る。右手2層に従業員の作業場がある。
下・裁断コーナー（床高6.32メートル）。左手ハンガーラックと手摺の下は吹き抜け（ともに1911年）

このふたりの施主に対し私は、自分のような危険人物に仕事を依頼するのはやめたほうがいいと忠告したが無駄だった。彼らはなんとしてでも私の未納分を回収したかった、おっと失礼、私のようなお上のお墨つきをもらった芸術家に仕事を任せたかったのだ。私は言った。「ぼくはこんな不利な形勢なのに、君たちのようなごくまじめな人が、お上に煩わされるようなことになってもいいのかな」。彼らはかまわないと応えた。果たせるかな、私が言ったとおりになってしまった。仕事が終わりに近づいたころ、建築監督官のグライルがやってきて、この悪人どもをぶちこんでおけ、と下役人に合図したのである。来たのが下役人だったのはまだしも幸いであったといわざるをえない。というのも彼らが下役人である以上、まだ話を持っていける上役がいるからである。

何はともあれ、この建物はまもなく完成する。これから私はジャケットをどこに頼めばいいのだろう。わが施主は、さらに新しい建物を建てる気はない。そのため、私は別の新しい仕立屋を探さなければならないだろう。そして新しい仕立屋がこの仕立屋のように、お上がケチをつけてこようとまったく動じないパトロンであるなら、十年後には私の設計による第二の建物が生まれることになるだろう。

付言

以上、私が書き連ねてきた言葉は、われわれの古き町ウィーンの栄光を称賛し、消えゆくわが町の景観をなんとか救わんがためのものであったが、これが誰あろう、この私から出た言葉であることから、より大きな反響を呼ぶことになるだろう。だがその私が古き町の景観を破壊する犯罪に加担している張本人だとの非難を浴びるとは、人が考えるよりよほどこたえる。私はこの建物をできるかぎりこの広場に溶けこむよう設計したのではなかったか？　私が設計した建物と景観上、対をなすべく建っている教会の様式は、私にめざすべき方向を示してくれたのである。窓の形は風と光を避けるためのものではなく、むしろ風と光をより取り込みやすくするために——これこそ現代の正当な要求にかなっている——選んだものだ。窓は二枚扉ではなく三枚扉となっており、窓台から天井まで広々ととっている。空間内には本物の大理石を使った。どんな種類のイミテーションであろうと、イミテーションを使うことは私の原則に反する。外壁の化粧塗りはできるかぎり簡素なものにした。この点はウィーン市民に倣った。簡素さをねらわず、建築的要素を強く印象づける外壁仕上げにするのは、封建君主や領主といった身分の高い人々だけである。彼らは外壁をセメントではなく、石でつくらせた。だがそれも現在では塗装が施されてしまって、その効果も台無しになっている（キンスキー邸[4]やロブコヴィッツ邸[5]は、こうした塗装が削ぎ落とされて、本来の石の魅力が新たに発揮されているいい例だ）。以上の点を考慮すると、店舗部分と住居部分をはっきり分けることが重要なポイントになるように思われた。私はいままでつねに、かつてのウィーンの先達たちと同じように対処してきたつもりだったが、この思いは私に敵対する現代芸術家たちの物言いで、さらに強められることとなった。彼らはこう言ったものだ。「ロースは現代的な建築家たらんとしているが、実際につくっているのはむかしのウィーンの建物と変わらないではないか！」と。

ウィーンにおける建築問題

ある都市における建築的性格とは何か、という問題は特別なものである。どの都市も、それぞれ固有の性格をもっているからである。ある都市にとってすばらしく魅力的なものが、別の都市にとっては魅力がなく否定すべきものでもありうる。たとえばポーランド北部のダンツィヒにある煉瓦剝き出しの建物群は魅力的なものだが、仮にそれをウィーンの土地に置いたとたん、その魅力は失われるだろう。ここでは各都市がもつ習慣の力、つまりこの町ではこうする、あの町ではああするといった決まり事の拘束力に関しては、今回は論じるべきテーマとしてはご容赦願おう。なぜダンツィヒの建物は煉瓦剝き出しであり、ウィーンの建物は漆喰の化粧塗りなのかという問題には、きちんとした理由がある。

だが、ここでは論じない。それをやりだすとゆうに一冊の本になってしまうからだ。一点だけふれるとすれば、素材だけでなく建物の形もその場所やその土地、空気といったものと深く関わっているということである。ダンツィヒの建物の屋根は高く、勾配も急である。この屋根の建築的解決のために、ダンツィヒの建築家たちは相当工夫している。ウィーンではそうではない。当然、ウィーンの建物にも屋根はある。聖ヨハネ祭の夏至のころ、夜明けに町に出たとしよう。路上には人っ子ひとりいない。朝日に照らされた町の屋根の連なりを見ると、まるで未知の町をさまよっている気になるものだ。この時間は通行人にも馬車にも車にも気をとられることがないため、日中は気にもとめなかった町の細部にあらためて目を奪われることになる。こうしてわれわれはウィーンの建物の屋根をはじめて見るもののように目にするのだ。そして日ごろ何を見ていたのだろうと驚くばかりである。

この屋根づくりに関しては、ウィーンの建築家たちは完全に大工にまかせている。屋根のコーニスの設計をもって、建築家の仕事は終了となる。貴族の邸宅となると、屋根は花瓶や彫像などの浮き彫り装飾のついたアッティカ[6]がつくられるが、市民の家の場合はない。

ウィーン中心部から五分ほど歩き、都境の斜堤[7]を通り越したあたりに、かつては「屋根」があった。ウィーン中心部の建物となると屋根など図面に書きこまなかった建築家がいざ郊外の家や邸宅を請け負うと、屋根やドームをつくるために創作意欲を燃え立たせ図面を引いたものである。私がこうしたことを指摘するのは、かつてウィーンの建築家たちは都市にふさわしい建築的性格というものを考慮し、それに反するものは周到に避けていたということを証明したかったのである。

私は、今日の建築家たちが都市に建つ建築の性格を意識的に考えていないということに不満がある。さらにリングシュトラーセ建設自体もウィーンの町に合っていない。しかし、もし仮に今日リングシュトラーセをつくるとしたら、現在のものよりもさらにひどい、愚にもつかない代物が出現することになるだろう。

建築上ウィーン的と称する性格とは屋根やドーム、出窓の張り出し部など他のものを付け足さずにコーニスをもって完結しているということである。ウィーン市の建築規定は建物の高さを地面からコーニスの上の縁まで二五メートルと定めている。だが一方でウィーン市は、コーニス上の屋根の部分は使用すべきであり、アトリエや賃貸用の部屋を付け足すことを奨励してもいる。都市部の地価が高騰し、税金が高いからである。こうした経済的な理由により、かつてあったウィーンの建築的性格は失われていった。だが私はかつての性格を取り戻す方法を知っている。それはこうである。まず住宅所有者・土地所有者の権利を奪うような新しい法律を断固拒否すること。不正もまた万人に、という古臭い原則は認めないこと。さらに新築する際、コーニスの上には何もつけない、建て増ししないと申し出る者には七階建ての建物の建設を認めること。この三点である。つまり、屋根の上に後から建てて増築をごまかした「割り増し様式」よりも嘘偽りのない高さの建物のほうがよほどいいからである。そうすればわれわれは、建物がもつみごとで堂々たるシルエットとしっかりしたプロポーションをふたたび取り戻すだろう。数世紀にわたり、アルプスをこえてイタリアの空気がわがウィーンに流れこんできている。このイタリア的なプロポーションや堂々たる雰囲気は、われわれの好みに合っている。これにはさしものダンツィヒ人も嫉妬することになろうが、それも当然のことである。

さらにわれわれは、外壁の化粧仕上げとして漆喰を用いる。現在、漆喰による化粧仕上げは見下されており、素材主義的時代思潮のなかで、漆喰仕上げを恥じ入る者まで出はじめている。こうして古きよきウィーン的なやり方は虐待され、辱められ、みずからが何者であるか主張することが許されず、そのあげく石のイミテーションに利用されることになった。石は高くつき、漆喰は安く済むからだ。だが元来、この世界には高価な材料も安価な材料もないのである。たしかにこの地球上で空気はタダだが、月では高くつくということはあるだろう。だが神と芸術家にとって、あらゆる材料は同じであり、その価値に違いはない。人々は神や芸術家の目をもって世界を眺めてみるといい、と私は思うのだ。そうすれば材料に価値の違いなどないことがわかるだろう。

漆喰仕上げは、いうなれば皮膚である。一方、石は構造的なものである。このふたつの材料は化学的組成の見地からみれば似ているにもかかわらず、使われ方にはもっとも大きな違いがある。漆喰は、その従兄弟と言ってもいい石灰岩よりもむしろ皮革や絨毯、壁の生地や塗装材のラッカーによく似ている。もし漆喰がほんとうに煉瓦壁の被覆として通用するなら、その単純な氏素性をなんら恥じることはない。それはチロル人が宮廷内において、みずからの革ズボン姿をなんら恥じる必要がないのと同じことだ。だが彼らが燕尾服を着こみ、白いネクタイを締めたとたん、チロル人が居心地悪くなるのは目に見えており、漆喰も同様、別のものを気取ったとたん、突然、自分が詐欺を働いていることに気づくだろう。

ああ王宮！　どれだけその近くに建つかどうかが、その建物が本物か偽物であるかの試金石となる。かくして宮殿近くに新しい現代的な商業施設が建設されることになった[8]。皇帝の居城から貴族たちの邸宅をつなぎ、ウィーンでもっとも洗練されたショッピング通りとなっているコールマルクトを結びつける一貫性が建設における重要な課題となった。商業施設用に用意された敷地は、計画が立ちあがった時点で設定されたものだが、いざ実行に移される段階で拡大された。そのせいで建設予定地を抱える広場が狭くなってしまったのは、たしかにマイナスであった。シポリン[9]と呼ばれる大理石で列柱回廊《コロナーデ》がつくられたが、これによって狭くなった広場のマイナスを埋めようと試みられた。つまり、ファサードは一階と中二階において三・五メートルぶん引っこんだ形でつくられたのだ。さらにこの施設は市民風の建物が志向された。つまり建築上の形態はコーニス部で締める。そしてその上にとりつける銅の屋根は雨風にさらされるとすぐに黒ずんでしまうので、聖ヨハネ祭の夏至の夜、町をぶらつく人たちだけに気づかれればいいものとされた。上部三階から六階の外壁は、漆喰仕上げが採用された。そして装飾として必要なものは、かつてバロックの巨匠たちがやったように手仕事で仕上げることになった。ところでバロック時代は幸せだった。小うるさい建築規定など存在せず、各建築家自身が自分のなかに守るべき規範をもっていたのである。

　一階と二階に店舗が入ることになるが、現代的な商業活動には現代にふさわしいやり方が必要となる。当然だ。現代的な商業活動に対して、むかしの建築家たちはどんなお手本も残してはくれなかった。照明器具に関しても同様である。だが、もし仮にむかしの巨匠たちがこの世に生き返ったなら、彼らはなんらかのやり方を見いだしただろう。まずそれはたんに「現代的」という意味ではなかったにちがいない。また電球のついた陶製の蠟燭を燭台に立てるというむかしのやり方を踏襲するインテリア職人とも違っただろう。つまり、古いものと新しいものとの対立ではなく、新しく、かつ現代的なやり方による解決策であっただろう。

　この商業施設を建てるにあたっては、じつにさまざまなことが試みられている。この施設が宮殿と広場、そしてウィーンの町全体とぴったり調和するよう考えられているのもそのひとつだ。これらの試みが成功した暁には、がちがちの建築規定があろうが繊細な芸術的感覚をもってすれば真に自由な設計も可能になるということを、われわれは満を持して証明しうるだろう。

（一九一〇年）

音響効果の不思議

リヒテンシュタイン邸にあるベーゼンドルファーホール[1]を維持すべきかどうか、よく質問を受ける。たしかに、ウィーン音楽史上偉大な役割を担ってきたこの音楽の殿堂を壊すわけにはいかないだろうという畏敬の念を質問者たちが抱いているのは理解できる。しかし、このホールを維持すべきかどうかという問題は、こうした思い入れとは関係がない。問われるべきは、このホールの音響効果そのものなのである。私に向かってこの問題を提起してくれてよかった。そうでなければ、私はこの問題に対する私見を開陳するチャンスもないまま墓場まで持っていくところだった。

数世紀以来、建築家は音楽ホールの音響について頭を悩ましてきた。彼らは設計を工夫することで、音響効果をよりいいものにしようと奮闘してきた。そのひとつの試みはこうだ。図面上で、音響装置から屋根までを一本の線で結び、こうすることで音がビリヤードの球のように同じ隅でぶつかりあい、跳ね返り、各音がそれぞれ新しい方向に飛び、ホール全体で響き合わせることができると想定した。だが、この設計はまったくのナンセンスだった。

なぜならホールの音響は設計の問題ではなく、空間を構成する細部の材料の問題だからだ。音響効果のひどいホールは、カーテンを柔らかい生地のものにし、壁をクロス張りにすることで、ましな音にすることが可能である。もっと言えば、ホールのまんなかに撚糸《よりいと》を張ることで、音響は驚くほど変化する。[2]こうした改善方法もある。

だが、これはあくまで応急処置にすぎない。というのも、柔らかい生地は音を吸収し、ホール内に音が響きわたる効果を逆に軽減してしまうからだ。この点を古代ギリシャ人は熟知していた。彼らの解決策はこうだった。劇場の座席の下に等しく間隔をあけて小さな空間をつくり、そこに太鼓の皮を張った巨大な金属の銅鑼をとりつけた。[3]こうすることで、音を弱めずに強く響くよう工夫したのである。この方法を踏襲したベーゼンドルファーホールは、カーテンを一枚も用いず、剝き出しの壁のままでありながら最高の音響効果装置をもちえたのである。

となれば、こうした従来の音響理論の信奉者がそれを正しかったことを証明し、同じ材料を使って私の主張を裏書きするために、いまあるホールと一部始終同じ寸法で、新しいホールをつくりなおそうという案が出るのも自然なことだろう。だが、実際どうなるだろうか。結果は目に見えている。新ホールはまったく音響効果のひどい代物になること間違いなしである。

実際にこれはすでに試みられている。イギリスのマンチェスターに、有名なブレーメンのコンサートホールを模倣した音楽堂が建てられたことがあった。ブレーメンのホールは音響効果も最高峰との誉れ高く、世界的に有名だった。さてマンチェスターのホールはすばらしい音響が実現できただろうか？　結果は失敗に終わった。いままで新しくつくられるホールは、ことごとく音響の点でうまくいった試しがないのである。ウィーン宮廷歌劇場[4]の柿《こけら》落としを思い出される向きもあろう。あのとき人々は嘆いたものだ。このひどい音響の歌劇場のせいで、ウィーンの歌唱芸術はもうおしまいだと。にもかかわらず今日、この歌劇場は最高の音響効果を備えた劇場として憧れの存在となっている。

いったいどういうことだろう。われわれの耳が変化したのだろうか？　いや、そうではない。ホールを構成している各部分の材料が、時の流れにしたがって変化したのだ。材料はホールがオープンして四十年、いまにいたるまで存分にすばらしい音楽を吸いこんできた。わがウィーン交響楽団の演奏と歌手たちの歌声がたっぷり染みこんでいるのだ。これは弾きこめば弾きこむほどすばらしい音色を奏でるヴァイオリンと同じく、摩訶不思議な分子構造の変化とでも表現するしかない。

だとすると、われわれが演奏しさえすれば、そのホールの音響はよくなるのだろうか。いや、それだけでは十分ではない。まずそのためには、すばらしい音楽を演奏する必要がある。なぜならば、人間の魂をだますことはできるが、材料の魂をだますことはできないからだ。たとえばいままでずっと金管楽器による吹奏楽だけを演奏しつづけてきたホールの音響は、ずっとひどいままである。仮にベーゼンドルファーホールで八日間ずっと軍隊音楽を演奏しつづけたとしたら、このホールが誇る音響はすぐに台無しになるだろう。それはパガニーニのヴァイオリンが下手な音楽家の手に渡れば、すぐその質を落とすのと同様である。材料というものはそこまで繊細にできているのである。建築素材は、金管楽器による吹奏楽にはとくに耐性がない。そのため金管楽器の演奏者が座る側は、その反対側に比べていつも音響的な問題を抱えているのだ。金管楽器が一度も演奏されたことのないホールは、時間が経てば経つほどいい音が響くようになる。ベーゼンドルファーホールのモルタル壁には、リストやメスハールト[5]の音楽が住みついており、ピアニストや歌手たちが新たに演奏するたび、その音と共鳴し振動しているのだ。

これが、ベーゼンドルファーホールの音響効果の不思議というものである。

（一九一二年）

ベートーヴェンの病める耳

十八世紀の終わりから十九世紀に入るころ、ウィーンにベートーヴェンという名のひとりの音楽家が住んでいた。人々は彼を嘲り笑いものにした。この音楽家は風変わりな考えの持ち主で、背が低く、ぼさぼさの頭をしていたからである。市民たちはこの音楽家の作曲する作品に抵抗があった。「なぜって」と彼らは言った。「残念だが彼の耳は病んでいるんですよ。彼の頭が考えだすものといったら不協和音ばかり。しかしですな、彼は自分でそれをすばらしいハーモニーだと言い張っていますから、われわれが健康な耳をもっている以上、彼の耳が病んでいるとしか言えませんな。ほんとうに残念だ！」

だがここに、ある貴族[1]が登場する。彼は世間が与えた権利と義務をきちんと遂行している信頼に足る人物で、この音楽家の作品が演奏されるよう金銭的な援助をしたのだった。のみならずベートーヴェンのオペラ作品を宮廷オペラ劇場で上演させるだけの力ももっていた。かくしてオペラは上演された。だが劇場を埋め尽くした聴衆は、この音楽家の作品をまったく受け入れなかった。そして上演もこれきりとなった。

さて、あれから百年が経った。いまや聴衆はこの病み狂える音楽家の作品を、感動をもって聴き入っている。市民たちが一八一九年〔2〕当時の貴族のように高貴な精神を身につけたとでもいうのだろうか？　そしてこの天才の意思に畏敬の念をもつようになったのだろうか？　そうではない。今度は市民がみな病んだのである。みながベートーヴェンの病める耳をもつようになったのだ。この百年のあいだ聖ルートヴィヒ・フォン・ベートーヴェンの不協和音に彼らの耳は虐待されつづけ、市民の耳はそれに耐えぬくことができなかった。そして耳小骨や蝸牛《かぎゅう》、鼓膜や耳管などの耳のあらゆる器官がベートーヴェンの耳と同様奇形化してしまったのである。かつてこの音楽家の滑稽な顔を見て、町の腕白小僧たちは冷やかしながらついてまわったものだが、いまやこの顔は人々にとって押しも押されぬ知的な容貌となった。

肉体をつくるのは精神なのである。

（一九一三年）

カール・クラウス

カール・クラウス[1]は、新しい時代へのとば口に立ち、神と自然から遠く隔たってしまった人類に対して、これから向かうべき道を指し示している。頭を天空に突っこんで星のめぐりあわせをにらみ、足は大地を踏みしめて、彼は巨人のように歩んでいく。心は人類の悲惨に思いを馳せて呻吟するのだ。そして彼は大声で呼びかける。人類の没落を恐れているのだ。だが、彼は沈黙に逃げるようなことはしない。彼が希望を捨て去っていないことを私は確信している。だからこそ彼は呼びかけつづける。彼の声は来るべき新しい世紀をも貫き、響きわたるだろう。人類の胸にしっかりと受けとめられるまで。いつの日か人類は悟る日が来るだろう。自分たちが没落することなく生きつづけているのはカール・クラウスのおかげであることを。

（一九一三年）

左よりロース、カール・クラウス、ヘルヴァルト・ヴァルデン（1909年ごろ）。
作曲家のヴァルデンはベルリンで美術・文芸誌「デア・シュトルム（嵐）」を発行（創刊1910年）、
同名の画廊も経営していた。

山村で家を建てるためのルール

山村で家を建てようとするなら、絵に描かれたような《マーレリッシュ》〔1〕美しい家を建てようなどと考えてはいけない。絵画的な効果は塀や周囲の山々、陽光がつくりだす風景のすばらしさに任せればよい。考えてもみてほしい。絵のように美しく着飾っている者はけっして絵画的とはいえない。むしろ滑稽な道化者に映る。農夫はけっして絵のように美しく着飾りはしないが、風景に溶けこんでじつに美しいではないか。

大事なことは、自分ができる範囲ですばらしい家を建てることだ。それ以上でもそれ以下でもいけない。思いあがることは禁物だが、出自や教育を通じて与えられたレベル以下にわざわざ自分を貶める必要はない。山村で家を建てる場合もしかり。地元の農夫と話すときも自分の言葉で話すがいい。ウィーンの弁護士がわざわざ石工職人の言葉をまねて農夫と話そうとすれば相手にされないものだ。

山村の農夫たちが建てる家の外観や形に注意することだ。その根には太古の叡智が凝縮されている。そしてなぜそのような外観や形をとっているのか、その原因を徹底的に解明するのだ。もし技術の進歩がその形を改善してきたのであれば、自分が家を建てる際にはその改善を反映させないわけにはいかない。脱穀用の殻竿《からざお》が脱穀機の登場により、それにとってかわられたのと同様である。

平らな大地には垂直な構造が必要となるが、山岳地帯には水平な構造が必要となる。人間がつくりだすもので自然という神の造形の向こうを張ろうなどとおごってはならない。ハプスブルク帝国の観測所〔2〕はウィーンの森の風景を壊してしまっているが、ニーダーエステライヒ地方メードリングにあるフザーレン神殿〔3〕はうるさく突出することなく、自然のなかに溶けこみ風景に調和している。

山村に家を建てる際、最初に屋根について考えをめぐらす必要はない。雨や雪をどうしのぐかを考えることが先決である。そうすればおのずと屋根をどうするかも決まってくる。農夫たちはその点をふまえ、蓄積してきた体験的知識を活かした結果、表面の勾配がもっとも緩やかな屋根をつくっている。山村において屋根に降りつもる雪が滑り落ちてくるのは、雪まかせではなく、住人たちの都合を考慮したものでなければならない。雪かきのために危険にさらされることなく、住人が屋根に登ることができるというのは絶対条件である。同時にまたわれわれは、われわれの都市文化から生まれてきた技術上の経験も可能なかぎり活かした屋根をつくらねばならない。

正直たれ！　これも重要な態度だ。自然は正直者にしか味方しない。自然は格子に組んだ鉄橋とはよく調和するが、橋柱と銃眼のあるゴシック風のアーチとは折り合いが悪い。

非近代的だと非難されることを恐れてはいけない。古い建築技法に手を加えるのは、改善を意味するときにのみ許される。そうでないなら、むかしながらの建築技法でよい。真実というものは、たとえ百年間変わることがなかろうとも、嘘をつくという人間一般の性質以上にわれわれの内面にしっかりと住みついているものである。

（一九一三年）

郷土芸術

建築家たちは過去の様式を再現しようと試みたが、失敗に終わった。そして今日、現代の様式を見つけだそうと努力を重ねてきたが、成功の見込みもないまま、これも挫折している。ここへ最後の頼みの綱として「郷土芸術」[1]なるキャッチフレーズが登場してきた。だが、こんなことはもう金輪際終わりにしてほしいと私は思っている。これをもって悪の病巣もあますところなく摘出してほしい。もうそろそろ、ここで正気に返ってほしいと願うばかりである。

郷土という言葉には、たしかに甘美な響きがある。各地方がもつ独特の建築様式を保存しようというのは当然の主張であろう。都市景観のなかに明らかにそぐわない異物的建築が入りこんでくるのは許されないし、インドの仏塔風の華美な建物が田園風景のなかにデンとあるのもいただけない。だが、こうした問題をいったい「郷土芸術家」たちはどうやって解決しようとするのだろうか？　とくに技術的進歩など郷土建築にはもってのほかとされている。新しい発見や経験も、その土地の建築様式にふさわしくなければ採用されるべきではないという。石器時代の人々が新しい発見や経験を活かそうとしなかったのは、郷土芸術家にとって幸福なことだったろう。もしそんなものを持ち出されていたら、われわれは郷土建築とその存在意義を失っていたことだろう！ 現代において非常に画期的な成果のひとつであるホルツ・ツェメント構法[2]を使った屋根がもし十七世紀に発明されていたとすれば、当時の建築家たちは喜び勇んで採用していただろうが、現在の郷土芸術家たちは拒否している。つまるところ、ほかの建築家たちもこの屋根をどう利用していいものか困っているのが現状だ。三百年前、イタリアの建築様式がアルプス山脈をこえてやってきたとき、ウィーンの建築家たちは、イタリア発の独創の上に自分たちが従来使ってきた柿葺きの屋根を組み合わせるべきかどうか頭を抱えることになった。北国特有の雪と雨をしのぐため、モルタルのなかに瓦を並べてみたり、あるいは本来の切妻の上に偽の壁を立ち上げ、さらにその壁に偽の窓を嵌めこむ試みもみられた。こうして長年のあいだ、われわれはかくも水平の屋根にあこがれてきたのだ。ところがだ。ハンブルクで起こった大火事の後、シュレージエン地方のヒルシュベルクに住むある商人が防火防水にすぐれた安価で平らな屋根をつくりあげてしまい、長年の水平屋根へのあこがれに終止符を打った。いざ実際にこうなってしまうと抱きつづけてきた思いはすっ飛んでしまい、この偉大な発明の瞬間を気にとめた人々はほとんどいなかった。いずれにせよ平らな屋根を使いこなせる者など誰ひとりいなかったのだ。これは別に不幸なことではなかったかもしれない。一方でドイツでは郷土芸術家たちの圧力で、ホルツ・ツェメント構法の屋根が法律で禁止された。こうした立法機関の存在は、人類の文化にとって不幸なことだ。禁止理由は美的景観上の問題だった。地方では屋根は瓦かスレートで葺くからというのである。

ウィーンでは建築家みずからが街の景観を損なっている。役所から景観を壊せという命令がとくにあるわけではないにもかかわらずだ。建築家がやりたい放題建てた結果、街はめちゃくちゃである。そして偉大な建築はほとんど街から消えてしまった。私がオペラ劇場の裾に立ち、シュヴァルツェンベルク広場を見渡してみれば、こんな感慨が強烈に湧きあがってくる。「ウィーン！　おお、ウィーンよ、百万人都市ウィーンよ、汝こそ偉大なる帝国の首都ウィーンだ」。だがシュトゥーベンリング沿いに建つ賃貸アパートを眺めていると、こんな気持ちにしかならない。「ああ、モラヴィア地方オストラヴァ[3]の街の建物が六階建てになって並んでいる……」

ここで私は郷土芸術家に対し、第一の告発をしたい。そもそもあなた方郷土芸術家は、大都市を小都市に、小都市を村にしようとする意向をおもちなのだろうか。だがわれわれの奮闘努力は、逆の方向に向かってなされるべきではないか。たとえばある理髪師見習いが服を見立てるのにみずからを伯爵のように見せようと努力するのに対し、本物の伯爵がわざわざ理髪師見習いに見えるよう努力などしない。都市に関しても事情は同じではなかろうか。この明快な原理、人類が太古から続けてきた上品さと完璧さに向かって努力してきたこと、これこそがわれわれが享受する今日の文化状況をつくりあげてきたのだ。しかし郷土芸術家は逆をいく。オストラヴァの三階建ての建物によくみられるのと同じディテール、同じ屋根の形、出窓、塔、そして切妻をウィーンでも採用しているのだ。

たしかに、リングシュトラーセ沿いに初期に建てられた建物はとりたてたいしたものではない。たとえ石材を使った建物でもセメントを流しこんで、つなぎあわせているようにみえる。ウィーンの最新の建物で同じ過ちを犯しているものもある。だが一八七〇年代の建物は、イタリア貴族の邸宅のフォルムを取り入れたものだった。十八世紀の大御所たちがやっていたのと同様である。そうやってわれわれはウィーンの様式、首都の様式というものを獲得していった。ミヒャエル広場の私の作品の出来がよかろうが悪かろうが関係ない。この建物が少なくとも郷土風のものではないという点は、この建物を評価していない人々でも認めざるをえないだろう。一方でこの建物が、百万人都市にこそふさわしいものだという点については肯定するだろう。ライト・オア・ロング、マイ・カントリー！[4] よきにせよ悪しきにせよ、わが街よ！

ところでわがウィーンの建築家たちは、ウィーンの建築様式というものになんらあこがれを抱いていない。彼らはドイツの建築専門誌を定期購読しており、その影響たるや目を覆いたくなるほどである。

最近のことだが、ウィーンの中心部にドイツのルール地方の都市マグデブルクかエッセンから恥も外聞もなく移植したような建物がいくつかつくられた。マグデブルクの人々がそれを認めるかどうかはどうでもいいことだが、ウィーンにいるわれわれはこれにはっきり異を唱えてしかるべきだろう。

これらの建物にはひとつの共通点がある。みな垂直な構成をもっているという点だ。ドイツ人たちはみなベルリンの有名なヴェルトハイム百貨店[5]の存在にすっかり魅せられてしまったようなのだ。延々と続く長い幹線道路を多くもつベルリンのような都市なら、このような建築様式があってもしかるべきかもしれない。垂直な構成は、果てしなく続く街路を区切り、視界に一定の目印を与えることで目が一息つくこともできる。だがウィーンのように――ここではつねにこの都市の中心部のみに言及する――短い道が入りくむこの街では、目はむしろ水平方向の構成をもつファサードを必要とする。グラーベン街はハプスブルク通りと交差する角に新しく建てられた垂直な建物[6]によって永久に台無しになった、とロベルト・エルレイ[7]が指摘しているが、これは正しい。グラーベン街には三位一体記念柱[8]、通称ペスト記念柱が立っている。こうした高々と垂直にそびえる記念柱の背後には水平に広がる背景が必要だということは理にかなっている。だがこの縦に伸びる建物が、シュテファン広場から歩いてくる者の目には、ペスト記念柱のシルエットに対してもっともそぐわない背景になっているのだ。さらにコールマルクトからグラーベン方向に歩いてくると、かつてトラットナーホーフ[9]があった場所にドイツ的な垂直的構成の建物が建っているが、これも無様きわまりない。

私は伝統的な建築様式を支持する。グラーベン街にある建物のなかで理想的なもののひとつにシュパールカッセ銀行の建物〔10〕がある。この建物の建設を最後にして、連綿と続いてきた建築の伝統がぷっつり切れてしまった。われわれは元来、ここから伝統を受け継いでいかねばならない。伝統とはいえ、意図せずともそこに変化は生じるかって？　当然である！　そこに生じた変化こそが新しい文化を生みだしてきたのである。まったく同じ作品をもう一度つくることは誰にもできはしない。毎日が人間を新しく生まれ変わらせ、新しくなった人間は、古い人間がつくりだしたものをもう一度つくることはできない。新しい人間がもともとあるものと同じものをつくっているつもりでも、そこには何かしら新しさが兆す。それはほとんど誰も気づくことはないが、百年も経つと明らかな変化となってあらわれるのである。

では意図的に加えられる変化というものはないのだろうか？

それもある。私の教えを受けた生徒たちなら知っていることだが、因習的に続いてきた伝統に加えてよい変更は、それが改善である場合にかぎり許される。こうして新しい着想や発明が伝統に、つまり伝統的建築様式に大きな穴をうがつのだ。かくして新しい発明、たとえば電灯やホルツ・ツェメント構法を使った屋根は特定の地域に根ざすものではなく、世界中が共有するものなのである。

そしてまたこれと同じように、新しい精神的思潮も世界中のあらゆる人間たちが共有するものである。ルネサンス時代の偉大な建築家たちは郷土芸術がもつ虚偽とは無縁だった。スペインやドイツでも、さらにはイギリスやロシアでも、彼らはみなローマ様式を採用した。そのようにして彼らは自分の故郷の様式をつくりあげていったのだ。だが今日の人間たちは先の「郷土芸術」にとらわれ、さらなる発展をみずから踏みにじろうとしている。

たとえ外国の建築家がわれわれの国で建物を建てようと、本来の郷土芸術はそのことでなんら傷つけられはしない。ヴァルドシュタイン宮殿庭園内のホールやベルヴェデーレ宮殿がプラハにあろうとドイツ・ルネサンスの作品に属するものとするのは正しいし、ウィーンのブルグ劇場の裏にあるリヒテンシュタイン邸がたとえイタリアの建築家と職人の手になるものであろうと、もっとも美しく壮麗なウィーン・バロックの典型であることに変わりはないのだ。ここにはある神秘的な心理的プロセスが生じている。この点に関していままでどの心理学者も注目したためしがなく、明らかにされたことはないのだが、それはこういうものだ。外国の建築家が別の国の都市で仕事をする場合、みずからの独自性だけは守りぬこうとする良心にしたがうが、そのほかの点では自分が呼吸するその都市の空気にみずからを安心してゆだねられるという心理である。

ところで大都市の建築家が地方での仕事を請け負った場合、どのように建てるべきだろうか。悪しき郷土芸術家たちなら一様に、農民と同じように！と言うだろう。

ならばいったい、農民たちはどうやって家を建てるのか見てみよう。まず家を建てる位置を決めるとその境界に杭を打ちこみ、土台をしつらえるために土地を掘る。そして煉瓦工がやってきて煉瓦を積みあげはじめる。その横では大工が自分たちの作業小屋を建て、家の屋根をつくりだす。それがすばらしい屋根か、ひどい屋根か大工の知ったことではない。屋根は屋根だ。それ以上でもそれ以下でもない。家具職人も登場する。彼らは窓やドアの寸法を測る。そして内装関係の職人も集まりだし、各々自分の担当する物の寸法を測ると作業場に戻っていよいよ仕事にとりかかる。こうしてすべての関係者が各自自分の持ち場につくと、家主の農民は刷毛を持ちだし、家の壁を白く塗りだす。

だが建築家は、こうはいかない。まったく別の仕方で仕事をする。まずきっちりした計画を練り、それに沿って仕事を進める。もし建築家が農民のもつ素朴さをまねようとすれば、文化人たちの神経を逆なですることになるだろう。それは田舎娘やオーバーエステライヒ地方にいるような下品になんでもしゃべり散らす株屋が文化人の顔をしかめさせるのと同じことだ。

建築家が農民の素朴さをまねて行動、つまり意図的に低い文化程度にみずからを落とすのは品位にかけるばかばかしい態度である。むかしの建築家たちには縁のないことだった。地方に立つ古い領主の館や教会を見てほしい。これらの建物は都市の建築家が建てたものだ。これらはつねに建築家たちが都市で建てたのと同様の様式で建てられたものである。ウィーン近郊の温泉地バーデンにあるヴァイルブルク城[11]を、あるいは十九世紀初頭、ニーダーエステライヒ地方[12]に建てられた教会群を考えてみてほしい。これらの建物は、なんとみごとに自然の景観のなかに溶けこんでいることだろう。その一方で、田舎風の家に見せようとして急勾配の屋根や出窓のある張り出しをつけたり、ヨーデルの歌声を響かせて、いかにも地方の田園風景と折り合いをつけようとする子供じみた試みは、ここ四十年ほどの結果をみるとことごとく失敗している。あのフザーレン神殿ですらウィーンの森のような風格をもっているのに、廃墟になった城塞風につくったどんな展望塔も山の風景を著しく損なっている。なぜならばフザーレン神殿は本物であるのに、廃墟の城塞風の建物は偽物だからである。自然の風景は本物としか調和することができないのだ。

しかし、あの悪しき郷土芸術家たちは、われわれの文化や精神生活のもっとも新しい成果や発明や経験を地方文化に応用せずに地方の建築様式を都市に持ちこもうとするのだ。農民たちのつくる家は、郷土芸術家の御仁たちには異国情緒あふれるものに映るからである。いいかえれば絵になるということだ。だが農民たちの服装、家財道具、さらに家々が絵になると感じるのは、われわれ都会人にとってだけである。農民たち自身はみずからが絵になるなどとこれっぽちも思わないし、家もまたしかりである。彼らは端から絵になるように家を建てているわけではない。だが、いまや都市の建築家たちはこの田舎風をめざすようになってしまったのである。不ぞろいの窓、ざらつき、傷のついたような壁、古い屋根瓦、こうしたものすべてが絵になると考えている。そして郷土芸術の名のもとに、都市で家が建てられる際にこれらのものがイミテーションされる。都市では、元来六階まで建てることが許されている。だが昨今では――地方の慣習にしたがって――家はより低くなければならないとして五階建てが主流だ。では六階部分はどうするかって？　六階は屋根で覆い隠してしまうのだ。その屋根はといえば屋根瓦を使用し、あらゆる技術を動員して、あたかもつくられて百年も経つかのように見せかけねばならない。本物の郷土芸術家たるもの、それだけでは満足いかず、緑にこけむす屋根といった演出まで施すだろう。そこにひなびた弁慶草を付け足すことも忘れてはいけない。ここまできたら、いよいよ店やアパートから劇場やコンサートホールにいたるまで屋根を本物の農民の家のようにへぎ板〔13〕にして藁で覆う時代となるのではないか。いたるところ田舎風のものだけが幅を利かせるのだ。ここまでくれば愚劣以外の何ものでもない。

今日、郷土的な建築芸術というキャッチフレーズのもと、ウィーンや郊外の街で次々に姿をあらわす建築群はまったくひどい代物ばかりだ。かつてわが祖先たちがウィーン郊外のヒーツィングやデーブリングで建てたような品格ある様式はすっかり忘れ去られ、ロココ風の渦巻き装飾やバルコニー、部屋隅のおかしな処理、塔、屋根、風向計にいたるまで、なんの統一性もない無秩序が風景のなかにばらまかれてしまっている。ある建築家などはアメリカの建築雑誌を定期購読しているせいで、切石を使って建てたりしている。しかもその石はロッキー山脈からもってきたものではなく、宮廷お抱えの某石工親方から手に入れているのに、いかにも米国の西部辺境地帯のものであるかのように削って使っている。あるいは別の建築家はイギリスのアート雑誌「ザ・ステューディオ」を購読しているために、いわゆる「鳥小屋」と呼ばれる透明な家を建てたりしている。これは遠目から眺めても、家の隅々までがどんなふうになっているのか、なんとなくわかるようになっている。そしてもっとも人気の高いのが藁葺きの屋根である。これこそがいちばん「郷土的」であるというわけだ。最新流行《ル・デルニエ・クリ》！

ウィーン13区（ヒーツィング）に建てられたロース設計の住宅。上・シュタイナー邸（1910年）。
下・ショイ邸（1913年）。ロースはのちに施主が設置した市の集合住宅建設局で主任建築家となる

ホーナー邸（1912年）。以上いずれも撮影1930年

数日後にはヒーツィング地区にある古い趣を残した最後の家が取り壊されることになっている。その建物がパークホテル・シェーンブルンの邪魔になっているということで、ホテル拡張のためにその土地が使われるのだ。この家にはどれだけ文化が香り、品格があったことだろう！　なんとウィーン的でオーストリア的で人間的であったことだろう！　この家こそはヒーツィング的だった。役所は伝統にこだわろうとする姿勢をよしとしない。よく知られていることだが、ヒーツィングにかつてあったような家にはファサードがなかった。これを人は好まない。誰かが成金と同じようにめだつものをつくると、それが支持される。そしてさらにもっとめだつものをつくるべきだと誰もが考えている。

今年の夏、ヒーツィングに建てる予定だった所帯用住宅の建築計画が土地の役所に却下された。その却下理由の文言にはこうあった。「この住宅のファサードは絵的ではない。このヒーツィング地区では、屋根や塔、切妻や出窓などの設備によって絵画的な雰囲気をつくりだすことになっている。この住宅計画にはこの要素が欠如しているため、建設を却下する」

もっとも中央の上級官庁なら別の判断を下しただろうが、建築家たちもウィーン郊外の建築計画の件でいちいち中央官庁に申し出るわけにもいかない。

ベルリンのグリューネヴァルト地区やミュンヘンのダッハウ地区の様式で建てるという新しい嗜好が生まれていることも指摘すべきではあるが、これはミュンヘンならではのものであり、ウィーンではまた別である。思うに、われわれはアルプスをこえてやってきたイタリアの風をもたっぷり吸いこんできたのだから、われわれは先達たちがやってきたように外部の世界に対して閉ざした様式で建てるべきである。つまり建物は外に対しては沈黙し、内部においては存分に豊かさを雄弁に語るべきだということだ。こうしたつくりはイタリアの建築（ヴェネツィアのものにいたるまで）のみならずドイツの建築すべてにみられるものである。だがウィーンの建築家がいつも念頭に置いているフランスの建築だけは、建物の内部構造が十分に練られていないというきらいがある。

ところでオーストリアにおいては、家の屋根の勾配は緩やかなものがよい。アルプス地方の住人は、雪と風への対処から屋根の勾配をできるかぎり水平に近づけようとする。一方、ウィーンの郷土芸術家たちがアルプスの土地の人々のためにつくる家の屋根は非常に急勾配である。そのため雪が積もると滑り落ちるため、住民を危険にさらすことは容易に想像がつくだろう。また緩やかな勾配の屋根は山の景観とよく調和し美的効果を生みだすが、逆に急勾配の屋根は美しい風景を損なう。内面的な真実が美的にも真実であることの注目すべき一例である。

ここで材料《マテリアル》についても言及しておくべきだろう。私がミヒャエル広場の建物[14]を手がけた際、私はその家の郷土的な側面を強調しようとしたにもかかわらず、私がギリシャから大理石を取り寄せているではないか、と権威筋から非難を浴びせられたことがあった。それなら言わせてもらうが、ウィーン料理は極東原産の香辛料を使っているにもかかわらずウィーン的であるし、ウィーンの建物は屋根の材料がたとえアメリカから取り寄せた銅であったとしても本物でありうる、つまりウィーン的でありうるわけだ。だが、こうした非難をはねつけるのがそう簡単にいくわけではないのもたしかである。たとえばウィーンにおいて外装を煉瓦表しの仕上げにすることを想像してほしい。これはおかしいといわれることだろう。それは何もウィーンには煉瓦がないからという理由ではなく（実際にわれわれは煉瓦を持っている）、漆喰仕上げという煉瓦の表しよりいい材料《マテリアル》があるからである。煉瓦剝き出しが特徴的なダンツィヒで外壁を漆喰塗りにすることはできるだろうが、ウィーンでは壁をそのまま剝き出しな状態にしておくことは許されない。結論としていえば、材料は世界のどこから持ってきてもよく、技術もよりよい技術があれば使っていいのである。〈郷土芸術〉のような虚偽に満ちたキャッチフレーズを追いかけることをやめて、ここでわれわれは唯一の真実に立ち帰るべきだ。私が常日ごろ口にしてきた伝統という名の真実に。そのむかし先達が建てたように、われわれも建てること。これを習慣にしようではないか。非近代的になってしまうと恐れることはない。農民たちよりわれわれ都市の人間は進んでいるのである。農民たちだって、都市で開発される脱穀機のみならず建築におけるわれわれの知識や経験の恩恵に浴すべきなのだ。われわれは彼らの猿まねをするのではなく、指導者であろうではないか。

　農民劇で盛りあがる大げさな身ぶり。演者が身につける飴玉のようにカラフルな農民服。自由闊達に話すかわりに無理な訥弁で演出されるわざとらしい素朴さ。子供じみた仮装行列。これらこそ張りぼての岩塊と布の草原に囲まれ、巨大な権威として君臨するお歴々が工芸学校を指導している事実をあますところなく明かしているではないか。郷土芸術の名のもとに身を隠しているこうした子供じみた戯言は、もうすべてやめにしてほしい。

　われわれはフォルムに関して一秒たりとも思考をめぐらすことなく、できうるかぎりのことをする。最高のフォルムはつねに手の届くところにある。たとえそれが他人の手になるものであろうとも、それを使うことにためらいを覚える必要はない。オリジナルな才能などもうたくさんだ！　われわれはとどまることなく自分たちがやってきたことを繰り返しつづけようではないか！　他の家と同じ家を建てよ！　たしかに「ドイツ芸術と装飾[15]」に掲載されることもなければ、工芸学校の教授に納まることもなくなるかもしれない。だが、こうやって人々はみずからが生きる時代に、みずからに、みずからの属する民族に、そして人類全体に最高の奉仕をしてきたのだ。そしてみずからの郷土にも！

（一九一四年）

口出しするな！

　私だってかつては若かった。にわかに信じがたいかもしれないが、ドイツ工作連盟やオーストリア工作連盟のメンバーたちと同じことを考えたこともあった。私がまだ幼かったころ、日用雑貨を覆っていた美しい装飾に目を奪われたものだ。人並みに「工芸」という言葉――つまり、かつて「応用芸術」と呼ばれ、現在「工作芸術」と呼ばれているもの――にうっとりと陶酔していたのだ。頭のてっぺんから爪先まで自分が身につけているものを眺め、上着やベスト、ズボンや靴に芸術や工芸、応用芸術による装飾を見いだせないとすっかり肩を落としたものだ。

　だが、そんな私もさまざまな苦労と思慮を重ねて今日にいたる。そしていま、青春時代を思い出すにつれ、当時上着とそれをしまうキャビネットが様式的に調和していたことが奇異に感じられるようになったのだ。当時は上着の装飾とキャビネットの装飾が一致していた。だが装飾と無装飾が混在している現代に生きる私は、いったいこれはどういうことだったのか、何があるべき姿なのか細かく吟味せざるをえなくなったのである。現代の装飾のない上着が正しいのか。あるいは古い時代を踏襲し、ルネサンス様式やロココ様式、アンピール様式の装飾を施した現代のキャビネットが正しいのか。いずれにせよ同時代人の意見はある点で一致している。つまり、上着もキャビネットも現代精神にふさわしいものであるべきだという点である。この考えに私も与する。だが分岐点がある。私が幼年時代の夢に別れを告げたのに対し、他の人々はいまだむかしの夢を追っているのだ。ここからわれわれはともに歩めなくなる。私は現代の上着を支持する。つまり無装飾の上着のほうが時代に即していると言いたいのだ。上着は時代精神にもとづいてつくられているが、過去の様式の装飾を施されたキャビネットはそうではない。――装飾がないということを考えるのは、じつは私にもつらいことなのだ。だが考える以上は徹底しよう――現代とは装飾のない時代なのだ。え、装飾がないだって？　と反論する向きもあろう。だがもし装飾があると言うなら、あらゆる専門誌、たとえば「ユーゲント」[1]「ドイツ芸術と装飾」「装飾芸術」などから、いったいどこに新しい装飾が萌し、花開いたというのか。私が思うに、新しく生まれてきた装飾は古い様式の模倣以上に時代精神とは相容れない。不幸にも時代との関係を見失った者たちによる病んだ妄想の所産にすぎない。要するに、この点こそ私が「装飾と犯罪」と題した講演で語ったことである。

もう一度繰り返す。私がいま着ている無装飾の上着こそ、われわれの時代精神にもとづいてつくられているのである。私は死ぬまでこれを信じよう。たとえ地球上でこれを信じつづけるたったひとりの存在になったとしてもだ。ここで上着以外に時代精神によって生みだされた品々を挙げてみよう。靴やブーツ、スーツケース、馬具、シガレットケース、腕時計、真珠のネックレス、指輪、杖、傘、車、名刺。これらに並行して、時代精神に反する工芸製品も数多く存在する。なぜか。理由は簡単だ。私が時代に即していないと判断する仕事はすべて芸術家や建築家の指示どおりに働く職人たちによってつくられ、時代に即した仕事はすべて建築家に口出しされることのない職人たちによって生みだされたのだ。

時代に合った手工業を、そして時代に合った日用品を求めるなら方法はひとつ。建築家を毒殺せよ。

二十年前、私はこんなことをついうっかり口にしないよう注意していたものだ。当時の私は臆病だった。こんなことを公言してどんな結果を招くか怖かった。そこで私は代案を出した。建築家によって自分たちの工房が荒らされたことなどまったくなかったように仕事をすればよい、と職人に伝えてまわろうと考えた。言うは易しおこなうは難しで、私の職人行脚は難航した。あらゆる人々が仮装舞踏会のようにギリシャ風の衣装やブルゴーニュ風の衣装、エジプト風の衣装やロココ風の衣装を身につけて百年さまよった果てに、ある男がようやく現代の紳士服を見つけだしたかのようだった。だが仕立屋の仕事を見ているかぎり、私はこうつぶやかざるをえなかった。長い時を経たところで、たいして大きな違いなど生まれはしないではないか。百年前、人々は金ボタンのついた青い燕尾服を着ていたが、いまは黒いボタンのついた黒い燕尾服を着ているだけなのだ。家具職人の仕事だって、これと同じようなものではないか？

私は考えた。ひょっとするとこの愚劣きわまる建築家たちでさえも、家具製作の現場では現代につながる余地を残していて、工房ではあれこれ口を挟むかわりに、家具職人たちが工房で歩む静かな発展の道を見守ってきたのではないか？　このことを私は寝ても覚めても考えた。食べるときも飲むときも散歩の最中も、いつでもどこでも考えつづけた。そんなある日のことだ。私は水洗用タンクに目をとめた。それは古いがすばらしい出来だった。タンクは板張りの壁にとりつけてあった。いまでも通用する木材の組み合わせによる板壁が、なんと古めかしい便器を囲う壁に使われているではないか。これこそ私が探し求めていたものだった！

なんたる幸運！　われわれの水まわりのためのあらゆる設備、風呂や洗面台などのすべての衛生設備が「芸術家」と称する建築家たちにいじられることなく残っていたのである。たしかにロココ装飾で飾られたおまるをベッドの下に見つけることはあったが、そんなことはほとんどなかった。そしてこの唯一と言っていい純粋な職人仕事、板張りの壁は――それほど金のかかるものではなく――「応用芸術」の魔の手を逃れていたのである。

この板張りの壁における基本的なこととは何か？

ここで家具職人の技術について、少しばかり言及しておこう。家具職人は木材を組み合わせ、さまざまな方法で平面をつくりだすことができる。そのひとつが枠《ラーメン》と鏡板《フュールング》を使う方法である。枠と鏡板のあいだには、つなぎとして溝をつけた押縁を差しこむか、あるいは鏡板を奥に引っこませることが多いため、枠に額を彫る。そして鏡板を枠から五ミリ奥に嵌めこむのである。百年前から、これとまったく同じ方法は存在した。このところさまざまな試みがなされており、そのなかには世間をにぎわせているウィーン分離派や「ベルギー近代派〔2〕」の実験もあるが、それらはすべて的外れだ。

前世紀に幅を利かせた奇抜なフォルムや過去に花開いた装飾のかわりに、まったく純粋な構造体が登場してきたのは必然だった。直線と直角の組み合わせである。これこそ現在の職人が取り組んでいることであり、彼らの眼中にはその成功と材料と工具しかないのである。

ある同僚（彼は今日ウィーン建築人たちのあいだで指導的立場にいる）が私にこう言った。「あなたの理念はたしかに安価な仕事には有効だが、富裕層の仕事を請け負うことになったら、いったいどう対応するつもりです？」。彼の立場に立てば、言いたいことはわかる。

奇抜なフォルムとふんだんな装飾、それが高くつく仕事に関して人々が考えるすべてだ。まだ世間はほんとうの意味で質の違いというものを知らない。だが、この違いをよく知っている人間はいた。建築家たちに口出しされることなく自分の仕事をしつづけてきた職人たちである。ここにふたりの靴職人がいる。ふたりは靴専門雑誌にある同じ「デザイン」のものをつくったにもかかわらず、片方の職人には一〇クローネしか払われず、もう一方の職人には五〇クローネが払われたが、腕の違いを理由に驚く者は誰もいなかった。だが、これが家具職人となると話は変わってくる。たとえば作品が公募され、ある家具職人が他の職人より五割増しの値段を要求したら非難囂々間違いなし！　同じ材料で同じ物をつくる以上、より高い報酬を求める職人が、自分のほうがいい仕事を提供すると主張したところで詐欺師の烙印を押されるだけだ。かくも質の違いは無視されてきたのである。そのため、よりいい仕事をする職人は割増料金の要求をあきらめ、他の職人と同質の粗末な仕事をしてきたのだった。こうした状況をつくりだしたのも、ほかならぬ芸術家たちなのである。

　よくよく考えてほしい。いい材料と質のいい仕事が現代製品の無装飾に対抗しているのではない。むしろそれらが圧倒的にみごとだからこそ、装飾のついた製品を凌駕し、装飾を排除しているのである。今日どんなに退廃的な人間でも、木製の壁の表面を象眼細工で飾りたて、大理石の模様を無視して彫刻を施し、他の毛皮とつなぎあわせて市松模様をつくるためにギンギツネの毛皮を小さく真四角に切断するなど、そこまでばかなまねはしないだろう。むかしはいまほど材料そのものの価値は高く評価されていなかった。そのためいともたやすく——しかも良心の呵責がうずくことなく——どんな材料にも装飾を施すことができた。だが現代のわれわれは、過去に生まれてきたみごとな装飾と引きかえに、古代からずっと存在する材料そのものの模様や色合いという「装飾」を手に入れたのだ。高価な材料《マテリアル》は、神が生みだした奇跡なのである。本物の輝きをもつ真珠のネックレスのためなら、ルネ・ラリック[3]の宝飾作品だろうが、ウィーン工房のアクセサリーだろうが喜んで捨て去ろう。

　だが製図板の前に座りっきりの「芸術家」と称される人々に、真珠職人の熱狂や家具職人の苦悩のいったい何がわかるのだろうか。真珠に携わる者は、真珠ひとつひとつを組み合わせていくことに自分の一生を捧げるのだ。そして家具職人はすばらしい木材を見つけだすと、そこから自分の名作を生みだそうと奮闘するのである。

一八九八年〔4〕、この年はすべての木材が赤、青、紫に塗装された——建築家が絵具箱を牛耳り、職人に口出ししていたからである。そして私がウィーンでデザインしたカフェ・ムゼウムの仕事のなかで、マホガニー材を使用するという先進的な試みをしたとき、ウィーン人たちははじめて材料そのものがもつ独特なフォルムや色合いが存在し、見慣れたものとは別の材料があることを知ったのである。

そして別の仕事のやり方がある、ということも知らしめることになった。二十年前に私がつくった簡素な家具が、いまだに通用し使用されている。この事実を私は自分の方法論として世間に公表しようと温めていた（たとえばスイスのアーラウ近くのブックスにある家の食事部屋の家具はその一例だ）。その当時ウィーン分離派やドイツのユーゲントシュティールの連中が気の赴くままにつくりあげた作品など、いまでは跡形もなく消え去っているではないか。

いい材料と質の高い仕事こそ、どんな時代であれ、たとえ新しい流行が隆盛し消えていこうとも一貫して価値を下落させない権利を有しているのである。

（一九一七年）

ペーター・アルテンベルクとの別れ

わが親愛なるペーター〔1〕

君が死んだ。そこで君について何か書け、という。みんな君について何か厳かで感動的な、耳あたりのいい話を書くことを期待している。友人の死に直面して友人を持ちあげるような話を……。

だけど、ぼくはよくわかっているつもりだ、ペーター。君がそんなことをぼくに期待などしないことを。だいいち君自身が大げさなことなどすべて鼻で笑っていた。君が書いてきた本のなかで、君という存在は読者にとって、しばしば激しくて悲壮感の漂う印象があるようだ。だが、君の声の響きを一度でも耳にしたことがある者にとって——ああ、君はなんと心地のいい声の持ち主だったことだろう——君の文体は世界中でいちばん自然で、直接的でさりげないものに映ったものだった。

だからぼくは人々に向かって、君が本来どんな人間だったかをはっきり書いておくべきだろう。彼らが君について知っていることといえば、君がいつも昼間は寝ていて、夜になると紅灯の巷をふらついていたことだけだからだ。

これではまるで君は蕩尽するだけのろくでなしみたいじゃないか！　いや、そうではなかった。君は断じてそんな男ではなかった。逆だ。君は倹約家のなかでももっとも倹約家だった。毎朝、寝床に入る前、君はいつも自分の有り金を数えていたものだった。たったの一ヘラーですら、君はどこで何に使ったか説明することができた。そして倹約した金はすべて銀行に持っていき、預けていた。あるとき——それはグムンデンでのことだったが——君はホテルに強盗が入ったと聞くや、手持ちの最後の金まで銀行に持ちこんで、こんな電報を兄弟に打っていた。

「ゲオルク、一〇〇クローネ送られたし。有り金すべて貯金したため当方餓死寸前」

ということは、君はドけちな男だったのか！　いや、そうではなかった。神に誓って君はまったくけちな男ではなかった。君は新聞で虐待を受けている子供の記事を読むと、その子たちのためにいつも小銭を貯めていた。ペーター・アルテンベルク、一〇クローネ献金。これは児童保護救済協会の書類にいつも記載されていた記録だ。そしてウェイターやビリヤードの得点係や給仕女に聞いてみればいい。「ペーター・アルテンベルクほどチップを弾む紳士はいなかった」とみな言うにちがいない。そして君は一刻でも早く自分の真情を吐露したくなると、真夜中だろうがベルを鳴らし、泊まっているホテルのボーイを呼びだすのだ。ボーイはペーターが書きつけた一〇ページにもおよぶ電報を中央郵便局に届けにいく羽目になった。その金は、ボーイが受けとる心づけも含めて一〇〇クローネにもおよんだ。電報の内容はといえば、「お前を愛している！」なんてものだった。もちろん君流の書き方で。

ということは、やはり君は浪費家だったのか！　いや、そうではなかった。死ぬ直前の二年間、君は毎日ジャガイモだけを三度の飯にして暮らしていた。君は肉料理に一〇クローネも使うことがばかげた浪費だと考えたのだ。

「カフェ・ツェントラル」にてアルテンベルク（1907年）

グラーベンホテル、アルテンベルクの部屋

となると、君はどんな食事でもよしとする清貧に甘んじる男だったのか！　いや、そうではなかった。君は断じてそんな男ではなかった。君ほど料理の味に敏感でうるさいグルメ男は、世界中で見たことがなかった。君は数百ものリンゴの山から、絶対の自信をもってもっともおいしいリンゴをひとつ見つけだすことができた。しかも手にとって、ためつすがめつ点検していくのではない。目で見ただけで判断できたのだ。それはリンゴにとどまらなかった。君は一目でカニや子牛の腰肉のローストが柔らかいかどうか見分けてみせた。肉を食べるにしても、君は消化にいいヒレ肉しか食べなかった。鶉《うずら》や雉の肉を食べるときは胸肉しか食べず、それも焦げた部分は残した。アスパラガスにもうるさかった。白くて太く、しかも筋張っていないやわらかいものしか口にしない。一度こんなこともあった。君があるレストランで、ウェイターに三度も肉を突き返して焼き直しをさせ、もうこれ以上話にならないとあきらめると、君は肉に手をつけずに支払いだけはし、腹をすかせたままでいた。ぼくが「ペーター、ほんとうに何も食べないつもりかい？」とたずねると、君はこう答えたものだ。「うん、もう食べないよ。だって今日使っていい金は使い切ったからね」

こうなると、君は快楽主義者ということになる。なにしろ君はロマたちが音楽を奏で、シャンペンが次々と空になり、踊り子たちが踊っている場所をもっとも好んだものだ。だから君はアル中とされた。だが、それも違う。君ほどアルコールを憎んだ男もいなかった。子供が苦い薬を嫌がるように、君はワインやシュナップスが大嫌いだったが、そのくせ、そんな酒が君のナイトテーブルには何リットルと並んでいた。なんとか眠りに逃げるために、それらを飲み干さざるをえなかったのだ。だが、そんな酒を君に飲むよう一杯でも勧める者は誰もいなかっただろう。ビールやシャンペンなら君は勧めに応じただろうか？　ビールが君の睡眠薬がわりになったとき——一晩二十四本の瓶が空になった——君の例の俗悪な店通いもやめざるをえなくなった。

あんな俗悪な店に通いつづけたのは、君のお気に入りの女たちがいたからだろうか。だが、君は店に入ると隅に陣取り、男仲間たちと語りあい、店の子にちょっかいを出すことはなかった。ワルツが嫌いで、アメリカやイギリスの音楽が鳴りはじめると、すっかり心を奪われて一緒になって口ずさんでいた。君の声はオーボエのようだった。たまに店の女の子が君の気に入ることもあった。でも君はその子とおしゃべりしようとしないで、君はねっとりとその女の子を見つめて楽しもうとしていた。女の子がしゃべる他愛のない内容が君をがっかりさせるのは目に見えていたからだ。

とすると君は女嫌いだったのか？　イエスでもあり、ノーでもあった。君の本を読んで読者たちは、君が最後の恋愛吟遊詩人《トルバドゥール》であるかどうか見極めようとした。でも君が語る言葉を聴いて、読者たちはどれだけがっかりしたことだろう。というのも、君は女というものをよく知っていた。そして君の男の肉体の奥には女の魂が隠されていた。それは倒錯的なものだったから、「あいつは変わったやつだ」程度で片づけられて、世間はそれほど騒ぎ立てなかったが。ただ君の子供たちとの関係を読者たちは誤解したにちがいない。君の子供たちへのまなざしが女性的で母性的なものだったということを彼らは知らなかったのだ。

女性的といえば、君は潔癖すぎる整頓好き、きれい好きだった。その点で君の住居は徹底していて感動的ですらあった。だからぼくは、ウィーン市に君の住居を市立博物館内に展示するよう要求したいほどだ。君が住んだ部屋を展示する場所くらい博物館には残っているだろう。ペーターが探し求めた壁紙は、あちこち探しまわらないとみつからないような貴重なものばかりだった。そして博物館のアルテンベルクの部屋には、聖水盤からロザリオ、それにメイドが巡礼地マリアツェル[2]で君に買ってきた一〇クロイツェル足らずのマリア像も含め、すべてもとあった場所に設置するのだ。

ああ、メイドたち！　彼女たちはみな、いまごろグラーベンホテル[3]で君のことを思って泣きくれているだろう。ボーイたちもだ。ペーター・アルテンベルクはわがままな暴君のような男だった。でもこの男のように、ここまでみなから愛された暴君もいない。なぜなら君は、暴君のなかでももっとも人間的であったからだ。

この文章で君のことを人々に少しはわかってもらえただろうか？　ぼくにはそう思えない。だがたとえわかってもらえなかったとしても、次のことだけはウィーンの人々になんとしてでも理解してもらわねばならない。声を大にして言いたい。グリルパルツァー[4]以来、それに劣らぬ偉大な存在が今日埋葬されてしまったのだということを。

（一九一九年）

読者からの質問と回答

導入として——宮廷の侍従が使うドイツ語について

「親愛なる建築家様！　建築家様はすでにお気づきのことと思いますが……」、こんな手紙を受けとることがあるが、これはいったいなんなんだ！

二点指摘しておくが、まず第一に、私はこの手紙の主に対して「建築家様」ではない。「ロースさん」だ。手紙でも、口頭での呼びかけも本来同じであろう。仕立屋であれ靴屋であれ、彼ら本来の名前で「ミュラーさん」とか「シュミットさん」と呼びかけるかわりに、「仕立屋様」とか「靴屋様」などと職業で呼びかける者がいるなら見てみたいものだ。反対意見もあるだろう。仕立屋も靴屋もありふれた存在であるが、建築家は何か特別なものを想像させるからいいのだ、というわけだ。私自身はこうした見方はとらないが、ここではとりあえず同調しておく。となると「画家様」とか「彫刻家様」、あるいは「作曲家様」といった呼びかけもありえようが、これらは気の置けない関係のなかでなら通用しても、ふつうに使えば皮肉が混じるものだ。

そして第二に、現代人を現代人たらしめているのは宮廷侍従が使うドイツ語、つまり十八世紀に話されていたドイツ語だという者があるが、この言葉は今日なら話し手がお仕着せの制服を着ていればまだ聞いていられるが、ふつうの人間が使えば耐えがたいものがある。「建築家様はお気づきのことと思いますが……」なんて言い方、誰が耐えられるか！　現代に通用する衣服は、こんな大仰なまねはしない。われわれは現代にふさわしいマナーを身につけ、現代に通用するドイツ語を使わねばならない。でなければまるでヨーロッパのシルクハットを被っているから自分は現代人だと思いこんでいる中央アフリカの未開部族の酋長のようではないか。そのことに気づかないのだから、グロテスク極まりない。宮廷侍従のドイツ語を使う人間は、失笑を買わないために頼むからお仕着せの制服を身につけ、膝まである白いハイソックスを履き、白粉をふりかけた巻き髪をして歩きまわってもらいたい。それならまだましというものだ！

質問　アメリカの靴について、どうお考えですか？

回答　それほど考えたことはないが、ほんとうの意味での「アメリカの」靴は西部や東部の荒野でだけ履くものだ。ニューヨークでアメリカの靴を履いているのは太った警察官だけである（アメリカの警察官はみな太っている）。東海岸沿いの都市と西ヨーロッパ人は同じ靴を履いている。その靴の形は、もちろん現在ウィーンでナンバーワンの職人も手がけ、ここ数年ショーウィンドウにも飾られていて、誰もが学ぶことができる。四十年来ヨーロッパであれアメリカであれ、その形にまったく変化はない。ただ変化がないのは形のみに限ったことだ。アメリカの靴の品質を問われると、いまだウィーンの靴工場は、アメリカの工場がつくりだすものに匹敵するだけの上質で快適に足にフィットする靴を提供するまでにはいたっていない、と答えざるをえない。靴づくりの品質を上げるためにまず必要となるのは、番号（足の長さ）と記号（足の幅）によってサイズを規格化する[1]ことだろう。靴製造業者はこの規格化によって人々の個々の足――強調されるべきは、人間はそれぞれ決まったサイズの足を持っているということだ――に見合う靴型をつくることができるようになる。この規格化された靴型をつくりあげる作業は一朝一夕にはいかない。アメリカの靴製造業者たちにとって、苦労して完成させた靴型は重要な企業秘密である。その証拠に、かの地では靴型は盗難されないよう堅牢な金庫にがっちりしまわれているのである。

質問　スポーツウェアはどのように製造されるべきでしょうか？

回答　この質問はあまりに漠然としすぎていて、できることならどのスポーツを指しているのかはっきりしてもらいたい。ところでウィーンではスポーツに関して大いに誤解されている点があるので、この場を借りて明確にしておきたい。われわれがするスポーツの大半は膝が自由に使えないと困るものばかりだ。ただし乗馬は別である。膝を激しく動かす必要がないからだ。そのため馬術競技用の乗馬ズボン《ライディング・ブリーチズ》[2]は膝がすぼまっている。そんなわけで足を使うスポーツ、たとえばゴルフ、狩猟、旅行、スキーなどをする際に乗馬ズボンをはくのはおかしい。足を使うスポーツに必要なのはニッカーボッカーズ[3]である。この短ズボンは長さが膝下までで括られているが、裾が邪魔にならず膝が自由に使えるようになっている。つまりズボンは膝の上を深く覆っている状態である（膝下で裾が固定される以前はほぼ長ズボンと同じ長さだったことが、このニッカーボッカーズからわかる）。だがオーストリア―イタリア間のアルプスをこえるゼメリング峠でのみ必要不可欠だった「ブリーチズ」（そもそもこの単語は、イギリスにおいては乗馬と切っても切れない関係にあり、俗語的表現「けつ《ブリーチ》」に由来する）は、スイスでは笑いものになる[4]だろう。

クニーシェ紳士服店（ロース、1913年）

クニーシェ紳士服店1階店舗内（1930年）。奥にメザニンに向かう階段がみえる

質問　長ズボンと短ズボン、どちらがいいのでしょうか？

回答　長ズボンは基本的に乗馬ズボンだ。ゲーテの小説『若きウェルテルの悩み』の主人公がはいたのがそのオリジナルである。足首からふくらはぎのまんなかにかけてボタンで締めるようになっており、その上に折り返しのある長靴を履いていた。この小説が成立した十八世紀後半当時、少年たちは長靴ではなく半靴を使用し、ズボンは今日みられる長ズボンのように裾が切られていた。

ところで、いまあることはむかしもあった。青春は正しい。少年は大人になる。青春時代に慣れていたものは、大人になっても人々は手放さない。われわれの幼年時代の似たような体験を思い出してみよう。いま子供たちは短ズボンをはくのが習慣となっている。だが、この時期に彼らが長ズボンをはいていたら、それは大人になっても持ちこされる習慣となる。上流階級の子弟たちが長ズボンをはくようになるのは、下流階級の子供たちに比べて遅い。下流階級の子供たちは、十歳になるとすぐに長ズボンをはきたがる。

現代のものはすべて、青春を生きる若者のあいだから生みだされてくる。それが彼らの壮年期に熟し時代のものとなるのだ。サスペンダーとマイスタージンガー、紐靴とロダン、短ズボンとペーター・アルテンベルク。青春はいつも「正しい」のだ。

このように十八世紀の少年たちも、自分たちのやり方を保ちつづけた。彼らの父たちが膝下まである短ズボンをはき、革命期の大人たちがふくらはぎまである長靴に足を突っこんでいたにもかかわらず、子供たちは長ズボンをはき、彼らは成長してもずっとはきつづけた。当時の大人たちだって子供時代からの習慣を保ちつづけただけであった。それは十九世紀の若者たちが短ズボンをはきはじめるまで続いた。そしてこの習慣を貫き通し、いまでも短ズボンをはいているのが二十世紀現在の大人たちである。

将来は膝の出る半ズボンが登場するだろう。どうしてそんなことがわかるかって？　なぜならいま、世界中の子供たちがはいているのが半ズボンだからである。ボーア戦争[5]が終わり、イギリス人将校ベーデン＝パウエル[6]がボーイスカウトを創立した際、彼はスカウト団員の活動に向く服装を探していた。いかなる偏狭な国粋主義や民族主義――このふたつは国民の自信のなさと弱さの裏返しである――とも無縁な真の英国人として、ベーデン＝パウエルは、たとえイギリス発祥であろうがなかろうが出自にこだわらず、いいものはどんどん取り入れた。団員用のズボンには、オーストリアのアルプス地方のものを採用した。このおかげでオーストリアの国民意識は明らかに根深いイギリスかぶれを払拭した。われらオーストリアのボーイスカウト団員たちに、堂々と膝まわりで裾がすぼまっている半ズボンをはかせることができるのだ。いまや日本からベネズエラにいたるまで、どこでもボーイスカウトはオーストリア式の膝の見える半ズボンをはくことになった。実際、私はマデイラ、アルジェ、リスボン、マドリッド、ローマ、コペンハーゲンでこのズボンをはいたボーイスカウトたちを見たことがある。ところがだ。われわれ自身が自分たちのつくりだしたオーストリア製のズボンをはいていないではないか。いわんや半ズボンをや、だ。ここが大問題なのだ！　われわれはなんでもかんでもイギリス人をまねするつもりはない。わが国のボーイスカウト団員は、その美と秩序と有用性という点において唯一オーストリアの軍服と比肩しうる服を着ているのである。まったくだ、と膝を打ったことが最近あった。ある人がこう言ったのだ。「もしわれわれが一九一四年の段階で、イギリス人将校と彼らが身につけている服装を見ていたならば、第一次世界大戦に踏み切るべきかどうか躊躇しただろう」

ここ数日、夏用の軍服を着てウィーンの町を闊歩するイギリス兵を目にする。彼らが着用しているのは、膝の出ている半ズボンである。そう、オーストリアの膝なしズボンをはいているのだ。数年前、ひどく印象に残ったことがある。各国が集まる行事があり、各々の軍人は制服を着て、みずからの国の威信を強調することになった。その際、わが国の歩兵部隊はアルプス地方の革製半ズボンをはいて行進したらいいのではないか、と私は主張した。だが人々はそのアイディアを一笑に付した。それでは軍事的イメージがなさすぎるというのだ。オーストリア的なものなら大歓迎だという。だがオーストリア的というなら、民族衣装にみられる色とりどりの折り襟やバード・アウスゼー地方のカーニバル衣装[7]に縫いつける星のほうがそれにあたるだろう。さらに軍服のベルトを可能なかぎり斜めにだらしなくとめることもオーストリア的だ。一言でいえば、そのほうが好ましいということだ。

質問　なぜゲートルを身につけるのでしょうか？

回答　今日のゲートルはスコットランド発祥のものである。スコットランドの農民は冬でも紐で結ぶ短靴を履く。そのため、雪が降り積もるとゲートルが必要になる。ウィーンの靴職人はイギリスでブローグと呼ばれているこの短靴を、チロルシューズ[8]と区別するために「ショッテン[9]」と呼んだ。チロルシューズには、爪先に甲革があるものとないものがある。ショッテンのベロは短いか、つまりふつうか、紐が通される部分（羽根）より長い場合もある。その場合、ベロは毛のついたままなめさずに細切りされており、革の縁《へり》として必要な部位となっている。というのも、革が濡れると丸まってしまうからだ。このベロは、今日婦人靴にもみられる。それらはショッテン風には加工されておらず、本来とは違った場所についているが、チロルでは使用されている。ショッテンは頑丈で重く、ニッカーボッカーズ、つまりスポーツウェアと合わせて履かれるべきものだ。

　前置きが長くなったが、ゲートルそのものに関してお答えしよう。ゲートルは、紐つき短靴と合わせてしか身につけられない。フロックやモーニングコートを着る際に短靴を履くわけにはいかないため、こういうものを着る場合はゲートルを巻く必要がある。

質問 ――？〔10〕

回答 ゲートルなどに紙面を割く暇があったら、もっと服飾に関するテーマをとりあげろ、と諸氏はお考えのご様子。ゲートルの項でくどくど私が回答したために、とくに読者を怒らせてしまったようだ。だがいったい、私は何を答えればいいのだ！

ケリはついている。金持ちは、いったい何を着ればいいのかという心配事から完全に解放されたのだ。もっともめだたない格好がもっとも正しい格好というルールにしたがえばいいだけの話である。あらゆる種類の服が詰まったクローゼットのおかげで、この金持ちはどんなシーンの服選びも迷うことなく簡単にコーディネートできる。この金持ちにしても金に困っていない国民にしても、私に手紙で助言を求める必要はないわけだ。困窮しているか、あるいは少ない金でなんとかやりくりしなければならない場面に直面したとき、はじめて助言者が必要となる。もっとも諸氏のご意見によれば、いま問われているのは、何を着るかということよりも何かを着なければならないということにあるようだ。この点では、私の考えと読者の考えは完全に一致する。ただ、ここにいたるためには最上級の質素さが必要となる。私の目の前に一枚の写真がある。「特ダネ新聞《ダス・インテレサンテ・ブラット》」に掲載されていたもので、社会民主主義者の指導者たちが十四名の犠牲者の葬列に参加している写真〔11〕である。奇妙なのは、指導者のみならず、そこに映っている人々すべてが黒い服を着ているということだ。彼らはみなで示し合わせたのであろうか。そんなはずはない。いま服飾が世間の重要テーマのひとつになっている以上、もっと細部に心を砕くべきであろうが、彼らはみな純粋に自分の心情にしたがって黒い服を選んでいるのだ。もし彼らが他に着るものがなかった場合、黄色のチェックの上着を着てあらわれるくらいなら、この厳粛な儀式に参加しなかっただろう。私はそう考えている。写真に映っている例の指導者たちのほとんど、いやおそらくすべての者が同じ考えだったのではないか、と私は認めたいくらいだ。

ところで、われわれは貧しくなったものだ。だが、それだけに愚かしい行動は慎んでほしいのだ。だからこそ、われわれは自分たちの身につけるものをじっくり考える——質素さがそれを必要とするのだ——ことから始めなければならない。ひょっとすると、われわれはいま持っているものを最後のズボンと最後の上着として着なければいけない、という事態になりかねない。先走った考えだが、このままいくと偶然でなく膝の出た革の半ズボンが最後のズボンとなり、黒い舞踏会用燕尾服が最後の上着ということになる。ようやくイギリスかぶれを返上し、自分たちがつくりだした服を、自信をもって着こなすことができるようになったいま、目の前に残ったのは革の半ズボンと舞踏会用燕尾服である。この上下を着こなせなければ、われわれはまたイギリスかぶれに舞い戻り、かえってわれわれは笑い者になってしまうではないか。読者諸氏、あなたが崇高なる精神の持ち主であれば、そんな格好をした人間がおかしな印象を与えるなんてことは否定してくださるだろう（私は実践派なので、読者をわが家に招待しよう。その際には黒い舞踏用燕尾服を着て、短い革ズボンをはき、その上にコートを羽織らず車も使わず白昼堂々歩いてきてほしい）。

われわれは貧しくなった。働かねばならない。誰もが身を粉にして働かねばならない。そして各自できるかぎり消費しないよう心がけてほしい。靴職人もそうだ。もし私が独裁者だったら、短靴製造のみを許可する法律をつくるだろう。君たちが寒いって？　ならば、ゲートルを着ければいい。

われわれは貧しくなった。将来われわれは商売によって食べていくと浅はかな人間が予言したが、現在われわれは労働によって生計を立てねばならなくなった。

繰り返すが、われわれはできるかぎり働かねばならない。そしてわれわれの労働によってつくった製品は自分たちで使うのではなく、生活に必要な食品を買うために外国に輸出するのである。ゲートルもそうだ。ゲートルはかつて平和時には輸出品であったが、ふたたびそうすべきなのである。われわれは国外で買われ、使用されるゲートルを製造するのみである。だが、ティンブクトゥーではゲートル製造工場を建てることはできない。アフリカ人にはゲートルの必要がないからだ。

衣服は人間の内部の表現である。同時に貧しい人間の、そして貧しい民衆の表現なのだ。チャンダーラ[12]の人々は、その外見によって一目で見分けがつく。同じ貧困であっても、社会的階層によるものなのか、それともたんに貧乏なだけなのか、そこには違いがあるのである。

質問　帽子を被らない男とは？

回答　最初帽子を被らなくなったのはアメリカの大学のスポーツ選手たちだった。次にサッカー選手だ。サッカーは帽子を被らずにプレーした最初のスポーツである。そしてアメリカの小さな大学街の路上で、学生たちがふたり一組になって足の速さを競ったのが、一般の路上に登場した帽子を被らない男たちだった。当時は日射病を防ぎ、熱くなった体を冷やすには長髪にしておくのがいいと考えられたため、アメリカのスポーツ選手たちはみな髪を伸ばした。同時に、男たるもの帽子を被るべしとする一般の風潮に合わせず、自分は自分だと考える者が出てきたため、帽子を被らないことはすぐにアメリカの大学人の証になった。そんなわけでアメリカの男たちは、挨拶をする際に帽子を脱ぐのではなく手を上げる——手を頭の高さまで上げる——のである。この習慣によって帽子を被らない男たちが増えていった。通常、男たちは女たちに対し帽子をとって感謝の気持ちを示すが、帽子を被らない男は軽く会釈するのが習慣となった。

アメリカの大学から始まった帽子を被らない男たちの習慣と軌を一にするように、女たちのあいだでも別の習慣が生まれた。それまで女たちが舞踏会や観劇に行く場合、帽子を被るのが決まりだったため、被らないときとは違う髪の束ね方をした。だが男女ともに帽子を被る習慣が廃れると、女たちはかわりにスカーフで頭を覆うようになったのである。十九世紀を通じてじつにさまざまな形のスカーフが考案された。だが、屋根つきの自動車が世に登場、劇場や舞踏会へ行く際に車を使うようになり、女たちはスカーフも脱ぐようになった。その結果、劇場に行くのに車が使えず、路面電車を使うか自分の足で歩いていかなければならないスカーフ女が、少なくとも劇場では金持ちの姉妹たちより劣って見られたくないと考えて、クロークで何も被っていない頭を堂々と示して見栄を張ることもとくに驚くにあたらなくなった。たしかに、かつては何も被らなかったら寒くて仕方がないのではないかと考えただろうが、帽子がないほうが颯爽として格好がよくなったのだ。みな鼻風邪を引くくらいは覚悟のうえだったろうが、まったく病気にはならないことが判明した。

アメリカの一般男性たちは、妻が何も被らなくとも鼻風邪ひとつ引かないことがわかったとき、自分たちも帽子なしでいけることをすぐに理解した。もともと劇場や舞踏会で帽子を被るのは面倒なことだった。こういう状況を受け、私用の車を持つ人々がはじめて登場することになったのである。

私が最後にロンドンを訪れたのはちょうど一九〇八年の冬のことだったが、人々はフロックコートやタキシードを着、帽子を被る者など誰もいなかった。ちょうど劇場で舞台がはねたころ、レスタースクウェア近くを通りかかったのだが、その風景は一種独特の印象を与えた。観劇に来た人々が劇場から吐きだされ、路上を埋めつくしており、近くのレストランに向かおうとしていた。誰ひとり帽子を被っている者はいなかった。

戦争が始まると、帽子を被らない習慣の普及はいったんストップした。われわれは戦中の五年間は足止めを食らったことになる。だがそのころ国外へ出られた者は、スイスのチューリヒやベルンで帽子を被っていない男たちを多く目にしたし、冬の保養地を訪れれば、日がな一日まったく帽子を被らずに過ごす人々を見ることもふつうになった。むかし、こんな経験をしたことがある。私はスイスの保養地ザンクト・モリッツで、唯一持ちあわせていた帽子を被って外出した。だが、すでに当時帽子を被らないことは一般化していたため、どこかに立ち寄った際、帽子を脱いでフックにかけたまま、また被るのを忘れてしまった。ハーゼルマンの家か、あるいは別のどこかだ。その帽子は、ひょっとするといまだにそこにあるかもしれない。帽子を忘れてきたことに気づいたのは、ザンクト・モリッツを後にして一週間後のことだ。あの帽子はいったいどこにあるのだろう。いずれにせよ、私は帽子なしで移動していたわけだ。

チューリヒの駅前で、ベルンにあるオーストリア大使館の外交補佐官をしているP伯爵にばったり出くわしたことがある。彼は帽子を被っていなかった。

「いつからチューリヒにご滞在で？」と私は尋ねた。

「たったいま到着したばかりですよ」

「そうですか。しかし……」

私は二の句を継ぐことができなかった。私が言おうとしたのは、彼が帽子を被らずにここまで来たなんておかしいではないかということだった。だが、こうも思って納得した。ベルンからチューリヒまで鉄道で来たなら、帽子は要らないだろう。コンパートメントのなかで、帽子などもっとも必要のないものだ。そしてこの帽子なしの男は世界中、帽子を被らずに旅をしている。誰もが帽子など被らずとも、なんでもすることができる。ただし例外がある。商品の並ぶ陳列ケースの前に立つ場合だ。なぜなら、帽子を被っていないと店から出てきた店員に間違われてショーウィンドウのなかにある商品を指し、「この鼈甲をあしらった鞄はおいくらですか」と尋ねられる羽目になるからである。

このたびの戦争が始まるずいぶん以前から、私はすでに夏は帽子なしで過ごしてきた。だが、しのつく雨とともに秋がやってくると、帽子を被らずにはいられなかった。ただペーター・アルテンベルクだけは、冬でも帽子なしがあたりまえだった。無一物で生きることを旨としたあのギリシャの変人哲学者ディオゲネスは、杯を使わず手をくぼませて飲む少年を見て自分の杯を投げ捨てたというが[13]、当のアルテンベルクも帽子を被らなくなった私をまねて、冬でも帽子を投げ捨てることに慣れてしまったというわけだ。話を戻すが、いままで一民族の文化レベルは石鹸を使っているか否かによって測られてきたが、いつの日か、民族全体の何パーセントの男が帽子を被っていないかで測られる日が来るだろう。けだし未来はこの帽子を被らない男たちにかかっているからだ。

質問 オーバーオールとは?

回答 労働者はむかしからエプロンをつけている。十八世紀から続く伝統的な仕事に従事する職人たちのあいだでは、とくにエプロンが愛用されている。しかし十九世紀に登場してきた新しい産業に従事した労働者たちは、ズボンのかわりに覆いをつけ、青いエプロン地の上っ張りを身につけるようになった。現代の配管工の格好を想像していただけばよい。「青いエプロンの男」——この表現がやたらともてはやされ、一八四八年の政治[14]を語る言論人たちのなかでもっとも気に入られた言葉になったほどだ。後にこの表現は「青い仕事着の男」になっていく。実際的なアメリカの労働者たちには、なぜ上下そろいの仕事着の上にエプロンをつけなければいけないのかまったく理解できなかった。一方で彼らは上下のつながったひとつの仕事着を身につけるようになっていった。それはわが国の少年たちが最初にはく長ズボンによく似ている。胸まであるもので、腋のところで留めるようになっている例のズボンだ。読者諸氏もよく見かけるだろう。このアメリカ発祥の仕事着は、かの地でオーバーオールと名づけられた。このオーバーオールは、じきにヨーロッパ中の労働者の仕事着になるだろう。このたびの戦争の間、五十万人のアメリカ人労働者がフランスの工場で働き、さらに五十万人が戦線の後方支援として働いた。オーバーオールを着た百万人のアメリカ人たちが、この仕事着をフランスですっかり有名にしたのである。三十年後には、オーストリアの労働者たちもオーバーオールを身につけていることだろう。そうなれば、ここ三十年の間アメリカの政治家たちがしきりに語ってきたように、わが国の政治家たちのあいだでも「オーバーオールの男」が熱い議論の的になることは間違いない。

質問　なぜ現代のコートにはベルトがついているのですか？

回答　このベルトはすべての男性用上着につけることができる。その際、上着のボタンはしっかり留められ、上着の前と後ろが同じ高さの丈のものに限る。これはジャケットやコートにもあてはまる。オーストリアのアルプス地方ではヨッペ[15]が通常の上着として用いられているが、この服は前がぴっちり閉じられており、後ろは余裕があるようにできている。ヨッペの場合はベルトはいらず、全体にゆったりしたつくりになっているが、ぴったりと体にフィットさせたければボタンの開閉用にとりつけられた「背中の留め金《ドラゴーナ》」を留めればよい。西ヨーロッパで着られている作業着は丈の短い上っ張りだが、これは前がたっぷりしているので、しっかり閉めるためにはベルトが必要だ。ビーダーマイヤー時代[16]、この作業着は若い職人たちのあいだで人気だったが、最近になってイングランド東部のノーフォークの農民がよく着るようになった。そこでノーフォーク・ジャケット[17]と呼ばれるようになり、スポーツマンたちが愛用している。ノーフォーク・ジャケットはフランスの仕事着とオーストリアのヨッペを足して二で割ったような服である。ノーフォークはヨッペの胸の上がゆったりした特徴を活かし、フランスの仕事着からはたるみのないぴちっとしたタックを受け継いだ。そのためこのジャケットは胸の上にタックがあり、背中にあるヨッペとは反対である。また背中の留め金で十分なシュタイヤーマルクの住人が着るヨッペと違い、ベルトが必要となる。

アルプス地方の住人もヨッペを、あるときはぴっちり留め、あるときは留め金をはずし開けひろげて着る。この趣向は十年ごとに入れ替わる。われわれ人間は崩した着こなしが気分のいいこともあり、逆にぴしっとした身なりが快適なこともある。現代の人間は「よりぴっちりした」身なりをしたがる傾向にある。ベストを見せて「開けっぴろげに着る」方向をめざしていたわれわれのスーツですら、すでに戦争前から四六時中、前ボタンを留めるようになっていた。それは着こなすだけのセンスを要求した。時代が進み、男たちのセンスが現代的になればなるほど上着の前をぴっちり留めるようになっていく。あのペーター・アルテンベルクは、十五年前すでに、いつものスーツを着るのにベルトで閉めていた。当時彼の格好は人々の目には滑稽に映ったかもしれない。だが、彼のセンスがその着こなしを必要としたのだ。この人類の先駆者たる存在の着こなしの「滑稽さ」は、いったいに世間一般に向けて仕事をしている仕立屋がアルテンベルクの先駆的センスについていけなかっただけである。

話を上着に戻そう。アルスターコート[18]は、かつて体を包みこむ袋のようなカフタンに似た形でつくられていた。その後、メンシコフが登場した。メンシコフは後ろがゆったりつくられていて、背中の留め金で閉めるようになっていた。その次に登場したのがラグランコート[19]であった。ラグランは、逆に前がゆったりつくられている。ラグランが流行った時期は、スーツを着る際も世間では前を開けるのがふつうとされた。さらに当時、前後ともにゆったりとカットされたコートも着られていた。そしてまた揺り戻しがやってきた。今度はぴちっと閉じた着こなしである。上着のボタンはきっちり留められることになった。だが、その上に重ねるコートはどうするか？　裾が風にひるがえってたえず動いているのはうるさい。そこで必要となるのがベルトである。まさにペーター・アルテンベルクが十五年前、すでにスーツを着る際に使っていたようにである。彼は私が最新のベルトつきの上着を着ているのを見ると、ひどく悔しがったものだ。彼が最後に愛用した「イワダヌキ《シュリーファー》」は、アルテンベルクが外套と呼んだようにベルトをつけるべきだった。あわれなペーター、愛すべきペーター、これは君が着るべきものではなかった！

質問　バティック染め[20]とは？

回答　若い女性が訪ねてきて、私に向かってこんなことを言う。「自分は芸術家ですが、あなたも世に認められた芸術家でしょう。あらゆる手を使って認められていない芸術家たちを支援することがあなたの職業であり、あなたの責任と義務（なんて言いぐさだ）ではありませんか云々」。最近、こんなことが増えている。

　それに対して私は決まってこう応える。「私にはすでにわかっていますよ、あなたが取り組まれていらっしゃるのはバティック染めですね！」。図星だ。こう言われると若い女性は私を買いかぶってしまう。私が実際より高次の存在であり、それどころか、世間で考えうるかぎりもっとも崇高な存在であるとみなしてしまい、言葉を介さずとも相手の心の内をすべて読んでしまうテレパシー人間だとさえ思いこんでしまうのである。

　だがもちろん、私はそんな存在ではない。これまでの経験から物を言っているにすぎない。自分が芸術家であると自称している九〇パーセントの女性たちが、バティック染めができることを芸術家である理由にしているからである。

そもそも、どうすればバティック染めはできるのか。私が知っている技法はこうだ。コガネムシをインク壺のなかに落とし、それを美しく明るい色に染められた紬の織物の上に転がす。これでできあがり。もっと簡単な方法は、コガネムシを一匹といわず十匹でも二十匹でも同時に使えばいい。数匹を黒いインク壺に落とし、別の数匹を赤いインク壺のなかにつけて同時に転がすのだ。紫のインクを使うこともできるし、こうなればいっそのこと黄色のインクだって使ってしまえ！　上述したように、私が女性芸術家たちのことを正当に評価していないと凝り固まった妄想を抱いている女性たちがいる。だが私のできるバティック染めなどこんなものだ。コガネムシを使わない他の技法を知っている女性たちもいるだろう。横やりを入れられる前に言っておくが、私は別の技法があることは十分知っている。一年近くも時を要する技法もある。だがそれで生まれてきた作品も、コガネムシ染めとたいして変わらないのだ。

ところで、もし画家がキャンバスの前に立てば、彼は絵を描くだろう。もしバティック染め職人が絹を前にすれば、彼は染めるだろう。もしチョークを手にした子供がちょうどいい板を見つければ、この子は……。わかりやすい話だ。

私をテレパシーが使える超能力者だと思いこんでいる件の女性のことだが、私は彼女がまたやってきたら、こう言うことにしよう。「バティック染めをしたいですって？　ああ、蠟を使った染めもののことですね。こいつは難題だ！　私がいったいなんのお手伝いができるっていうんです⁉　いちばんいいのは、あなたが手がけていらっしゃるバティック染めをドライクリーニング屋に持っていくことです。そこできれいさっぱり、まっさらに仕上げてくれますよ」

もちろん、この利かん気の強い女性が私のこんなあてつけに負けるとは思えない。彼女は、もうバティックには使えなくなった絹を別のことに使う方法と目的を見つけるだろう。そうでなければ、ショーウィンドウはバティック染めのハンカチやネクタイであふれかえることになる。だが、それにしてもだ。世間で長々とこの染め物に費やされた時間がじつにもったいない。タイピストやネイリストのほうがよほど世の中に役立つ仕事だ。現代人には、刺青の入った顔より刺青の入っていない顔のほうがよほど美しく映る。それと同様、現代人にとって刺青とバティックは、たとえそれらをつくる技術がポリネシアの島々やシュトゥーベンリングにあるポリネシア人の植民地〔ウィーン工芸学校のこと〕では芸術的な成果であろうと、ひどい嫌悪感を呼び起こすものでしかない。すべての女性がバティックアーティストとなるべき天命にめざめ、その結果、彼女たちが経済活動と縁がなくなってしまう危険は大きい。

追伸——たったいま聞いたところによると、ドライクリーニング屋は、バティック染めを落とせないとのこと。男性諸君、もしフィアンセが君にバティック染めのネクタイを贈ってきたら、黒く染めつぶすことを強くお勧めする。

質問　ベストが廃れることはないのですか?

回答　質問者が知りたいのは、「なぜわれわれは長いこと、このバロック風の服であるベストを着るのをやめないのだろうか?」ということだろう。お答えしよう。なぜならローマは一日にしてならず、だからである。ベストはあなたのご指摘どおり、バロック時代に生まれたものだ。だが一朝一夕には何も変化しない。すべてはそのままである。例をあげよう。電灯が発明されても蠟燭がなくなることはなく、使われる場面が減っただけだ。ベストも同じである。現在ではベストは二百年前ほど必要とはされなくなったが、着られてはいる。たしかに作業着を着るのにベストはいらない。体にぴったりしたジャケットを着るのにベストは邪魔だ。何世紀もかけて、ベストは徐々に必要とされなくなってきた。いつの日か世界で最後の蠟燭とベストが博物館に展示され、人々に見物されることになるだろう。

質問　「労働者新聞」はモードの展覧会を正しく理解しているのでしょうか？[21]

回答　もし「労働者新聞」がモードという言葉を服飾、つまり仕立屋や帽子職人、靴職人の仕事のことだと理解するなら、大いなる誤解である。モードとは現代の様式《シュティール》のことだ。交響曲であれ戯曲であれ建築であれ、気に入らない作品について人々が憤慨しながら、「こんなものは様式ではない、モードにすぎない！」と声高に言い、それはその作品に対して決定的にダメ出しをしたのだと一般には考えられている。だが、これは違う。大聖堂であれ婦人用の帽子であれ、それらがつくられた百年後に、人々がこのむかしのモードをその時代の様式だったのだと判断したとすれば、それは正しい認識の仕方である（一夜かぎりの仮面舞踏会にある女性が十四世紀の様式の服を身につけ登場したとしても、それはまあ問題なかろう。だが現代において教会建築が中世のモードで建てられるとしたら、とんでもないことだ）。あるいは世間は服飾がどんどん変化していくものだという点によって、それらを軽く見ようとするのだろうか？　だとすれば、芸術作品にも同一の基準をあてはめなければならないことになる。「労働者新聞」による良し悪しの判断は、モード、つまり現代の様式に対してというよりは服飾自体についてなのである。

現在、服飾業に掃いて捨てるほど無駄な労力がつぎこまれているということは間違いない。だが、これでも他の分野ほどひどくはないのである。むしろ他分野とは明らかに逆である。現代の服は、過去数百年の間につくられてきたものに比べれば格段に簡素になっている。だが、建物のファサードとなると事情は違う。静謐で品格の漂う古きウィーンの建物と、装飾ゴテゴテの現在の建物を比べてみるがいい。私と同様、装飾に反対する者は肩身の狭い思いをするだろう。だが人類は、装飾という巷にあふれかえる不必要なものから解放されたとき、はじめてよりよい生活に赴くことができるのだ。現代の仕立屋や帽子職人、靴職人たちは無装飾志向に向かっている。他の分野の職人たちも、どうかその後塵を拝することなきよう願うばかりだ。

質問　芸術と手工業のつながりは?

回答　こんな非難を受けた。前回の質問に対する私の答えが職人を擁護するいつもの観点からずれている、自分自身に対して不誠実すぎる、というのだ。二十年来、私はいつも芸術と手工業の違いを説きつづけてきた。そして工芸も応用芸術も、ともに否定してきた。つまりすべての同時代人たちと相容れない関係を保ってきたのだ。

私は前回書いている。「あるいは世間は服飾がどんどん変化していくものだという点によって、それらを軽く見ようとするのだろうか?　だとすれば、芸術作品にも同一の基準をあてはめなければならないことになる」。この一文から私が自分の原理原則からほんとうに外れているかどうか、ご判断いただけるだろう。

私はこう言いたいのだ。芸術作品は永遠だが、職人仕事は時の流れに応じるものだ。芸術作品の働きは精神的だが、日用品の働きは物理的だ。芸術作品は精神的に消費されるために使われたからといって消耗することはないが、日用品は物理的に消費されるため、使われれば消耗する。絵画作品をめちゃくちゃに壊すのは野蛮なことだと私は思っているが、陳列棚に飾るためだけにビールジョッキをつくる(ウィーン工房)のも野蛮なことだと思っているのである。日用品は同時代人のためだけにつくられるものであり、それで十分なのだ。だが、芸術作品は別だ。人類最後の日々にまで作品の力は働きつづけるのである。芸術作品であれ日用品であれ、時代の経過とともにフォルムは変わっていくものであり、その変化は非常にはっきりしている。だからこそ、後世の歴史家がそれらの成立年代を確定できるのである。そのことを私はかつてこう表現した。「ある民族が死に絶えたとする。ただ彼らが使っていたボタンがひとつ残ったならば、私はこのボタンのフォルムから彼らの服装、風習、慣習、宗教、芸術、精神生活にいたるまであらゆることを推察できるのである。このボタンひとつがどれだけ大切なものか！」

以上をもって、私は内面文化と外面文化とのつながりがどうなっているのかを示そうとした。その関連はまとめればこういうことになる。神が芸術家をつくった。その後、芸術家は時代をつくり、時代が職人をつくり、職人がボタンをつくるのである。

質問　制服と私服の関係は？

回答　この質問者は、軍の大佐たるもの、舞踏会に出席する際には制服ではなく燕尾服、つまり私服で参加してほしいという意見を私が主張したこと[1]に言及しているのだ。

私の主張に目をつけてくださったことは率直に嬉しい。通常この手のテーマは隅に追いやられがちで、私が書いているこの欄でも、たいていは少しふれる程度だ。だが一見瑣末にみえても、一貫して考え抜くと意外にも重要な結論にいたることがある。だから、たまにはこうしたことを読者にしっかり考えてもらうのは大切なことだ。まさに今回はそうしたテーマで、考え抜けば大事な結論にいたる。さっそく本題に入るが、将校たるもの任務中と通勤中でのみ制服を身につけるべきで、それ以外の生活時間では一般市民となんら違いがあってはならないと私は考えている。それは別に私が制服に反対しているからではない。場所と機会をわきまえさえすれば、私は制服を高く評価もしている（それはちょうど私が軍隊組織上の階級が必要だから

（1）　私の最新エッセイ「自由と服装[22]」、本書一九一—一九二ページ参照。

という理由で、階級制度を肯定しているのと同じことだ）。むしろ制服の尊厳を守ってもらいたいと思っているからこそ、そうしてほしいのである。われわれオーストリア人には理解しがたいかもしれないが、イギリスでは将校が制服を着たまま床屋に行くと刑罰が科される。これは制服の尊厳がしっかり守られている好例である。だが、こんなことに頭を悩ますのは本来市民の本分ではない。われわれ市民が考えるべきテーマ、つまり民主的なテーマは、誰もが服装によって他の市民から際立つことも有利になることもない。兵舎を一歩出れば、少尉も大佐も市井の市民である。それで十分なのだ。

質問　モノクル（片眼鏡）をどう思いますか？

回答　通常モノクルは、片方の目が近眼の場合にかけるものだ。だが、われわれのあいだでこれをかけると気取り屋の象徴と受けとられる。なぜなのかはわからない。アメリカ人に、モノクルをかけている者は気取り屋だと言ったところでまず理解されないだろう。アメリカでは必要だからかけるのである。視力がよく、伊達眼鏡をかけている多くの人間——その大半をドイツ人が占める——がモノクルを悪しざまに言っているが、彼らがいったい何を考えているのか私にはさっぱりわからない。だがモノクルを必要とする人は、どんな職業に就いていようとかけるべきである。三十年前の話だが、ニューヨークでもっとも有名な英国国教会の司祭のひとりがモノクルを使っていた。かの地では女性、とくに中年女性もこの眼鏡をかけている。

ちなみに私自身は両目ともに遠視で、家の外で物を読むときはモノクルをかける。遠視の人間が困るのは、新聞から目を上げたときにふつうの眼鏡をかけていると目の前が何も見えないことだ。そのため目を上げるたびに眼鏡をはずさなければならない。これが毎日のことなのである。だが、モノクルだとその必要がない。

多くの気取り屋がモノクルをかけて闊歩しているのはたしかだが、私にはどうでもいい。モノクルを愛用している私を気取り屋ととろうと、どうぞご勝手にという感じだ。今週のことだったが、ウィーン市西部のヒーツィングかデープリングに急ぐ用事があり、循環馬車に飛び乗ったことがあった。モノクル姿の私を見て他の乗客がどう思ったか知る由もないが、車内ではどうも禁止されているように思えた。モノクルをかけていたのは私ひとりだったからだ。

質問　毛皮に関してはいかがお考えですか？

回答　毛皮のコートを持っていて外が非常に寒ければ、誰もが毛皮を着るものだ。通常の冬用コート（チェスターフィールド）は倹約を考えると要らない。というのも毛皮のコートは誰もが一生使えるように大切に扱おうとするからだ。毛皮は一生モノだし、それだけに大切に扱う。そうなると毛皮は約二十年から四十年、型崩れしない必要がある。考えてもみてほしい。どんなものであれ物として機能する以上、見た目にも美しくなければならない（別の言い方をすれば、その間はずっと見た目に心地よくなければならず、滑稽なものになってはならない）。他の例で考えてみると、たとえば女性の舞踏会用ドレスは一晩踊りつづければ傷むもので、当日の夜だけもてばいいのである。翌朝にはたいてい見られたものではなくなっており、そんなものは現代的ではないのだ。一方、書斎の机は、いい材料と職人の腕のおかげで机としての機能をおそらく百年は果たすことができるだろう。そこで配慮されるべきは、その机が百年間現代的でありつづけるフォルムをもちうるかどうかという点にある。だが困ったことに、最近登場してきた一群のドイツの芸術家たちは、こうしたことを髪が白くなるまで時間をかけてじっくり考えたためしがない。彼らはオーストリア工作連盟のメンバーでもある。だがこうして労働力、しかも最高の労働力（優秀な腕）と最高の材料が「芸術家《キュンストラー》」の愚劣きわまるアイディアによって浪費されているのである。こうしてつくられたものは芸術的だという勝手な理由がつけられ、実際に消費する、ましてやボロボロになるまで使いこむことなどいっさい許されない。そんなことを肯定する人間たちだからこそ、昨今の芸術家たちはウィーン工芸学校の教授たちが二十年前に「デザインした《エントヴォルフェン》」家を腫れ物にさわるかのごとく扱い、いまでも住むことができるのである。——もはやこれは犯罪である。

この体たらくを服飾業界にあてはめれば、舞踏会用ドレスのための安い材料選びやその場しのぎの投げやりな仕事がその典型である。そこでは可能なかぎり奇抜であることが好まれる。仕立屋のアイディアがいまいちとなれば、話は現代建築家に持ちこまれる。まったくあきれるほど適材適所である。だが毛皮のコートがほしいとなれば、人々の態度は一変する。みな保守本流をゆく一級の職人に頼むのである。保守的であればあるほど、職人が加工する材料もよくなっていく。

質問　われわれの国民性はどうなるのでしょうか？

回答　この質問者は、オーストリアの貨幣価値が低いせいで昨今、外国人客がウィーンにあふれており、われわれが独自の国民性を失ってしまうのではないか、と恐れているようだ。私自身はそんな指摘を受けるまで、まったく気にしたことはなかった。いや、言われてみればたしかについ先ほど、ケルントナー通りにあるヒースのショーウィンドウで、イギリス人やアメリカ人向けに売られている財布が陳列されていたのをはじめて目にしたところだった。われわれの国民性からいえば革財布に角金具をつけるのは表側だけでよく、後ろ側は必要ない。われわれにとって角金具はあくまで装飾の一部でしかないからである。ショーウィンドウ展示用にはそれで十分だし、最初から金具の実用性は想定されていない。そうしたわれわれの装身用皮革製品のあり方に、どうやらアメリカ人将校は気づいたようなのだ。そんなわけでアメリカ人将校向けにのみ実用的な財布がつくられ展示されているのである。アメリカ人にとって財布の角金具は消耗を防ぐためについている。一方、われわれにとってはあくまで装飾なのである。

質問　自由と服装との関係は？

回答　この質問者は、ある国民が過去から引きずる軛から解放され、社会生活において服装のような二次的な事柄のなかに自由を確保し、服装のルールを縛るすべての礼儀作法を捨て去るべきだとお考えのようだ。さて現在、自由というものはこれとはまったくの逆方向に進んでいる。この質問者が名づけている自由とは、家のなかにある不快なゴミを路上にドバッとぶちまけるような自由である。通行人などいっさい考慮せず、隣人たちの健康などまったく考えず、傍若無人にふるまうことだ。もしこのような自由を享受したいのなら、エスファハーン[23]やヘラート[24]といったいまだ絶対王政を政治体制にしている東の国へ行くのがいちばんいいだろう。政治体制が自由であればあるほど、そのなかで生きる人間の言動は制限されるものだ。また人間が自由な言動をとろうとすればするほど、そして警察の監視体制がゆるくなればなるほど警察権力と個人への監視体制は強化されなければならない。この状況こそが国民にとって警察官を不必要なほど増やすことになる。こうなると警察官は、「左へ行ってください」と命令する交通整理役も果たさなくなる。要するに不自由な国民は外部に警察官をもつが、自由な国民はみずからの内部に警察官がいるということだ。アメリカでは国民自身がみな警察官なのだ。つまり彼らは自分に課すことを、ともに暮らす隣人にもきわめて厳格に、容赦なく要求する。アメリカでは五月二十一日[25]以前に、藁で編まれたカンカン帽を被ってはいけないことになっている。あえてそれ以前にカンカン帽を被って外出する勇気のある者——そんなことをするのは、たいていドイツ系の人間だけだ——は、頭から帽子を叩き落とされる危険を犯すことになる。つまり自由の国アメリカには、ドイツ人なら反動とか後退と名づける服装規定が内在的に存在する。一方、進歩的なドイツにはこんな規定はない。だが舞踏会に参加する場合には、膝の出た革ズボンをはいた人間は出入りが許されない。これははたして後退だろうか？　この疑問に答えるには、なぜ人々は舞踏会で同じような礼服を着ているのか、という点を考えるのがわかりやすい。われわれはふだん、職業上別々の服装をすることを強いられているが、舞踏会という場では——たとえそれが短い時間であれ——みな同じであるという民主的な要求を満たすことができるからである。こうした場では誰もが白いシャツを着、バティック染めのネクタイを締め、エナメルの靴を履き、燕尾服を身につけている。職業名とその人本来の名前に関しても同様である。靴職人のことを工房では「親方」と呼んでいるが、本来はたんなるシュルツさんであり、兵舎で狩猟を楽しむ厳格な大佐もただのマイヤーさんであり、役所で「宮廷顧問官」と呼ばれている男だってひとりのシュミットさんでしかない。みな同じ一市民なのである。舞踏会に赴く際にクロークの前で考えこみ、「他人を出し抜くのに今日は何を着ていこうか」と自問する者などそもそも誰もいないのだ。何を着るべきか悩むことなど女性に任せておけばよい。

したがってこう言うことができるだろう。アメリカ人は日常が舞踏会化しているのだと。朝から晩までいつどこにいても、みな根本的に同一であるということだ。なぜなら彼らが生粋の共和主義者だからである。

アフガニスタンでの自由は、これとは逆である。

（一九一九年）

都市住民が移住する日

父親はまだ何も建っていない荒涼たる土地を眺める。工場労働でくたくたに疲れているものの、おもむろにシャベルをつかむと土地を掘りはじめる。やがて耕地が生まれ、そこにシュレーバー菜園[1]が出現する。都市住民が郊外に所有する小さな家庭菜園である。これこそ新しく自分の手で切り開いた祖国だ。借り物ではないほんとうの自分の土地だ。つまり、これが都市から郊外へ移住してきた住民の新しい郷土なのである。工場での頭ごなしの命令に抵抗して労働者が企てた革命の結果だ。一滴の血も流さずになしえた人類の行動の結果であり、それゆえ人間性の伴ったすばらしい成果なのだ。

シュレーバー菜園での畑仕事を、都会人による一時的な精神疾患だと思うなかれ。来るべきすべての未来にとって、みずからが開墾したこの一片の土地は、現代人にとってそうであるように母なる自然への避難場所であり、真の幸福であり、唯一人間の魂が安らぐ場所なのだ。

一民族が食べるものは、その民族が開墾した土地で生産され、供給される農作物で決まる。こうして各民族は自分たち固有の栄養摂取の方法をもち、独自の料理を発展させてきたのである。

われわれはオーストリア料理に関してさんざん言葉を費やしてきた。人々がオーストリア＝ハンガリー帝国と呼んだ国家集合体が、数百年ものあいだ営々と存在してきた。だからこそオーストリア料理というものが誕生し存在していることに、われわれはいまごろ気づいたのである。

モラヴィア、ポーランド、ハンガリーが小麦粉を、南ハンガリーとボヘミアがプラムを、ボヘミアとモラヴィアが砂糖を生産してきた。これらの地域は非ドイツ語圏にありあまるほどの豊かな農作物を供給してきたのだ。一面に広がる平らな大地、耕しやすい豊かな土壌、そして輝きつづける太陽。かつてわれわれを養ってくれたものすべてを、今日失ってしまった。さあ、もう一度学びなおすときが来たのだ。ボヘミアの肉団子料理クネーデル[2]、モラヴィアの焼き菓子ブフテルン[3]、イタリア風肉料理シュニッツェル。これらはみな本来長いあいだ押しも押されもせぬウィーン料理として君臨してきたものばかりだ。これをもう一度、わが国の郷土料理として取り戻さなければならない。

一九一八年にオーストリア＝ハンガリー帝国が解体する以前、わが帝国全体の小麦粉の収穫量は非常に高く、その結果、オーストリア料理は世界でいちばん小麦粉を使う料理だった。それはわれわれの誇りでもあった。どんな料理にも小麦粉が使われた。野菜料理が皿に載るとき、その半分は混ぜられた小麦粉だった。家庭の主婦はそれを「水増し」と呼んだものだ。当時野菜は高く、小麦粉は安かったのだ。そのためオーストリアでほうれん草を食べると、緑色をしているとはいえ色の冴えない糊のようだった。現在小麦粉の消費量はオーストリア国民全体で毎年膨大な量におよび、国外から輸入しなければならないために国家は負担を強いられている。わが国の工業生産力をもってしても輸入分をまかなうのは不可能だろう。

解決策はないのか？　ここでシュレーバー菜園の提唱者ダニエル・ゴットリープ・シュレーバー博士ご自身にご登場願おう。彼は七十年前、殺風景な都会の賃貸アパートに囲まれた路上で遊んでいた子供たちを見て、思いついたことがあった。「子供の多い家庭は郊外に小さな土地を借り、子供たちを広々とした空の下で大都市の雑踏から逃れさせ、きれいな空気と太陽のなかを自由に遊ばせればいい。そしてみなが過ごせる簡単な小屋を建てれば、そこで親たちが仕事からあがった夕暮れ、家族みんなで楽しい団欒の時間を過ごすことも可能になる」

実際そのとおりになった。そして七十年後、ダニエル・ゴットリープ・シュレーバーが思いもつかなかったことをわれわれは体験することになった。彼が考案した小さな緑の庭は、人々のみならず国家をも救うことになったのである。

都市住民の一部が自発的にいそしむ仕事を公共のために役立てることは国家の義務だろう。シュレーバー菜園を見てほしい。ここでの都会人たちの農作業が大量の農作物をつくりだしてきた。これらの食物は、彼らの自発的な作業がなければ国外からの輸入に頼らざるをえないものだった。そして一九二〇年には、ウィーンのシュレーバー菜園所有者たちが生みだした食料はじつに一〇億クローネ[4]にもおよんだのである。

食料収穫高を上げるにはふたつの方法がある。まず第一は、菜園での共同作業を厭わないと申し出た人材に土地を割り当てることである。労働意欲も労働力もあるのに、使われず余った時間をぜひ農作業に充てたいという人々は、ウィーンなら数十万、オーストリア全土なら数百万はいる。「一日に仕事八時間、遊び八時間、休息八時間、そして稼ぎは八シリング」、これはイギリスの労働組合の合言葉だ。八時間の「遊び」とくれば、わが国の労働者たちは喜んで畑仕事に精を出すだろう。そんなことで疲れ果ててエネルギーをとられると、本職に支障を来たして本末転倒だ、という非難はあたらない。畑仕事は、逆にわれわれを元気にしてくれる最高の健康法だ。畑仕事をしないなら、この「遊び」の八時間はどのように使われるだろうか、などと考えるのは余計なお世話というものである。

そして食料収穫高を上げる第二の方法は、シュレーバー菜園の所有者がそこに住んでしまうということだ。住居から菜園までやたら遠くなってしまった今日、通うのに時間ばかり無駄にしている。路面電車で行くのに一時間、戻るのに一時間。これは菜園通いに限ったことではない。通勤にも時間を捨てている。菜園に住んでしまえば、まとまって仕事時間がとれるから、細切れに休息時間をとる必要もなくなる。そうなれば八時間ぶっとおしでオフィスにいようと工場だろうと本業に集中できる。

そして休息は家で、ということになる。家族みんなが集まる食卓での休息は格別だ。だが、世界の人々はご存じだろうか。なんと住民の八〇パーセントが食卓で食事をとっていないウィーンのような百万人都市があるということを？

この食卓はウィーンの労働者にぜひとも必要だと私は思っている。なぜなら、これが家族の食事の時間を提供し、新しく現代的な真のオーストリア料理に値するものだからだ。郊外に移住してきた家庭の主婦が野菜を水増しする必要もなくなる日が近い。菜園での集中的な農作業を通じて、年三回の収穫ができるようになる。そしていまだ自然任せであまり労働力を加えることのない粗放農業とは違い、他の国ではすでに確立されている集約農業を通じた食糧供給体制が整うことになる。菜園から収穫される野菜も、もう小麦粉で代用される必要もなくなる。生産力の豊かな土地が少ないわれわれは、みずからの労働力でそれを補うのだ。

（一九二一年）

住むとは何かを学ぼう！

ウィーン住民すべてを熱病のように巻きこんでいる新しい運動、郊外での集合住宅建設運動には新しいタイプの人間が必要とされる。つまり、偉大なドイツ人造園家レベレヒト・ミッゲ[1]の正鵠を射た指摘どおり、現代的な感覚の持ち主たちこそが求められている。

現代感覚の持ち主とはどんな人間か説明するのは簡単だ。あれこれ頭をめぐらせる必要はない。そういう人間は、自分がそうだとも思わず至極当然のこととして現代を生きている。だが、彼らはオーストリアには見当たらず、ウィーンから遠い西方に住んでいる。アメリカだ。アメリカ人がもっている感覚をわれわれは持ちあわせていない。次世代がようやく身につけるようになるだろう。

アメリカでは、都市住民と田舎の住民とのあいだにわれわれほどはっきりとした区別はない。どんな都市住民も半分は農民であり、どんな田舎の住民も半分は都市住民なのである。アメリカの都市住民は、ヨーロッパの都市住民、つまり欧州大陸内の都市住民ほど自然からかけ離れた暮らしをしていない。欧州大陸から離れたイギリス人は別である。彼らは総じて農民である。

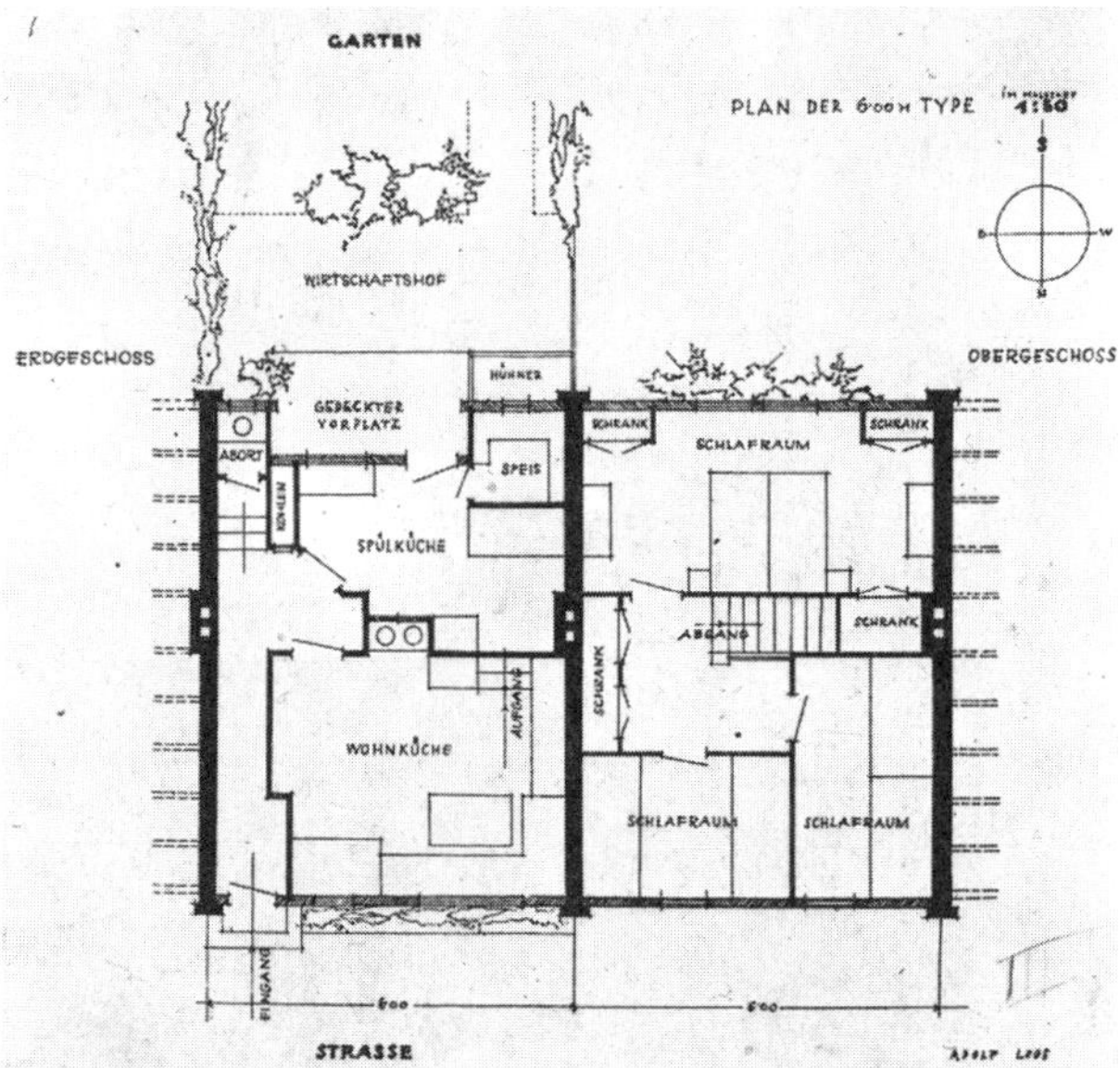

上・レベレヒト・ミッゲによる家庭菜園
（ミッゲ著『グリーン・マニフェスト』一九二六年より）。
右・ロースによる間口六メートル型公団住宅案一・二階平面図
（一九二一年）。一階は庭側（上）に流し場、通り側（下）に
「ヴォーン・キュッフェ」（リビング・キッチンまたは居間台所）。
二室の境目、階段下に描かれたふたつの円が竈。
トイレは玄関を入って廊下の突きあたり、庭に面した
ベランダの左隣にある。二階はすべて寝室

イギリス人とアメリカ人はひとつ屋根の下で他人と暮らすことを歓迎しない。金持ちであろうと貧乏人であろうと、誰もが自分だけの家を求める。たとえそれが藁葺き屋根がずり落ちた壊れそうな山小屋だろうが、コテージのようなものであろうが関係ない。英米人たちは町のなかで演劇を上演したり、賃貸住宅を建てたりするが、その個々の住戸は二階建てになっており、上下階を結ぶ自分たち専用の木の階段がついているのである。いわば平屋のコテージを上下に折りたたんだメゾネット形式にした家である。

ここで家に住むことに関する私の最初の結論が導きだされる。こうだ。自分所有の家に暮らす人々は二階建ての住居に住んでいる。彼らは自分の生活をはっきりふたつに分ける。昼と夜、すなわち活動する場所と寝る場所とを区別するのである。

二階建ての暮らしはあまり快適ではない、と考えるのは間違いだ。では具体的にみていこう。彼らの寝室はわれわれの想像しているようなものではない。非常に狭く、昼間の活動には適していない。家具は白く塗られた鉄か真鍮のベッドだけである。ナイトテーブルもなければ棚もない。そのかわり壁につくりつけの戸棚があるだけだ。つまり、この寝室は文字どおり寝るだけの部屋なのである。ここまで簡素だと掃除も簡単だ。こんな寝室であっても、われわれの寝室より勝っている点がある。この部屋へ入る扉がひとつしかないため、ここを通り抜けて別の部屋に入ることができないという点である。[2] 朝が来ると、同じ時間に家族はみな一階に降りてくる。赤ん坊も下に連れてこられ、昼は下の居間で母親と一緒に過ごすのである。

そしてどの家庭にも食卓がある。食事の時間が来ると、家族一同がみなそこに集まるようになっている。オーストリアの農民たちのようにである。ウィーンでは、このスタイルで食事ができるのは住人全体の二〇パーセントにすぎない。残り八〇パーセントの食事の仕方といえば、ある者は竈のそばに座り、ある者は大きな皿を手に持ったまま立ち食いをし、ある者はテーブルについて食べる。残りの者は窓枠に腰を下ろして……というありさまだ。

ぜひ提案したい。家を所有する者は部屋の隅に食卓を置き、家族全員で使っていただきたいのだ。これがすばらしい革命をもたらすだろう！　だが私の提案に対し、賛否両論両方を耳にする。「誰がそんなことをするというのだ！　オーバーエステライヒ地方の百姓の家を見たことがある。そこではみんながひとつのテーブルに座って、ひとつの皿から食べているのだ。われわれにはそんな習慣がない。各々自分の皿を使って食べるものだ」。あるいはこんなふうに言う心配性の父親もいた。「ひとつのテーブルにつくなんて習慣ができたら、うちの子供たちは将来、それが乗じて居酒屋に入り浸るようになってしまう！」

こんな話をすると人々は笑うが、私は内心泣いているのである。

食卓をめぐる議論をするのはやめにしよう。ただし食卓をともにして朝食をとれば節約になることはおわかりいただけるだろう。ウィーンの朝食といえば竈にあたりながら一杯のコーヒーを立ち飲みする。そしてひとつのパンをかじる。その半分は階段で食べ、もう半分は通勤途中の道で食べる。すぐに腹が減るため、十時にはグラーシュスープがほしくなる。スープにはたっぷり辛いパプリカが振ってあるから、今度は喉が渇きビールを飲みに行く。この中途半端な時間帯の食事は英米人のあいだでは名前すらないが、われわれのあいだではフォーク朝食《ガーベルフリューシュトゥック》と呼ばれている。これがフォーク以外は何も使わずに食べられるという理由からきていることは明らかだ。たしかにスープ料理ならナイフは必要ない。英米人ならこんなふうに言うだろうか。「皿に残ったスープはどうするの？」

家での朝食がたった一杯のブラックコーヒーだけであるなら、夫が外でとる二度目の朝食は許されてしかるべきだ。だが妻なら、夫がフォーク朝食をとる金で家族全員にアメリカ風の朝食をしっかり食べさせることができ、みなが満足して昼食まで間食しなくてもすむ、ということは容易に納得できるだろう。アメリカの家庭において、朝食は一日のうちでいちばん豪華な食事である。ぐっすりと睡眠をとった朝はすべてが新鮮に感じられ、居間には風が通され、暖かく気持ちがいい。食卓には料理がたっぷり用意されている。彼らはまずリンゴを食べる。食べ終わると母親がみなにオートミールを取り分ける。これはすばらしい食べ物だ。アメリカがエネルギッシュな人々にあふれ、偉大な国となり、豊かな社会福祉を実現しえたのはこのオートミールのおかげであるといっても過言ではない。オートとはカラスムギのことであり、ミールとは食事を意味する言葉だと教えると、なんだ、とみんなつまらなそうな顔をする。だが人々がウィーン郊外のラインツあたりに遠足に出かけたおり、レストランやカフェがアメリカ流のオートミールを提供するようになり、ウィーンっ子が気に入ってくれたらどんなにすばらしいだろう。われわれが自慢の種にしている地場の馬はこのカラスムギで飼育されている。この馬がどれだけ役に立っていることか！　われわれだってオートミールを食べ、馬のように「たくましい」頭をもち、表情豊かな顔をもとうではないか。

貧乏であれ金持ちであれ、アメリカでは朝食にオートミールは欠かせない。おかずに安い魚を食べるか高級な子牛のカツレツにするかは、その家庭の経済事情による。それに紅茶とパンがつく。めずらしいことに、彼らは朝だけでなく昼も夜も紅茶とパンを食すのである。

昼食は簡単にすます。父は外へ仕事に出かけており、母は家の片づけや掃除で午前中いっぱいを費やす。通常家庭の主婦は召使いを使わない。そのため昼食の支度は居間でする。主婦たるもの、炊事場ではなく居間で過ごす権利があるからだ。

だがこのようなルールを守るには、料理の支度がふたつに分けられていることが前提となる。まずひとつは火を使う、つまり竈を使って煮炊きする仕事である。そしてもうひとつは材料の下ごしらえと皿洗いをする作業である。煮炊きは竈のある居間でおこなわれる。そのため可能なかぎり住む者たちの目につかないよう、竈をどこに置くかは配慮されるべきである。

この問題を解決すべくアメリカ人は試行錯誤を重ねてきた。最近私はある雑誌に載っている一枚の写真を見たことがある。いや正確には二枚の、というべきか。一枚目の写真は竈が壁のくぼみに嵌めこまれている様子を写していた。二枚目の写真には同じように壁のくぼみに書き物机が嵌めこまれていた。どちらも同じ壁のくぼみなのである。おそらくカラクリはこうだ。電気仕掛けになっており、ボタンを押すと必要に応じて壁龕[3]がぐるっとまわって竈になったり、書き物机になったりするのである。壁に嵌めこまれて箪笥状に出てくる聖櫃を想像していただくとわかりやすいかもしれない。

ただし居間で煮炊き可能な竈を配置するには、技術的な問題以上に必要とされるものがある。それは人間が火を使う料理を恐れなくなることだ。ウィーンの都市住民は料理をしているのを目の前にすると多少恐怖心を抱くものだが[4]、こうした感覚は農民をはじめアメリカ人やイギリス人にはないものだ。昨今、ホテルで食事客の前で料理をしてみせるレストランなどが出はじめているが、驚くばかりである。こうした火を使う部屋は戦争中、「炙り部屋《ローストラウム》」とドイツ語で呼ばれていたが、昨今では元来の呼び方に戻り、英語でグリルルームと呼ばれている。だが郊外の集合住宅に住む新たな住民は、「居間台所《ヴォーンキュッヒェ》」とか「料理部屋《コッホツィマー》」と呼ぶようになっており、居間もいずれはイギリス貴族の邸宅の居間のように品格をもつようになるだろう。あるいはオーストリア農民の居間のように、庶民的な活気あふれる部屋になるかもしれない。

これから郊外へ引っ越し、みずからの家を持とうとする者たちは、住むことを根本から学びなおさなければならない。都市の賃貸アパートでの暮らし方はきれいさっぱり忘れるべきだ。これからは農民たちのもとへ通って彼らのやり方を見習うべきである。われわれは住むことを学ばなければならない。（一九二一年）

家具の終焉

わが親愛なる友人たちよ、私は君たちにここである秘密をばらしてしまおう。それはこうだ。じつのところ、いま世の中にはどこにも現代的な家具というものは存在しないのだ！

もう少し正確に言おう。動かせる家具だけが現代的なのである。したがって壁につくりつけられて動かすことができなくなった家具は、本来の意味で家具とはいえないのである。「家具《メーベル》」という言葉が、移動可能である状態を意味する形容詞 mobil から派生したものであることがそれを裏づけている。チェストに棚、ガラスの陳列ケースに食器棚、こうした本物の家具は現在すでに存在しなくなってしまったのだ。人々はこの事実を知らない。この無知からすべての間違いが積み重ねられているのである。だが人々は考える。いや、そんなことはない、チェストであれ食器棚であれ、どんな時代であっても、われわれは営々とその時代に合ったものを考案し、家具はその都度「現代的」でありつづけてきたではないか。そうである以上、これらの家具をいまの時代にかなったものにすればよいではないか、と。はっきり言わせてもらうが、こうした考えは根底から間違っている。理由は簡単だ。移動可能であることを前提につくられてきた本来の家具そのものが、もういっさい存在せず、必要とされなくなってしまったのだ。そうである以上、この現代に家具が生まれる余地はないではないか。この現代の動かすことのできない「家具」を強いて名づければ、収納具とでも言うほかない。

かつて食器棚には陶磁器の食器類が収納され、チェストには洋服が収納されていた。このような収納具は品のある生活流儀の象徴であった。チェストや陳列棚によって、その家庭がいかに裕福であるかを訪問者に無言で主張したというわけだ。このような食器棚がその家の所有者のグラスや陶磁器、銀の蓄えがいかに豊富か、ということをあますところなく明らかにしていたのである。すばらしい！ かつて祭壇は食事部屋のもっともめだつ場所に立ちはだかり、聖像を安置するもっとも神聖なる聖壇にはブランデー用グラスが陣取っていた。私はいつも自分の学生たちに言ったものだ。「俗な家族ほど食器棚は大きく、高級なものを満載しているものだ。わが皇帝陛下の食事ホールには、もちろんそんなものはいっさいない！」

こうなると現代感覚の欠落した主婦は、食器類をどこにしまっていいものか困ってしまうのだ。だが、台所から食事部屋までのあいだには壁や出窓、壁のくぼみ（壁龕）がたくさんあるではないか。これを利用しない手はない。それらの周辺を囲って木の扉をつければ、グラスや陶磁器をしまう奥行きのある食器棚よりも実用的な収納場所ができる。こうすれば食器類を重ねる必要もなくなるわけだ。

いまだに豪華品として部屋を占める高級棚に服をしまっておくなど現代的ではない。考えてもみてほしい。そんな洋服棚など値の張る宝石類をしまっておく宝石ケースのようなものでしかない。ここで、時代遅れの豪華な収納場所――つまり洋服棚――と現代の洋服類との不調和が生まれることに思いをはせてほしいのだ。装飾として彫刻が彫られ、象嵌細工まで施された洋服棚、一方、衣服はみな現代的で一様に簡素である。たしかに、かつてフランスの宮廷人が使った大型の衣装棚とダイヤのボタンがついた衣装類とのあいだには親和性があった。それはその時代のなせる業だ。ケースや衣装棚を誇示し、その豪華さによって、そのなかにはいかにも高いものが入っているということを暗示した時代だったのだ。だが友人たちよ、正直に言いたまえ。いまそんなことをしたら、現代人には恥知らずとしか思われないだろう⁉

建築家たち——私がここで言っているのは現代の建築家たちのことだ——も、ぜひ今日の感覚を持ちあわせた現代人であってほしい。本来の意味での家具、つまり移動可能な家具の製造は職人に任せておけばよい。彼らはみごとな家具をつくる。彼らなら、われわれの靴や服、革のスーツケースや車と同様、現代的な家具をつくる。さすがのバウハウス[1]もズボンまでは手を出していないから、バウハウス製ズボンを自慢げに見せびらかすことはできないが。

非現代人は今日、消えゆく少数派である。そのうちの大半を占めているのが建築家たちである。彼らは工芸学校で意図的に育成されている。この時代にわざわざ人間を過去のレベルにまで引き下げようという試みは笑止千万だ。だが、われわれは笑って見過ごすわけにはいかない。というのも、ウィーン工芸学校から生みだされてくる建築家たちが深刻な事態を招いているからだ。

ここで私は問おう。真に現代的な建築家は何をなすべきか？

すべての家具を、もはや動かせないよう壁のなかに埋めこんでつくりつけるのである。そんな収納具を備えた家を建てるのだ。新しく家を建てる場合であれ、内装だけを手がける場合であれ同じことである。もし建築家がつねに現代人でありつづけていれば、すべての家にはすでに壁につくりつけられた戸棚があったはずなのだ。実際、イギリスではすでにもう百年前からこの戸棚が存在する。フランスでは、ブルジョワ階級の家において一八七〇年代まで戸棚がつくりつけられてきたのだが、時代錯誤もはなはだしい棚文化が復活し、現代の戸棚文化を台無しにしてしまった。パリですら戸棚のある家がない始末だ。

真鍮製のベッド、鉄製のベッド、テーブルと椅子、詰め物をした革張りの椅子と補助椅子、書き物机とスモーキングテーブル——これらはすべて現在、職人たちの手によって現代的につくりだされている（断じて建築家によってではない！）——こうした日用品は、個々人が各々の希望や趣味に合わせて調達すればよい。すべてはいまの時代にかなったものばかりである。どれを組み合わせてもしっくりくる（それはたとえば職人同士が知り合いでなくとも、私の靴が背広や帽子、ネクタイや傘と調和しているのと同じことである）。

話を戻すが、建物の壁をどうするかは建築家にかかっている。建築家は自分の自由裁量でいかようにも壁を処理することができる。つくりつけの家具すらもそうだ。この時代、家具は本来の意味での家具であってはならない。それは壁の一部と考えるべきであり、時代にそぐわない豪華な棚などもってのほかである。そう肝に銘じられたい。

（一九二四年）

装飾と教育　あるアンケートへの回答

親愛なるモクリー教授[1]

貴殿のアンケートは、ちょうどいいタイミングで私に届きました。

真実のなかには人が口にしてはならない種類のものもあります。石だらけの大地に種をまいても無駄なことです。そのため二十七年前から、私はずっと自分の思うところをはっきり表明することにためらいを感じ、口を閉ざしてきましたが、貴殿のアンケートのおかげで言葉にすることがかないました。

製図の授業の改革に私は当初から関わらせていただいておりますが、いったいわれわれは何をやっているのかと内心憤りを感じてきましたことを告白します。しかし目を転じてみると、われわれは目を覚ましつつあるようにも思えます。私が指摘しておきたいのは、昨今つとに注目を浴びるフランスにおける古典主義的教養の復興についてです。いまこそ、この古典古代を学ぶ重要さを語るときです。

さて、教育とは人間をその原初状態から救いだすことにほかなりません。人類の進歩が数千年を要してきたもの、それを子供ひとりひとりが最初からたどりなおさなければならないのです。

子供の両親や叔母ならずとも、われわれはみなすべての子供が天才であることを知っています。しかしパプア人の天才ぶり――パプア人は数千年来の人類の歴史からみてちょうど六歳の子供にあたりますが――は今日われわれには役立ちません。ところで現代の製図の授業でいったい何を学ぶべきなのでしょうか？ 生意気な生徒は芸術作品の前に立つと自信をもってこう主張します。ぼくは学校でもこういうモノをつくっているよと。「自信をもって」と私は表現しましたが、これはこの問題の深刻さを、生徒とその天才ぶりが暗示しているのです。どれだけ多くの親たちが現代の製図の教え方に染められ、ついうっかりわが子の芸術的な才能を信じこんでしまっていることでしょう⁉

かつて製図の授業では、将来地図製作者か名刺の石版印刷工になって社会に役立つ仕事ができるよう、正確に製図を遂行する人間を育てることに主眼がありました。しかし、この方法論こそが建築家たちを現在の不幸な状態に陥れてしまったのではないでしょうか？ なぜなら、真の建築家とはまったく図面を描けない人間、つまり線を引くだけではみずからの内面のありようを表現できない人間のことだからです。真の建築家が「図面を引く」と呼んでいる行為は、実際に製作や建設にあたる職人たちに自分の意向を理解してもらうための試みなのです。

私は、教育を施したためにかえって子供自身がだめになってしまうようなことはしたくはありません。現在おこなわれている製図の授業には評価すべきことも少なからずあります。日用品を写生させることは、大きくなって実際に消費する立場になったときに役立ちます。また文化全体の発展にとって有意義なことです。しかし自然界の生物や植物を描かせる必要はないと思われます。将来教育者や研究者などをめざすのであれば、日用品から昆虫まで描くことで学びとることがあり、それを応用することもできるでしょう。しかし一方で、たとえば木を見て森を見ずというように、細部を正確に認識させることでかえって森の豊かさを見失うことも起こりうるでしょう。記憶デッサンが非常に重要であることは明らかです。その際は、全体のあいまいな印象よりも正確な細部に注意を払わねばなりません。

いずれにせよ、先生の考え抜かれた質問のおかげで長年自分の胸にしまっていたことをはっきり書くことができ、大変感謝いたします。

いつも貴殿を尊敬する私の気持ちを表明しつつ。

アドルフ・ロース

I　現代人は装飾を必要とするか否か？

現代人、つまり現代的な感覚を持ちあわせた人間は装飾を必要としない。いや、それどころか嫌悪すらしている。われわれが現代的だと称しているあらゆるものに装飾はない。現代の衣服、現代の機械、現代の革製品、われわれが日常的に使用している物すべてには、フランス革命以降もはや装飾がない。ただし女性に関わるモノは除く。だが女性のモノについてはまた別の章に譲ろう。

装飾がつくモノといえば、それはある特定の一部の人間――私はその人間を非文化人と呼んでいる――に依存しているモノである。非文化人とは建築家のことである。建築家の影響下にある以上、どこで日用品がつくられようと、それらはすべて時代にそぐわない。つまり非現代的なのだ。それは「現代の」建築家が携わっているものであれ変わりはしない。

物のフォルムをつくりあげることができない人間、これもまた建築家である。建築家は再三フォルムをつくりあげようと奮闘するのだが、いつも失敗する。フォルムであれ装飾であれ、これらはあるひとつの文化圏全体の人間たちによる無意識の共同作業から生まれてくる産物である。まったく異なるのが芸術である。芸術はひとりの天才による個性的な意志から生まれる。それは神が与えた使命である。

日用品をつくるうえで芸術を浪費するのは文化的ではない。装飾は余分な仕事だ。この無駄仕事を同時代人に押しつけた十八世紀のサディズムは、現代人には縁のないものだ。未開民族の、例外なく宗教的で象徴的なエロスに満ちた意味をもつ装飾はさらに縁遠い話であり、それらはむしろそのプリミティブな性格上、芸術に近いものである。

現代では、無装飾であるからといってけっして魅力に欠けることはない。それはむしろ新しい魅力を放ち、活気を帯びる。音を立てない風車は現代の粉屋をめざめさせるのである。[2]

Ⅱ　装飾は無教養の表現としてわれわれの日常生活、とくに学校教育から取り除くべきかどうか？

装飾はみずからを食いつぶしながらいずれは消えていくものだ。学校教育は、人類が装飾発生以来ずっと経験してきたこの自然のプロセスに介入すべきではない。

Ⅲ　実用的、美学的、教育的な目的でわれわれが装飾を必要とする場面はあるか否か？

そのような場面はある。実用的な目的としては装飾が消費者と生産者にとって重要な問題になる。ここではまず消費者が第一で、生産者は二の次である。[1]

人間の心に作用する精神面から考えてみると、装飾はその効用上、労働の単調さに飽く労働者たちの気持ちを和らげる効果があるだろう。たとえば毎日八時間、耳をつんざく騒音に満ちた工場内で機織り機に座りつづける女性にとって、色とりどりの糸を針に通す瞬間、この作業は喜びどころか救いですらあるだろう。この糸こそが装飾を生みだすことは言うまでもない。いったいわれわれ現代人の誰が、色がさまざまに移り変わる布地模様を時代遅れと思うだろう？

そのような装飾を発明した人々は、工場労働の現場では図案工《デシナトゥール》と呼ばれる。正確にいえばデザイナーが装飾を発明したわけではないが、彼らはその時代のモードと需要に応え、さまざまな装飾を組み合わせてみせる。未来の図案工を育てようと学校が心を砕く必要はない。図案工は自分で自分を育てあげるからだ。

二十六年前、[3]私はすでに人類の進歩とともに日用品に施された装飾が消滅すると主張した。人類は歩みを止めることなく一貫して進歩しつづけ、装飾の消滅は、あたかも話し言葉の語尾からむかしなじみの母音が消滅するようなものだと私は考えた。しかしそれは、純粋主義者が装飾はシステマティックに一貫して廃止しうるとする考えとは一線を画する。私の観点は、いったん時代の必然で消えていった装飾を、われわれがもう一度復活させることはできないということである。人類が今後もう二度と顔に刺青を入れないことからも、それは明らかだろう。

日用品は、その材料がもつあいだは生きつづける。そしてその現代的価値も同様にゆるがない。だが日用

---

(1) 消費者と生産者のあいだに誤解が生じているのはドイツ人のせいだと私は考えている。ドイツ人は人類の共通意志というものをまったく理解していない。本来は、この意志こそが人々の意識の総体が望む形をつくるよう生産者に強く働きかけるものなのである。ところがドイツ人は逆に考えている。いまだ生産者が、みずから望む形を消費者である自分たちに押しつけており、それゆえモードは手のつけられない暴君なのだと。その暴君に仕える奴隷根性ゆえに、ドイツ人は自分たちが服従させられていると感じているのだ。そこでドイツ人は、自分たちを抑えつける圧政をはねかえし、社会に対して復讐しようと試みる。ウィーン工房やドイツ工作連盟といった組織をつくり、ドイツモードを社会全体に押しつけようとするのである。ドイツという存在によって社会は目を覚まし健康を取り戻さねばならない[4]、とドイツ人は固く信じている。にもかかわらず、社会はそれを望まない。人々は自分の生活をみずからの手でつくりあげようと望み、生産者側の組織から押しつけられることを拒否するのだ。だが、この生産者優位性にこだわるあまり、人々の側に立つべきドイツの社会民主主義は、労働者も消費者であるという視点を失ってしまっている。週の労働賃金の多寡以上に、労働者がその収入で何を手に入れることができるかという消費者としての側面を考えるほうがよほど重要である。

品に装飾を施したとたんに時代の様式《モード》に突き落とすことになり、時代が変わればすぐに破棄されるべき運命となる。つまり装飾が日用品の寿命を縮めることになるのだ。この日用品殺しの犯人は、女性たち特有の移り気や上昇志向である。女性に奉仕する装飾は姿を変えながらこの世から消えることはないだろう。布地や壁紙といったあまり長持ちしない日用品は必然的にモードに奉仕しやすく、そのため装飾を施されることになる。

現代の高価なものも、装飾の念入りな仕事ぶりや豪華さが好まれており、装飾そのものの美学的な価値はほとんどないと言っていい。だが女性たちにとっての装飾は、実際には未開人にとっての装飾と同様、エロティックな意味をもっているのである。

となると、学校教育のなかでごまかしがきかず価値ある装飾として残るものはいったいなんだろうか？現代の教育は古典古代の教養を基礎として成り立っている。そして建築家は、いわばラテン語を学んだ左官屋である。だが現代の建築家は、世界共通語を志向するエスペランティストたらんとしているようだ。製図の授業は、まず古典古代の装飾を学ぶことから始めなければならない。

古典の授業こそが、言語が違い国境で隔てられているにもかかわらず、西欧文化に共通の基盤を築いてきたのだ。授業の廃止は、最後に残ったこの共通基盤をぶちこわすことを意味するだろう[2]。それゆえ、古典時代の装飾といそしむだけでなく古代建築のオーダー[5]やプロフィールを学ぶことは必要なのである。

ところでルーヴル宮殿のファサードを設計したクロード・ペロー[6]は医者だった。ルイ十四世が命じて募集された同宮殿の新ファサード計画案のなかで、ペローの設計は多くの同時代建築家たちを押しのけて採用されることとなった。たとえこのような例がごくたまにしか起こらないとしても、誰しも消費者として人生を生きる以上、建築家と関わらざるをえない。

古典古代の装飾を学ぶことは、製図の授業において文法を学ぶことと同様の役割を担っている。会話主体のベルリッツ・メソッド[7]にしたがってラテン語を教えても意味がない。まずラテン語の文法を学び、そしてその後にそれぞれの外国語の文法を学んでいくのである。そのことが魂の成長、われわれの思想の発展にどれだけ栄養をもたらしていることか。古典古代の装飾は現代の日用品をつくるうえで指針を与え、現代人と現代のフォルムを育み、民族や言語の違いをこえて、われわれ同時代人にフォルムと美的概念の共通性を育てあげるのである。

さらにわれわれの生活に秩序をもたらす。たとえば装飾文様のひとつメアンダー雷文[8]——なんと緻密な噛み合わせ！　たとえばバラの花形文様ロゼット[9]——なんと正確な中央の穿孔、そして鋭くとがった切っ先！

Ⅳ　以上挙げてきたこれらの諸問題を、われわれは学校教育の現場で妥協することなく包括的に解決することができるだろうか？　あるいは文化発展においてさまざまに異なる個々の段階に合わせ、その経過と発展を考えるべきなのか？（たとえば都市‐地方、子供‐大人、建築や機械や農業、商業などにおけるあらゆる商業主義、家庭における手仕事、等々）

すべての子供には、すべからく教育を受けさせるべきである。とくに都市と地方において格差があってはならない。地方に住む女性にとって、手仕事は絶対になくてはならないものである。しかし都市在住の女性にとっても、これは家事に追われる毎日から逃れる有益な救済にもなっている。学校の授業では、民族的な

（2）最近パリにある大学の哲学部の学部長ブルノー[10]が古典主義的な精神を否定し、現代精神《モデルネ》を弁護したことはきわめて奇妙に映る。しかし一方で、もっとも現代的な国アメリカでは、大統領カルヴィン・クーリッジ[11]が長い演説をぶって古典教養を擁護し、その演説をフランス語に訳してフランスに紹介したエドモン・ド・ポリニャック公夫人[12]がパリの大学に対し、学生が四ヵ月間ギリシャ留学するための奨学基金を提供したという経緯がある。

農業技術と都市部の女性向けの最新商品に関しては無視してよい。農業においては伝統が、都市部の女性向けの商品においてはモードが技術と商品の形を限定してしまうからである。

農民ロマン主義が放つ民族性に素朴に共感する者は私についてきてほしい。製図の教師などは所詮陶器店に迷いこんだ象、つまりあらゆるものをぶちこわす不器用な存在にすぎない。

だが、応用技術のもつすべての形を決定づけるのは日々の実践なのである。

（一九二四年）

アーノルト・シェーンベルクと同時代人

「初期の大作『グレの歌』〔1〕と最近の作品群の違い！　同じ人間が作曲したとは思えないほどです。この両者はいったいどういうつながりがあるのでしょうか？　シェーンベルクが近年の彼の作品を肯定するのだとしたら――これは疑いようのないことでありますが――いまの彼は過去の『グレの歌』とどう向きあうのでしょう？　現在の彼はこの作品を否定しなければならないのではないでしょうか？　そんななか、私たちはびっくりすることを耳にしました。なんと彼がみずからこの曲を諳んじて指揮棒を振ったというではないですか。この矛盾をどうか説明してください！」

親愛なる聴衆のみなさん、あなた方は明らかに誤解していらっしゃる。初期作品であろうが最近の作品であろうが、誰しも自分自身がつくったという事実を否定するものはいない。どこかの職人がつくったわけでも他の芸術家がつくったわけでもない。靴職人が手がけたわけでも他の音楽家が作曲したわけでもない。作品群のあいだの大きな違いを聴衆が感じとったとしても、作者にとってはすべて彼自身に潜在しているものなのである。ある親方職人が十年前につくった靴はすばらしいものだった。なぜ、その親方がそれを恥じね

エゴン・シーレ「作曲家アーノルト・シェーンベルク」(1917 年)

ばならないのか？　なぜその靴を否定しなければならないのか？　「そんなひどい代物どうか無視してください。なにしろ私が十年前につくったものですから」なんてセリフを平気で吐けるのは建築家という人種だけだろう。もっとも、私が建築家を人間のうちに加えていないのはご承知のとおりである。

職人は物のフォルムを無意識のうちにつくりだす。そのフォルムは伝統を通じ受け継がれていく。そして職人の仕事人生を通じて起こるフォルムの変化は、彼の意思とは関係ないものである。職人に注文する顧客側が変化する――つまり年を重ねる――ことが職人に影響をおよぼし、フォルムに変化が加わるのである。その変化のありさまは消費者にも生産者にもはっきりと意識されることはない。老境に入った親方は、若い時代とは違う靴をつくるようになる。それは五十年の歳月を経て、親方の書く字が変わっていくのと同様である。これは誰もが経験することだ。さらにいえば時代が変わるにつれ、一般に書かれる文字も変化していく。その結果、文字の形からそれが何世紀に書かれたものか推定できるほどである。

だが、芸術家は職人と異なる。注文する顧客をもたない。芸術家に注文を出すのは芸術家自身である。芸術家にとって第一作目とは、いつもきまって置かれた環境と彼の意志の産物であろう。だが聞く耳をもち、見る目をもつ者にとっては、この第一作は芸術家の全作品をすでにはらんでいるのである。たとえば爬虫類であるワニは、生物上の進化を経て人間になった胎児を見ても「これはワニだ」と言うだろう。だが進化の終わった人間が人間の胎児を見ると「これは人間だ」と言う。ここで「ワニ」とは同時代人のことを指し、「人間」とは後世の聴衆のことを指す。

ワニが「グレの歌」を聴くと、「これはリヒャルト・ワーグナーだ」と言う。だが人間が最初の三小節を聴くと、聞いたことのない新しさだと感じ、「これはアーノルト・シェーンベルクだ！」と言うのである。

こうしたことはいつも繰り返されてきた。あらゆる芸術家はつねに誤解を受けてきたのだ。芸術家のもっとも個性的な性質は、同時代人にとっていつも得体の知れないものだ。同時代人はこの芸術家の理解不能な個性を何か異質なものと感じる。最初は何か似たものを念頭において、なんとか理解しようと試みる。だが、いよいよほんとうの新しさ、その芸術家の個性の全貌が明らかになってくると、自分たちの理解がおよばないという劣等感を、なんだこれは！と笑い飛ばすことでごまかそうとするのである。

われわれは、レンブラントの作品を最初期の作品ともいえる幼年時代のものから知っている。彼は当時から有名な画家だった。そして長じて「夜警」を描いたのである。人々は理解に苦しみ色めきたった。「なぜレンブラントはいまになってこれまでと違うものを描くのか？ ……「夜警」はあの有名なレンブラントの作品ではない。不快なほどひどい絵だ！」。同時代人のこうした反応に巨匠も驚いた。彼らが何を考えているのかまったく理解できなかったのだ。聴衆たちの目に見えるものが、レンブラントの目には見えなかった。彼自身、何も変わっていなかったし、なんら新しいものを描いたわけではなかった。そして聴衆がこの巨匠を理解するようになるまで、じつに三百年を要したのである。

「夜警」を描いたレンブラントは何も新しいレンブラントではなかった。以前にましてよくなり、偉大になり、力強くなったレンブラントだった。同時代人たちは、レンブラントの筆致にみられる微妙な裂け目や割れ目の変化をアクチュアルに嗅ぎ分けたが、レンブラントの画集をたやすく見渡しうる現代の聴衆にはそんな反応はできない。ただ、すでに彼の幼年時代の作品に、その後の彼のすべてが含まれているということをみるばかりである。そしていま、われわれは驚愕しつつみずからに問いかけるのだ。彼の作品群の革命的な性格をこれまで違和感なく受け入れてきた。そしてなぜそれが可能だったのかと。だがいずれにせよ、ワニにはワニしか見えなかったのである。

私はさらに他の例を挙げるべきだろうか？ たとえばベートーヴェンが歩んだ道を？ みなさんはもうお

忘れだろうか？　彼の第九交響曲を当時の人々は、耳が聞こえないのだからこんな作品でも仕方がないと片づけたことを？　もしフランス人がこの「狂ってしまった」ドイツの巨匠のために奔走しなかったならば、第九交響曲は永遠に忘れ去られていたかもしれないのだ！

アーノルト・シェーンベルクの同時代人がなぜ彼の作品でさんざん頭を悩まし理解できなかったのか、これが不思議に思われるようになるまでには、おそらくあと数百年は要するだろう。

（一九二四年）

現代の公団住宅について　ある講演にて

さてこれからお話ししようとしていることが、みなさんがお考えになられている公団住宅というものと合致するかどうか私にはわかりません。先日私は、シュトゥットガルトのある公団住宅[1]に案内される機会を得たのですが、これは私が今日ここでお話しするつもりである公団住宅とはまったく違ったものでした。じつにすばらしい市民向け住宅でしたが、今日お話ししたいのは工場で働く労働者向け住宅についてなのです。

もう前世紀のことですが、一八六〇年代のライプツィヒにひとりの人道的な医者が住んでいました。ダニエル・シュレーバー医師です。彼は、労働者階級の子供たちの置かれた環境が非常に劣悪であることに心を痛め、こう考えました。十から二十の家族が集まって、郊外にある緑豊かな場所に小さな土地を借りたらいい。そしてそこを子供たちが伸び伸びと遊べる場所にして、その周りに小屋を建てれば、親たちが仕事から帰った後、家族がそろってくつろげる場所になるだろう。そうすれば、悲惨きわまる貧しい街の一角で夕方を過ごす必要もなくなり、父親が家族から疎外され、居酒屋で時間をつぶす必要もなくなるというわけです。そして実際にこの医師のアイディアは実行されました。その結果どうなったか？　なんと父親たちは鋤を手にとり草地を耕しはじめ、子供たちの遊び場を壊し、野菜などを栽培して植樹までする始末です。彼らは気の赴くまま破壊という純粋に悪魔的な喜びにしたがったのです。子供たちから遊ぶ場所を奪うことなど歯牙にもかけなかったわけです。こうなるとわれわれは自問せざるをえません。この父親たちは、いったいどんなに奇妙な悪魔に駆り立てられたのだろうかと……。

地上にある、ありとあらゆる人間の労働はふたつの領分から成り立っているといえましょう。「ありとあらゆる」という表現は正確ではありませんね。言いかえますと「たいていの」労働はふたつの領分からなっている。そのふたつとは何か。破壊行為と建設的行為です。そして破壊の領域が大きくなればなるほど、いや、さらにいえば労働が破壊行為によってのみ成り立っているとすれば、それはきわめて人間的かつ本能的であり、高貴なおこないであるといえるのです。[2] ジェントルマンとは、純粋に破壊の力を借りて仕事に従事する人間であるということができる。この説明以外に、ジェントルマンを言いあらわしようがない。本来のジェントルマンは農民階級の人間たちによって構成されているのです。農民はただ破壊的な労働にのみ専念するからです。労働内容が低級で、もっともありふれたものであり、もっとも卑俗なものであればあるほど、それらに従事する人間には聖なる後光が射す。鉱山で働く坑夫を見てください。太陽の光をさえぎられ、もっとも低劣な仕事に身をやつす者たちはシャベルや鶴嘴を手に、母なる自然の大地から鉱物を、塩を、石炭を一片一片掘りだすのです。目を転じてみれば、とくにドイツ文学の領域では、坑夫があらゆる階層の人間たちのなかでもっとも高貴な存在として描かれています。一方フランス文学の世界では、坑夫たちがこのような詩的栄光を与えられることはありません。しかしながら、ジャン・ジョレス[3]の葬儀がパリのパンテオンでおこなわれたおり、偶然私はそこに居合わせたのですが、参列者には彼の故郷から坑夫たちが呼び寄せられたのでした。ジョレスは炭鉱労働者の町の出身でした。数百人にものぼる坑夫たちは、ジョレスの眠る立派な棺台を担ぎ、付き従い、政治家らしく下院のある建物からサン・ジェルマンを通り、パンテオン[4]まで運んだのです。その棺台はゆうに一〇メートルはあろうかと思われる高さで、いまみなさんがいらっしゃるこの講堂くらいの大きさでした。それを坑夫たちだけで担いだのです。牽引する馬はいませんでした。見物人たちはこのものめずらしい葬列に魅せられてすっかり我を忘れていました。それはたしかに史上もっとも壮大で、もっとも美しい民衆たちの一大デモンストレーションだったのです。あたりには数百万ものパリ市民の「戦争をやめよ」の叫び声が満ちたのでした。そして棺台を担いだのは、仕立屋でも靴屋でもなく坑夫たちだったのです。

　高貴な人々というのは農民階級からなるものですが、彼らは手に鋤を持って大地を傷つけ、その上にモノを捨てるかのように種をばらまき、そして永遠なる自然の恵みを鎌で刈りとるのです。その際、なんら建設的なことはしない。みなさんのなかで、どうやって食物が収穫されるのか見たことがない方はいらっしゃらないでしょう。目の当たりにして思わず鎌を手にとり、報酬など考えもせず刈り入れの手伝いをしたいという衝動に駆られたのではありませんか？　鋤を手に持ち大地を耕してみたいと思わなかった方はいらっしゃらないでしょう。あるいは道路清掃夫から箒をとりあげ、道を掃きたいと思わなかった方はいらっしゃらないのではないでしょうか？　一度ならずとも何かをぶちこわしたいと思ったことがない方はいらっしゃらないのではないか？　煉瓦の組積工たちは——ちなみに私は、免許状を与えられて正式には煉瓦の組積工という職能に属しているのですが——煉瓦を粉々に壊すために鶴嘴を打ちこむときこそ至福の瞬間を味わうものなのです。昼の十二時になると教会の鐘が鳴ります。あるいは仕事場では合図の笛が吹かれます。そうすると煉瓦の組積工たちは、手にしていた煉瓦をいっせいにもとに戻し昼休みに入ります。しかし、鶴嘴を振るって古い煉瓦壁を壊していた職人は、仲間たちから呼びとめられることなく、この破壊作業を続けることが

パリのパンテオンでのジャン・ジョレスの葬儀風景
(「イリュストラシオン」1924年11月29日)

できるのです。休憩に入った職人たちは昼食をとっていますが、破壊作業についている職人は、煉瓦壁が粉々になるまで仕事の手を休めることはありません。同じことを仕立屋を例に考えてみましょう。仕立屋は鋏を手にとり裁断します。これこそは仕立屋の仕事の醍醐味であり、人間的と呼ぶべき労働です。そして布を裁断した後に来るのが裁縫の仕事です。これは退屈きわまりなく、労力が多く、非人間的であるとさえいえます。つまり建設的な仕事ということです。今日、裁断師と裁縫師がいることは知られています。裁断師はその仕事の破壊的な性格ゆえに社会的な地位を得ていますが、仕立台の上であぐらをかき、ずっと座りつづけながらひたすら裁縫の手を動かさなければならない裁縫師に社会的地位はありません。私がここで何を指摘したいかと申しますと、ここから仕事の分業化が始まったということです。仕事の分業化によって、ある階層に属する人間たちはすべてただ建設的な仕事にのみつくように宣告されるにいたった。彼らはそのつらさから、いずれ精神的に崩壊していくにちがいありません。

話を戻せば、子供の遊び場を奪った父親たちは人間自身を救おうという衝動に突き動かされていたということです。

そしてシュレーバー庭園に住む、つまりその場に住居を建てるという発想が生まれるのもごく自然な流れでしょう。ここで私はひとつの要求をさせていただきたいのですが、みなさんにはじつに奇妙に響くかもしれません。つまり私はこう言いたい。住居と庭園を所有する権利はすべての労働者にあるわけではなく、その権利を有するのは庭を開墾する——破壊する——意志をもっている労働者に限るということです。こんなことを言うとみなさんは反論されるかもしれません。日々苦しい労働に耐えている労働者たちが、芝を敷きつめバラを咲かせることができる、ささやかながらすばらしい庭を所有することに関してそんなに厳しく禁止する理由などないと。しかし、もしここまで厳しくしなければ、私自身が現代精神に対して誠実ではなくなってしまうと考えるのです。その理由を説明するのに、十八世紀においてもっとも先進的な人間であった思想家ルソーにご登場願いましょう。彼は自作『エミール』のなかで、当時の、つまりいまから百五十年前の青少年をどのように教育すべきなのかというテーマを小説の形で語っています。この作品のなかで、少年エミールにはひとりの家庭教師がつきますが、この教師は当時においてもっとも近代的な方法で教育していきます。しかしこの教育の仕方は今日のわれわれには滑稽に思われる。現代の考え方に照らしあわせてみれば、ひとりの少年にひとりの家庭教師をつけることなど不可能だからです。現在子供たちは学校に行き、みなで授業を受けなければなりません。自分の子供たちを学校に通わせず、ひとりないしふたり、あるいは三人、四人もの家庭教師をつけて教育するというのは現代的精神と相容れません。現代的精神とは社会的精神のことであり、非現代的精神とは反社会的精神のことです。教育事情とまったく同じように、人々の自然と親しむ喜びは庭を所有するただひとりの人間がいれば満たされるものではありません。現代の私たちはひとりにひとつの庭を与え、あるいはひとりに一本の木を分配することなどできません。子供たちが学校に通わなければならないのと同様、人間誰もが伸び伸びと屋外の大自然と戯れ、楽しまなければならない。そのためには誰もが使える公園や緑あふれる庭園を用意し、そこへ行けばいいのです。そんなわけで個人が自分の庭を所有するのは反社会的だといえます。私の主張するこうした意見は、今日お集まりのみなさんには理解しがたい部分もあるでしょうが、今後五十年、六十年も経てばあたりまえすぎて誰も口にすらしなくなるだろうと思われます。私のように革命を避けたいと考える者や進歩主義者は、個々人が庭を所有しているという状況が革命を引き起こす火種となることはつねに考えておいていただきたいのです。それを納得できない方には将来革命や戦争が起こった場合、責任をとっていただくことになるでしょう。

さてもう一度繰り返しますが、私が申しあげたのは、庭を所有することが許されるのはそこを開墾する意志のある人間だけであるということ、つまりシュレーバー庭園を所有し、そこに住みつき、庭園を開墾する労働者に限るということでした。シュレーバー庭園の所有者はしあわせだといえましょう。なぜなら、彼らはひどく疲れ果てる日々の労働から解放される手段をもっているからです。庭園で精神的にも健康な人間に戻ることができるのです。しかし、あらゆる人間がシュレーバー庭園を持って畑仕事ができるわけではありません。こうした畑の広がる郊外にそぐわない職業もあります。たとえば精密機械工は鋤を手に持つべきではありません。繊細きわまる作業に必要な手を傷つける可能性があるからです。知的労働に従事する職業の多くは、シュレーバー庭園所有者には向いていないといえましょう。そのため、私はウィーン市の公団住宅局の主任建築家として次のような要求を出したのでした。この公団住宅のなかで住居を持つことが許されるのは、長年にわたってずっと庭園を耕すことができる、その事実をきちんと証明してきた労働者に限るというものです。というのも、たとえその意欲があっても、最後までしっかりやりとおすことができるのはほんのわずかな人々しかいないからです。だからこそ一日八時間の労働を終えてもなお自発的に畑仕事をしっかりこなす人にのみ住居の提供を約束したいと考えたのです。そしてこうした人々に公的資金の援助を与えるべきではありません。なぜなら人間社会に寄生する存在は要らないからです。もっとも宅地と庭園造営地を得るうえで、どうしても必要ならば公的資金援助があってしかるべきとは思いますが、住宅そのものは自己資金で建てるべきだというのが私の考えです。その結果、私の考えが持ち家に反対する社会民主党と衝突することになるのは当然ですが、私にしてみればどうでもいいことです。いずれにせよ私は元来党派的な人間ではありませんから。

私が常日ごろ考えていることのひとつに、労働者階級にもふたつのタイプがあるのではないか、ということがあります。一方は一週間の労働賃金が入ると、それを手に市場へ野菜を買いに行くタイプ、他方は畑仕

ロース、間口5メートル型公団住宅案（1921年）の庭側外観。

事をしてみずから野菜をつくることに喜びを見いだし、労働賃金を貯蓄にまわすタイプです。そして後者のタイプは、自腹を切って住宅を建て、貯蓄は庭づくりのために費やすことを当然としているのです。

さて次に住宅に関して考えてみましょう。こうした公団住宅はどのようなものであるべきか。まず第一に庭に関してお話ししましょう。庭が最重要課題であり、住宅はその次に考えるべき問題です。庭は当然、現代的なものでなければなりません。そしてできるかぎり小さくつくらねばなりません。ひとりの住人が耕作することができる広さは、最大でも二〇〇平方メートルでしょう。一五〇平方メートルならなおさらいいでしょう。なぜなら庭が大きくなればなるほど、そこの住民が耕す方法が非能率的で非現代的になるからです。庭が小さくなるにしたがって、より経済的で現代的に耕しうることになります。大きな庭というものは、庭園づくりにおいてはあらゆる進歩の妨げでしかないのです。「いや、うちは山羊の飼料用に草がたくさん必要だから土地は広いほうがいい」とか「たくさんのジャガイモがほしいから庭は広げたい」などという住人の反対を許してはいけません。飼料用の草なら買うことができますし、ジャガイモだってそうです。考えてもみてください。ジャガイモは植えて育てて収穫するのにまる一年かかりますから、そのせいで一年のあいだに何度も収穫が可能な野菜を植えることができなくなってしまう。効率的であればあるほど、収穫回数も増えるのです。われわれの気候風土を鑑みるに、さまざまな作物を植えて年間収穫回数を十―十四回まで上げていく必要があります。ここからもこうした畑仕事がどれだけ大変なものか、みなさんにもご想像がつくでしょう。しかし住人は、気候や土地、敷地自体に依存しているわけではありません。ブレーメンの造園改革者レベレヒト・ミッゲの有名な言葉に「土地と気候をつくりあげるのは住人本人である」というのがあります。これは奇妙なパラドックス以外の何物でもありません。まあ土地に関していえば、ただなんの手も加えずに与えられた土地が農作業用の畑として簡単に使えるわけではなく、何年も時間をかけ、つねに肥料をやり、新しい土と腐葉土を混ぜこみながら農作に適した土にしていくものであるということは、みなさんにも容易にご理解いただけるところでしょう。パリの造園業者は街が大きくなるにしたがって中心部から外へ外へと庭園を移さねばなりませんが、その際、彼らは所有する全財産とともに手塩にかけた土を車に積んで移動していくのです。かのクロポトキン侯爵[5]も引っ越しの際には腐葉土を製粉所に持ちこみ、そこで細かくしてからまた新たな庭園にその土を戻したといいます。

　しかし気候はどうすればいいのでしょうか。ミッゲは、住民がつくりあげるべきは土地のみならず気候も含まれるとしています。これはどう考えるべきでしょうか。みなさんもご承知のとおり、太陽は庭にとって最大の敵です。太陽は史上、多くの災厄をもたらしてきました。世界中でもっとも肥沃で楽園のように美しかったチグリス川とユーフラテス川に挟まれた土地からシリア、エジプト、さらに北アフリカと続く大地は太陽の犠牲となってしまったのです。それらはみな不毛な土地に変わり果ててしまった。しかしアラブ人は同じ蹉跌を踏みませんでした。彼らは太陽に対抗する手段をもっていたのです。数千年と続く庭園文化を誇るオリエントの地では、風と太陽光を遮断するために庭園の周囲に壁をめぐらせてきたのです。

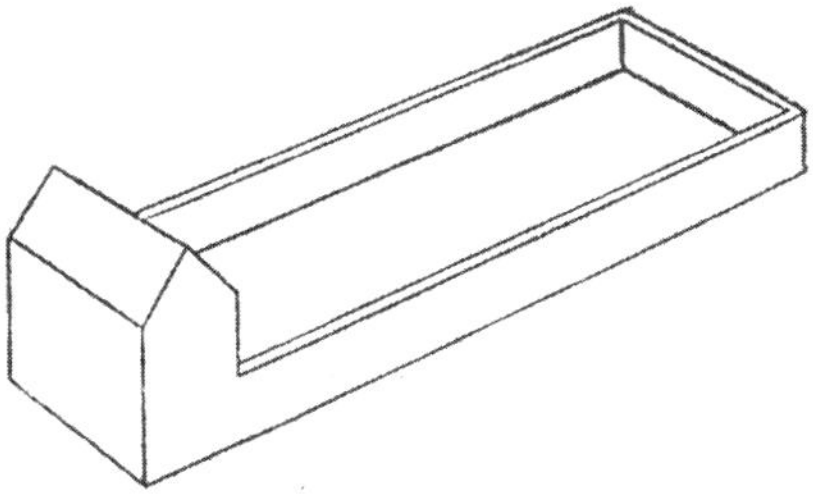

　では現代の公団住宅の住民たちはいったいどうすればいいのでしょうか？　ひとつのアイディアとして、図で示したように敷地の周り、つまり庭の周りに壁をめぐらすというのはいかがでしょうか。

　主婦なら誰でも、風が吹けば洗濯物が乾きやすいことは知っています。しかし畑仕事に精を出すものにとって、土地がすばやく乾いてしまうのは逆に困ります。

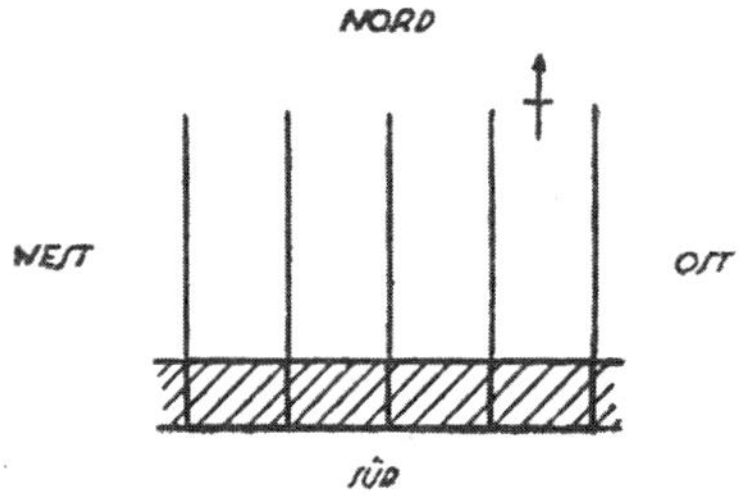

庭に必要なのは湿った暖かい空気です。土がすぐに乾いてしまうと、おのずとやることもふえてしまう。土はつねに湿っていないと困ります。湿り気こそが微生物が生きられる最高の環境で、この微生物がつねに土を細かくすりつぶす仕事をしてくれているのです。件《くだん》のクロポトキン侯爵が土を持ちこんだ製粉所と同じ役割を担っているのがこの微生物というわけです。さらにミッゲはこうも言っています。昼の十二時、太陽光が庭全体をしっかり照らすようにすること、そして太陽がいちばん高いこの時間に、庭に一部の陰もつくってはいけないというのです。こうすれば庭にあるすべてのものに太陽の光が限なく当たります。結果、図で示したように、庭全体は太陽の動きに合わせて南北の方向に配置しなければならないということです。

昼の十二時、庭は陽光で満たされます。そして庭の右側と左側には壁が立っています。もしふたりの住用に庭をまんなかで隔てる壁があったとして、それを取り払いひとつの庭を共同で使うといった場合には、午前中、片方の庭に太陽が当たっても、もう片方の庭は陰になりますが、夕方になれば逆になりますから、日照時間は同じになります。通常、仕切り壁のかわりに垣根仕立て《シュパリールオプスト》〔6〕の植物を植えます。ちなみにこうした庭に樹木を植えるのは厳禁です。樹木は非社会的な存在です。というのも、陰を望むものには陰を落とさず、通常その隣に陰を落とすからです。樹木はまったくやっかいな存在で、隣人同士の喧嘩口論の原因にもなります。ドイツ人は樹木を切り落とすことを嫌います。その点、樹木からとれる収穫物が減ってくると、躊躇することなくばっさり切り落とすアメリカ人とは違います。ライプツィヒの街を通りかかれば、数多くのシュレーバー庭園を目にすることができますが、そこには半ば野生化した果樹が生い茂っています。しかしそれらはほとんど実をつけることがないのです。収穫がなくなってしまった庭は、もはや庭として機能していない。プラムやリンゴの樹木が植わっているシュレーバー庭園は、元来畑仕事のためのものであるのに、もう使い物にならない。そうした庭に人々は足を踏み入れる気が起こらず、ただ野放しになるばかりです。そして庭は藪のなかに埋もれてしまう。そんなわけで庭に樹木は禁物なのです。せいぜい垣根仕立ての植物にかぎります。

そして、たとえ住宅地の道を東西に整備することができなくても、庭はすべて南北を軸につくらなければなりません。となると、住宅群は自然と道に沿ってつくることになる。図を見ていただければわかるが、まるで鋸の歯みたいです。

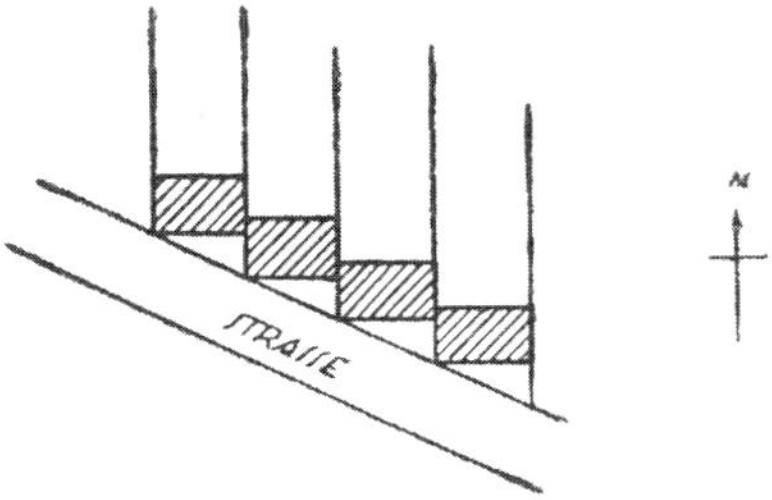

ここは強調しておきますが、こうした公団住宅では、まずは庭。庭の設計がいちばん重要です。その次に住宅。住宅はあくまで二の次です。このことを忘れないでください。

というわけで、さんざんいままで庭について考えてきました。ここで次に移るとしましょう。今度は住宅問題です。住宅をどうするか。こうした住宅にはどんな部屋が必要か、まずはそこから考えてみましょう。

とくに大事になるのはトイレです。しかも排泄物を下肥として利用することも考慮に入れなければならない。こうした公団住宅では水洗式はダメ。人間の出す排泄物も含め、家から出る生ゴミはすべて畑の土を肥やすために必要だからです。その際に注意しなければいけないのは、こうした排泄物やゴミは樽や桶などに溜めること。絶対に大きな肥溜めを使ってはいけないということです。もしそんなものがあったとしたら、隣近所が困る。考えてみてください。そんな大きな肥溜めに溜めたものが半年のうちに使いきれなかったとしたら、その肥溜めの所有者だけじゃなくて、住民全体が猛烈な悪臭に耐えなきゃいけなくなる。じゃあ、こうしてみるのはどうか。今日はこの住人、明日はあの住人と順番に肥溜めを空にしていく。それでも哀れな住民は、悪臭から逃れることはできません。とすればいちばんいいのは、毎日各家庭で溜まった桶の中身は新しい堆肥のなかへ流しこみ、シャベルで混ぜこむ。こうすればすべての住民が臭いに悩まされることはなくなります。具体的には、あらかじめ堆肥を積みあげる場所を三ヵ所用意しておく。そしてその上に積みあげていく生ゴミ・排泄物が完全に発酵して栄養たっぷりの堆肥になるまで一年間放置しておくのです。間違っても、桶の中身をそのまま農作物にぶっかけるようなマネをしてはいけない。そんなことをすれば、結局臭いに悩まされることになる。とくにカリフラワーの場合なんて、キツい臭いが出ますから。

とまあ、こういうわけでトイレは絶対に家のなかにつくってはいけません。家の内を通ってトイレに入ることを禁ずる法律がイギリスにはあります。残念ながらこれがドイツにはない。トイレが図面上は家のなかにあるというのは問題ないけれど、トイレの扉は外から通じているべきなのです。家のなかから出入りするのでなく、外から出入りするということです。そしてトイレへの通路の上に庇をつくるか、二階部分がベランダなどで張り出していて下のトイレへの通路を雨から守る役割を果たせば、住民にとってはますます都合がいい。トイレが半ば外にある状態では風邪を引くんじゃないか、なんて不安がったり、都会的なしゃれたトイレまわりを持ちだして引き比べてみるなんてことは、ここでは意味がない。そんなことはお笑い種にすぎない。アメリカ人の八〇パーセントはこうやってトイレを使っているんです。非常に寒い地域ですら事情は同じです。しかもそこでは、土地の自然に合った生活が営まれている。まあいろいろ言及しましたが、公団住宅のトイレに関していえば、住民がひりだす栄養たっぷりな下肥を、下水道からいとも簡単に流してしまうのは絶対に禁止！　聞くところによれば日本人は食事に招待されると、その家のトイレを使うことでお礼の気持ちを示すというじゃありませんか。栄養ある「堆肥」をお返しするというわけ。われわれもこれくらいはやらないといけない。

中庭に面して作業道具をしまっておく物置小屋も必要になるし、さらに家畜小屋もぜひつくりたいですね。家畜に適しているのはウサギと鶏。ウサギはとても経済的です。というのも、ふつうなら捨ててしまう野菜のカスなんてきれいに平らげてくれますよ。鶏のためには鉄柵で囲った鶏舎をつくってやるといい。好きなだけ動きまわれるように、できるだけ大きいのが望ましいでしょう。

こうしてみると住居と庭は直接つながっていないほうがいいのですが、そうもいかないようですね。だからそのあいだに、物置小屋と鶏舎を左右に設けた中庭があるという形が望ましいということになる。庭そのものは、壁に沿ってちょうど堆肥を積みあげた仕事場から始まる。そして作業机とそれぞれの野菜に合った土を入れておく容器がそろえば、これで仕事場はばっちりでしょう。中庭で住宅に接する部分は、ベランダとして地面から二段ばかり高い位置でしつらえ、その一部には屋根をつけて主婦が仕事できる空間をつくる。このベランダと流し場は直接行き来できるようにします。私が「流し場」と呼んでいるものは、現代的なものだがじつに奇妙な存在です。すでにその呼び方からして、そこは火を使って何かを料理する場所ではなく、料理や農作業をする際の準備作業と後片づけをするのに必要な場所であるということがわかります。さてここまできたから、私はちょっと大きな問題に踏みこむことにしましょう。それは何かというと、台所は独立して存在したほうがいいのか、あるいは台所と居間は一体となってリビング・キッチンとなっているほうがいいのか、という問題です。あらかじめ私の考えを述べておくと、私は進歩主義的かつ現代的な観点から後者、つまりリビング・キッチンを支持しています。こういうとリビング・キッチン反対派はまずこう反論する。臭いに煩わされない部屋がほしいってね。この臭いがどこからくるのかと考えると、たいていの人は台所だと答える。だけどもしそう言うなら、料理しても臭いが出ないようにすれば、まったく問題はないということになります。実際、料理する部屋と食べる部屋、つまりキッチンとリビングが一緒になっていても、やり方によってはまったく臭いが出ないということも可能でしょう。そもそも、なぜ食事が臭いと思うのか、不快な臭いを発していると断定するのか私にはまったく理解できない。それに上流家庭では、一般家庭に比べると食卓で料理することが多いものです。朝食なんてすべて食卓で料理されます。アルコールランプや電気湯沸かし器を使ってスクランブルエッグやハムエッグなどの卵料理やビーフステーキが調理される。みんなうまそうな匂いがするものばかり。前日に室内用便器の中身をかけられたばかりのカリフラワーやキャベツは、さすがに食卓に載せてはいけませんが。最近では大きな食堂で調理する光景をよく目にします。客の目の前に大きな肉焼き機があって、串刺しの肉がぐるぐる回りながらグリルされているのを料理人が手際よく切っていくさまを見せたり、調理している場面を見せる大きなレストランが新たに登場していますね。そんなレストランが増えれば増えるほど、商売繁盛間違いなし。お客さんたちは調理風景を見るのが楽しみになっているのです。いつの日か一般市民のどこの家でも台所が居間に設置されるようになるでしょう。もうすでにフランスでは食堂が台所と一緒になった部屋をもつ人たちが大勢います。現代の婦人服デザイナーとして名を馳せているポール・ポワレ[7]もそのような食堂をつくらせているし、私自身も現在パリで設計している仕事では、多くの住宅の食卓のそばに肉焼き機や、どんなものでも焼くことのできる暖炉を組みこんでいます。ただ、準備にやたら時間のかかる料理に関しては台所でつくって、食卓に運んでくるしかない。高級レストランなんかだと食事客用のテーブルのほかに別のテーブルを用意して、そこでアルコールで火を燃やし料理する。可能なかぎり食べる場所で料理するということですね。つまりその様子を見ることが楽しいわけです。もう一度言いますが、上流になればなるほど食卓のもとで料理されることになっているんですね。そうなると私はつい考えこんでしまうのですが、なぜ労働者階級の人たちは、こんなすばらしいことと縁がないままなのか。千年前、ドイツ人はみな台所で食事をとったものです。クリスマスだって台所で祝ったのだし、台所ほどクリスマスを祝うのにぴったりの場所もなかった。イギリスの上流階級のお屋敷では、いまでもこうした習慣が続いています。『ピクウィック・ペーパーズ』[8]で描かれている伝統的なクリスマスパーティの様子を想像していただくとわかりやすいでしょう。それに、子供たちにとって家のなかでいちばんお気に入りの部屋が台所であることは周知の事実です。火って、とても魅力的ですよね。火の暖かみは、台所のみならず家中をめぐり、家全体を暖めてくれる。つまり台所が家全体を暖めてくれるということです。火とは――本来そうあるべきものですが――家の中心なのです。イギリス人は火のそばに座りたがります。これは畢竟、例の破壊への喜びでもあるのです。なぜなら暖炉の火が薪を燃やし、それがまた別の薪に燃え移っていく。その様子が彼らをひきつけ、暖炉のそばに陣取ってその様子を楽しむという趣向です。こうした理由から、私はリビング・キッチンのある家を設計しているのです。ひいてはこの部屋のおかげで主婦の家事労働を楽にし、台所でじっと料理する時間を過ごすよりもずっと住環境全体との結びつきを強くするのです。話が前後しますが、流し場では食器や野菜などを洗います。庭から直接家のなかへ、つまりこの流し場へ入ってくる場合には、必ずしも扉を閉める必要はないでしょう。暖かい季節には、台所仕事を戸外でおこなったっていい。外にテーブルを出して、その上で豆を洗い、サラダを用意し、カブを切り刻む。そんなときは昼も夜も扉は開けっ放しでいい。そのため、流し場は絶対に庭に面している必要があります。流し場が必ずしも南に面している必要はないけれども、リビング・キッチンはその日照の関係で必ず南向きにつくる必要があります。つまりリビング・キッチンが南向きになるように住宅を道の北側に建てるのがいちばんい

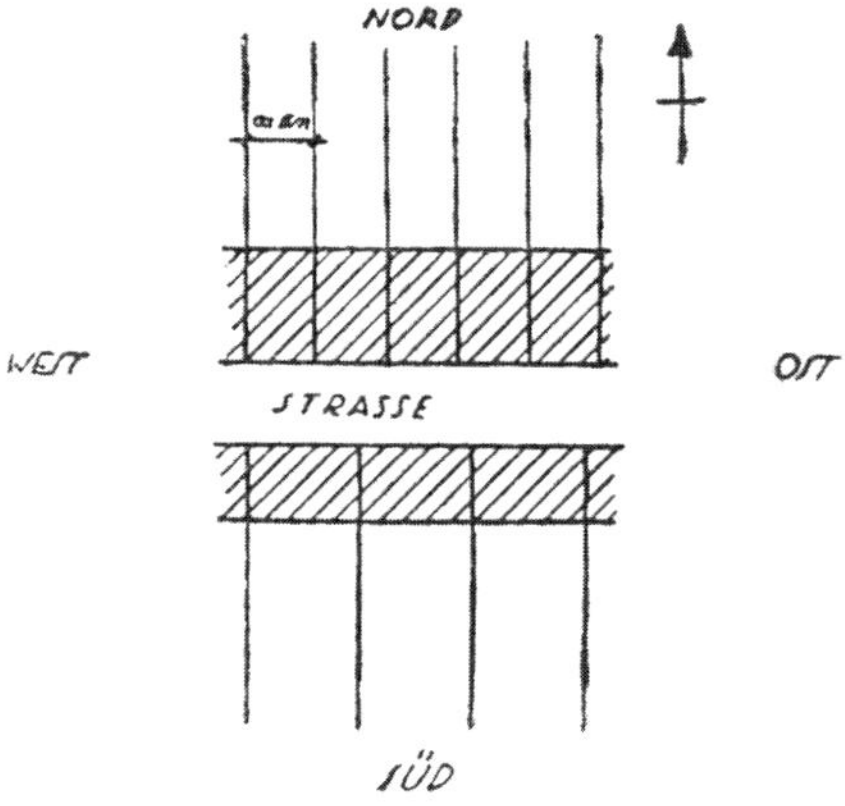

い。洗い場は庭に面してつくるので北向きになります。

しかし、道を挟んでその反対側にも住宅を用意しなければならない。この点も考慮する必要があります。この場合、公団住宅全体を設計する者は、一軒分の敷地幅をより広くとる必要がある。どういうことかというと、道は北側にあり、庭は南側にある。太陽光は居間を照らし明るくする必要があり、流し場は庭側に面していなければならない。とすれば居間も流し場も両方が南に面することとなり、設計者にとっては次の点が非常に重要になってきます。つまり、道の北側に面した敷地幅は五メートルもあれば十分だけれども、一方で道の南側に位置する家の間口は、流し場と居間を両方横に並べられるだけの幅がなければならない、ということです〔図参照〕。

ところで建築家たちはすでに熟知しているでしょうが、道の北側に家を建てる場合には、梁は建物の防火壁と防火壁のあいだに渡す構造となります。ドイツでは通常、私見では梁は五メートルがちょうどいいと思われます。こうすれば端材を出す必要がなくなるんですね。それでは道の南側に家を建てる場合はどうなるでしょう。この場合（間口が五メートル以上になるので）外壁のあいだに梁を渡すか、あるいは防火壁を使うかどちらかになります。後者の場合は、まず防火壁と防火壁の中間点にそれと平行に桁をかける。そして桁と防火壁のあいだに梁を渡せばよい。このように単純明快に考えれば、余計な仕事も面倒な工夫も要らないのです。

話があちこち飛んだので、ここでいままでの話を簡単にまとめておきましょう。まずはじめにわれわれが考えるべきはトイレでした。そして物置小屋と家畜小屋。三番目に流し場と居間について検討しました。そしてこれは言及しなかったけれど、忘れてはいけないのは、あらゆる果物や野菜を貯蔵しておくためのできるだけ大きな貯蔵庫です。そして道から屋内へ入るための出入り口もつくらなければならない。以上で一階部分は完成。はっきり言いますが、地下室は要りません。地下室などまったく無駄なもので、高くつくだけ。このことはわれわれの経験が物語っています。地下室なんて、いうなれば中世の遺跡みたいなものです。なのに、いまだに石炭やジャガイモなどを貯蔵しておくには地下室がいちばんいいと考える人が少なくない。一階部分に置いたって何も変わりません。洗濯場が地下室にあるなんていうのも最悪です。暖房もないし、湿気がひどく不健康極まりないのですから、これも一階にあるのに越したことはない。

さて、今度は寝室について考えてみましょう。ここでとくに私が強調しておきたいのは、寝ることと住むことははっきりと区別する必要があるということです。寝ることと住むことを一緒にしてはいけない。寝ることそのものは考えるべき優先順位がかぎりなく低いから、寝室は家のなかでももっとも小さくて天井の低い部屋でいいのです。寝室が昼間、そこで生活したくなるような雰囲気をもっていてはおかしいでしょう。だって、そこはあくまで服を脱いでベッドに入り、眠って、朝目が覚めたら起きて、また服を着る場所なのです。寝室とはそれだけの用途を満たすだけの部屋であって、昼間に立ち入る場所ではない。ただドイツやオーストリアでは、いまだに寝ることと住むことがごっちゃになっているのがふつうという状況がある。わが国にいたっては食堂に両開き扉がついていて、両方があけっぴろげになっていると夫婦ふたりのベッドが並んでいる様子まで見えてしまう始末。アメリカでは寝室の扉を開けるとすぐ居間があるなんて、そんなに下品で悲惨で破廉恥な暮らし方を誰ひとりしていません。イギリスではそのような家がごくたまに残っていますが、そのような古い家自体アメリカにはありません。本来、寝室は他の部屋とつながっている必要はまったくなく、ホテルの部屋のようになっていればいいのです。イギリスでは子供たちは自分だけの寝室を持っていますが、オーストリアでは親たちは子供の寝室に目が届くようにしなければいけないと考えています。これは間違い。もし子供たちが幼いころからひとりで寝ることを許されていたら、性格はより強くなり、より独立心に富むようになるでしょう。夜、子供たちが親から監視されるなんて、まったく必要のないことです。

となると二階には、両親用、男の子用、女の子用とそれぞれ個別の寝室からなる三つの部屋が確保されなければなりません。ただ子供が男の子だけだったり、女の子だけだったりして三つも部屋が必要ない場合は、部屋数がふたつになったとしても、ひとつの部屋そのものは寝る人数が増えるぶん大きくしなければいけない。だけど自分たちは男の子だけしかいないとか、女の子だけしかいないなんて誰も断言できはしない。家族が増えることだって当然ありうるわけですからね。だから公団住宅は、どんな家族構成にも適応できなければいけないわけです。そうしたことを考慮すると、間仕切り壁は最初からつくる必要はありません。当初、部屋は大きくとっておけばいい。子供たちがある年齢に達してから、親たちは部屋を仕切ることを考えればいいのです。だから二階の部屋づくりが本来フレキシブルでなければならないわけだから、一階の間仕切り壁と二階のそれはまったく違ったものになります。部屋を仕切るのに収納家具を利用してもいいし、間仕切り壁を使って部屋を仕切ったら、すぐにそこに扉をつける必要もないのです。最初のうちはカーテン一枚あれば十分でしょう。それは家というものが時間をかけてだんだん変化してできあがっていくのと同じことです。家具までしっかり建築家に設計させ、隅々までかっちり完成した家に住人を入居させるのは、まったくおかしな話です。家具を徐々にそろえていくなんてことは住民にまかせておけばいい。建築家がとやかく口出しすることではない。家はけっして完成するということがないんです。つねに何か新しいものを付け加えていけるという可能性がなくてはいけないんですね。ちょうどあれは第一次世界大戦後でしたが、私がパリで出版した本があります。一九〇〇年にドイツ語で書いたもので、そのなかに「金持ちなのに不幸な男」の話があります。[9] そのなかで、私はある家について言及しました。その家は建築家によって内装から家具、装飾その他すべてが設計されていて、家の隅々まで完璧につくりこまれているために、住人自身が新しく何かを買い足す必要のないものでした。公団住宅は、それではいけないのです。だからまだ子供のいない若い夫婦や、いても幼い子供しかいない夫婦に、家具も含めてすべてがそろっているような二階を使わせることは賛成できません。建築家は部屋の間仕切りのさまざまな可能性を点線で示せばいいのです。住みだして最初のうちは、窓の張り出し《フェンスターニッシェ》は要らないし、扉などが必要な場所にはカーテンを引いておけば事足りる。そして後にいよいよ必要になればつくりつければいいのです。こうした目的をあらかじめ考えると、一階の天井は後々二階に重い間仕切り壁をつくっても十分耐えうる構造にしておく必要があります。

　次はどうやって二階へ行くかを考えてみましょう。これを考えるには、大きな問題が前提となる。つまり、二階へ行くには外から階段を上って直接アクセスできるようにすべきか、あるいはいったん一階の居間に入ってリビング・キッチンを通り、そこから二階へ上がるようにすべきかという問題です。私自身は一度一階のなかに入ってから二階へ上るほうに一票です。ドイツでは一般的ですが、外の道から別通路を通って寝室に上がる方法は間違いだと思うのです。そうしてしまうと、二階を賃貸として貸しだすという誘惑に駆られる危険がどうしても大きくなってしまう。だけど借り手がわざわざ別所帯の暮らす居間を通らなければならないとなると、賃貸するなどまったく話題にすら上らなくなる。住人にしてみれば、赤の他人がずかずか自分の家のなかを通るなんてことは望ましくないでしょうからね。ほかにも考えるべきことがあります。ホールに階段をとりつけるというケース全般にいえることですが、居間に階段をつくった場合、階段が大きな空気の通り道になる。そのため寝る直前に二階の扉を開けておくと、暖かい空気が部屋に入ってくるので二階もしっかり暖房されます。もっとも、これは二階を借りている住人なら誰でも寝る前にやっていることですよね。こうして二階の寝室を三十分も暖めておけば、家族の居間を離れて寝室に上っても寒さに震えることもないわけです。二階に暖房施設はとくに必要ない。こうやって家族生活の質も向上していくのです。ところで、みなさん一様にご経験されていると思いますが——戦争中は中流の上に属する方も同様でしたでしょうが——夜になって、これ以上暖房に石炭をくべ足すべきかどうか考えこんでしまうということがあるでしょう。真冬の夜の九時や十時になると、つい石炭代の請求書を思い浮かべ、「いまさら石炭を足しても意味ないな」なんて自分に言い聞かせてしまう。そのあげくぶるぶる震える羽目になってしまったこと、身に覚えがあるのではないでしょうか。だけど、もし居間の暖房が夜のあいだしっかり機能し、そのうえ他の部屋まで暖め、その温もりが消えることがないとわかっているなら、みなさんは必要なかぎり暖房の火を燃えつづけさせるでしょう。そのほうが家族みんなで気持ちよく過ごせるし、寝る時間が来るまで一家みんなで一緒にいられますから。

それから、これはとくに重要なことですが、一階居間の天井はそんなに厚くしてはいけません。この角材を剥き出しにした平天井にモルタル層を組み合わせる必要はありません。というのも、一階の暖房から出た熱が天井を伝って二階の家族の寝室を暖めてくれるからです。なるほど天井にモルタル層をつけないと火事になる可能性を助長すると主張する人もいるでしょうが、一度家が燃えだしたら簡単に燃え尽きてしまうものです。もし火事にでもなって、火の勢いが強くて一階天井部が燃えてしまえば、もう手の施しようがない。一階の天井部、つまり二階の床部は、角材の梁を張りめぐらせた平天井の上におそらく三センチほどの板を釘付けしたものとなり、階下の者は二階で誰かが歩く音を聞いたとしても気に障ることはないでしょう。逆に喜んで家族はこんなことを言うものです。「あの足音はお父さんだ。ちょうど寝るところだね」とか「あ、いま起きたみたいだね」

今日、こうしてみなさんにお話しした私なりのささやかな観察は、私とおおよそ同じようなことを考えている建築家たちには多少なりとも役立つでしょう。それ以上のことは私の意図するところではありません。

追記　質疑応答

質問一　この公団住宅には浴室もついているのですか？

回答　今回の講演会ではそのような話には踏みこみませんでした。浴室はちょっと高くつきすぎると私は考えています。入浴は流し場ですませればいいでしょう。洗い場に蓋のついた洗濯桶があれば、そこで家族が体を流すことができます。蓋は台所テーブルとして使うことができるとさらにいいですね。そうすれば、どの家でも入浴することができ、安くあがります。ただ、もちろん二階の廊下に盥桶を置いておけば、冷水でもお湯でも水浴びはできます。

質問二　ここの公団住宅の屋根は陸屋根それとも切妻屋根ですか？

回答　この質問に答えるには、まず、そもそもなぜわれわれは切妻屋根を採用しているのか、という問いを最初に考えねばなりません。ある人々は、それはロマンチシズムか美的な問題だろうと信じている。しかし、実際にはそうではありません。屋根をつくる際に使う材料が、ある決まった角度を要求するのです。どの材料を使おうと、どうしてもそうなるんです。そして屋根の角度はどの材料を使うかによって決まる、というのは建築に精通している者なら誰でも知っていることです。

かつて人々は、雨風や雪、嵐から家を守るのにスレートか陶土か木材でできた小さな板をつなぎあわせる以外の手段を知りませんでした。すでにそのころもいちばんいい方法は当然一枚の板からできたものだということはわかっていたようですが。一枚板からできた材料を使って屋根をつくるとなると、雨を自然に流し落とすために斜面が必要になる。ハンブルクの大火災があって後、ハンブルク州政府は火に強い屋根のための材料のアイディアを世界中から募集したことがありました。そこへシュレージエン地方のヒルシュベルクに住むホイスラーという名の商人があるアイディアを送ってきたんです。彼は建築にはまったくの素人だった。それはどういうものかというと一枚の巨大な平屋根で、ホルツ・ツェメント構法の屋根と呼ばれることになるものだった〔図参照〕。この木質セメント屋根は、建築史上数千年来の一大発明でした。しかしシュレージエンのヒルシュベルク出身のこの商人は、彼の発明に感謝しない恩知らずな人種がいることを知ります。彼らは屋根の斜面が家の美しさを示すものだとするロマンチックな考え方をする人種でした。屋根の斜面が急であればあるほど美しいと彼らは考えた。こうして屋根の問題はとたんに美的感覚の問題、十九世紀中期の美の問題になったのでした。というのも、もしもルネサンスが始まったころの建築技術者や職人、建築家たちが水平屋根をつくることに成功していたとしたら、これこそ美しいものとしてシュレージエン出身の無名の一商人の大勝利となったことでしょう。なんとナンセンスなことのためにもめたことか！　屋根をめぐって切妻屋根支持派と平屋根支持派のあいだで丁々発止のやりとりがなされたわけです。

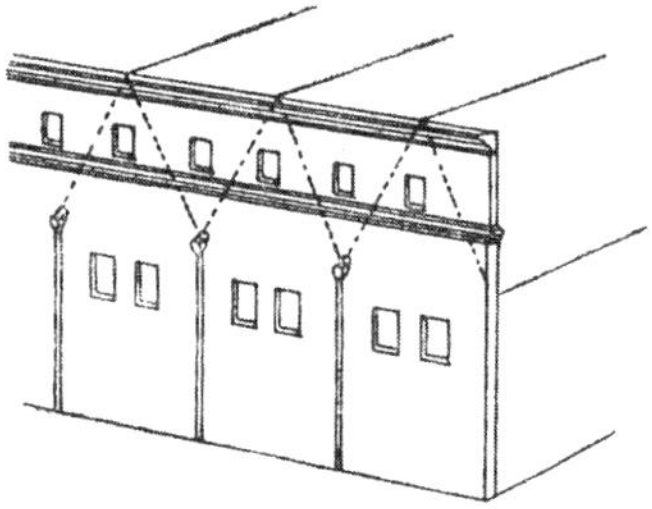

他の地方で屋根がどうなっているのか、私は知りません。少なくともオーストリアではいたるところでル

ネサンス・ファサードが建てられました。これは一見平屋根にみえますが、実際には違います。というのも前面は平屋根に見せかけているけれど、その後ろが切妻屋根になっていたんです。二階部についていた窓は偽物。ときたま本物の切妻窓がついていることはありましたがね。

ああ、当時すでに木質セメント屋根があれば、こんなばかばかしい弥縫策《びほうさく》を講じなくてもすんだのに！

一八四〇年代につくられた木質セメント屋根は、修理の手を入れることなく当時のまま現在も使われています。この木質セメント屋根は、そもそも修理の必要がない。もし建築ハンドブックなどでこれに難癖をつけるものがあれば、それは筆者がこの製法ではなく別の屋根のことを指している可能性がある。この屋根に関して知らなければいけないもっとも重要なことは、一枚板で屋根全体を覆うという点です。その際、この板を野地板に打ちつけてはいけません。というのも、野地板が空気の乾燥や湿気の具合で収縮するからです。だから屋根を覆う一枚板は野地板とは完全に別のものとしてつくる必要があります。そしてこの屋根の表面の下にくる野地板には収縮できる余裕をもたせる必要があります。逆に間違った処理をして屋根の表面をぴったり野地板と接着してしまうと、野地板の収縮によって屋根は当然割れてしまうし、もう修復不可能になってしまう。たとえば屋根のどこかに水気《みずけ》が滲んでいるのを見つけたとします。とはいえ一見したところ、どこにも穴は開いていない。原因はどこかにあるということになる。雨が降ると野地板を伝って流れこみ、どこかに出口を見つけて滲みだしてくるわけですね。こうなってしまうともう修復はできません。できてしまった穴を見つけだすのに、顕微鏡を使えるわけじゃないですから。だからこうなってしまったら、欠陥のある木質セメント屋根は全部剥がして、新しいのにとりかえたほうがいい。この屋根は製造にかかる費用が安いから問題ありません。こうしてこの屋根を使えば平屋根が可能になるし、切妻屋根だと実現しなかった水平で垂直な部屋、つまり広々とした四角い部屋を最上階につくることが可能になります。もうこれは、建築史上数千年来の念願だったといっても過言ではありません。しかし公団住宅の住人のなかには、こんなことを言う人がいるんです。「私たちは屋根裏部屋が必要だ。そこに干し草を保管しておかなければならないから」。ちょっと待ってください、と私は言いたい。干し草なんて屋根裏に置こうが別の場所に置こうが同じことですよね。まったくばかげた話だが、しかしこう言い返される。「屋根裏があれば費用もかけずに一階ぶん得するじゃないか」と。

しかし、ほんとうにそうだろうか？　平屋をつくるのに、誰が屋根裏などつくるでしょうか？　たしかに安上がりかもしれないけれど、屋根裏しかないんじゃしょうがない。たとえば、私は図で示したような家を見たことがありません。

質問三　農民はどこにリンゴ酒を貯蔵したらいいのでしょうか？

回答　これはとても大事な問題です。フランスの農民はリンゴ酒専用貯蔵室をもっていますが、それは地下室ではないのです。どんな小規模な農民でもリンゴ酒の入った樽を持っていて、一階にそのための小さな貯蔵室をしつらえています。そして一年、二年と時間をかけて一樽を飲み干します。わざわざ店で買うこともない。ただフランスの農民は、酒を一度瓶詰めにして瓶から飲むということはしません。それに涼しい部屋に置いておくこともしない。それでもちゃんとリンゴ酒は発酵していますよ。

さてこの公団住宅でリンゴ酒をどうやって発酵させるか、それは住人たちがどう協力しあえるのか、という問題になってきます。住民たちが共同でひとつの地下室を持ち、そこに貯蔵することもできます。公団住宅は、本来こうした共同作業が可能でなくてはならない。前出のミッゲ氏はさらに進んだ主張をしています。

「住人たちが共同で肥料づくりの施設をつくり、みなで活用すべきだ」とね。そうするには時期尚早だと私は思っています。住人たちがつくるものはいろいろだし、そうすると肥料を供給するにも、あまりに時期がばらけてしまうから手がかかりすぎる。ただ、農民も将来的には今日以上に社会的な共同性を考えていくようになるだろうということは、みなさんもぜひ注目しておいていただきたいと思います。いずれはフランスやスイスのような環境が整ってくるでしょうね。農民たちが共同意識をもって農作業に従事しているかどうかを見分ける簡単な試金石があります。それは彼らがチーズをつくっているかどうかということ。チーズはひとりではできない。協力しないとできないものなのですね。バイエルン地方なんかにいくと、こうした協力のもとでチーズを生産する大きな製造所がいくつもある。逆にチーズをつくらないところでは、余ったミルクは豚が飲むほかないのです。これはできれば避けたいことです。というわけでリンゴ酒はみなで協力して製造し、樽に入れて一階に貯蔵しておけばいいですね。

言い忘れましたが、公団住宅の食料貯蔵庫は特別大きなものである必要があります。都会のものとは比べられないくらいにね。住人たちが一度、彼らの食料貯蔵庫の見取り図を持ってきたことがありましたが、あまりに小さくて、私はそれを突き返したことがありました。食料貯蔵庫は大きいに越したことはないです。

質問四　さまざまなお話のなかで公団住宅における必要条件を語られましたが、複数世帯が同居する集合住宅においては、そうした問題はどのようにクリアされるのでしょうか。

回答　私はいままで一度だけ集合住宅を設計したことがありますが、残念ながらそのアイディアはウィーン市の自治体から受け入れてもらえませんでした。私が設計したのは複数世帯が入ることのできる共同アパートで、そこに二層からなる複層住戸《メゾネット》がいくつも入るというものでした。これは私の発明ではありません。イギリスやアメリカには、こうしたメゾネットからなる十階建てや二十階建ての集合住宅があります。彼らは寝室の横に居間があるのを嫌がるんですね。その点を非常に重視している。このふたつの部屋が階段の上と下で分かれていることが大事なんです。こうしたメゾネットにすることで、たとえひとつの集合住宅内にあっても、自分だけの家を所有している気分に浸ることができる。それによって住人自身の価値が上がったような気にもなる。ここから考えてみると、なぜアメリカ人やイギリス人が夕食前に服を着替えるのか理解できるのです。もし居間と寝室が同じ階にあって扉ひとつで出入りするようになっていたら、わざわざ着替えようなどと考えないでしょう。もしどこかリゾート地のホテルに宿泊していて、さて夕食の時間が来た、じゃあ軽く着替えようということになりますが、それは三階や四階、五階に泊まっていて食堂が別の階にあるからです。食事ができたという合図が鳴るのを待つか、あるいは呼ばれるまでラウンジでくつろいでいればいい。こう考えれば、着替えるのも面倒ではなくなります。でも、食堂の扉を開けたらそこは寝室になっているなんてつくりの家だったら、着替えなきゃいけないなんて気も起きないでしょう。中央アフリカを旅するイギリス人が、午後六時になるとわざわざスモーキングに着替えてから食事につくという話を聞くことがありますが、彼らの習慣を考えればこれも理解できます。以前、私はオーストラリアでも仕事をしている建築家からこんな話を聞いたことがあります。彼は荒野に住むある白人家族から食事の招待を受けたそうです。彼は食卓にあらわれたその家の夫婦を見て驚いた。なんとホスト役の夫はスモーキングを着込み、妻は舞踏会用ドレスに身を包んでいたというんです。すっかりびっくりした彼に、現地の白人たちはこう言ったそうです。「われわれがそうふるまうのは当然なんだ。それがこの異郷の地でわれわれの文化と関わるための唯一の手段なのだから」と。つまりこれは現地に住む白人たちの素朴な必要ということです。こうしたふるまいによって彼らは自分たちが知的階級に属する人種であることを示していたのです。私は労働者もまた夕食

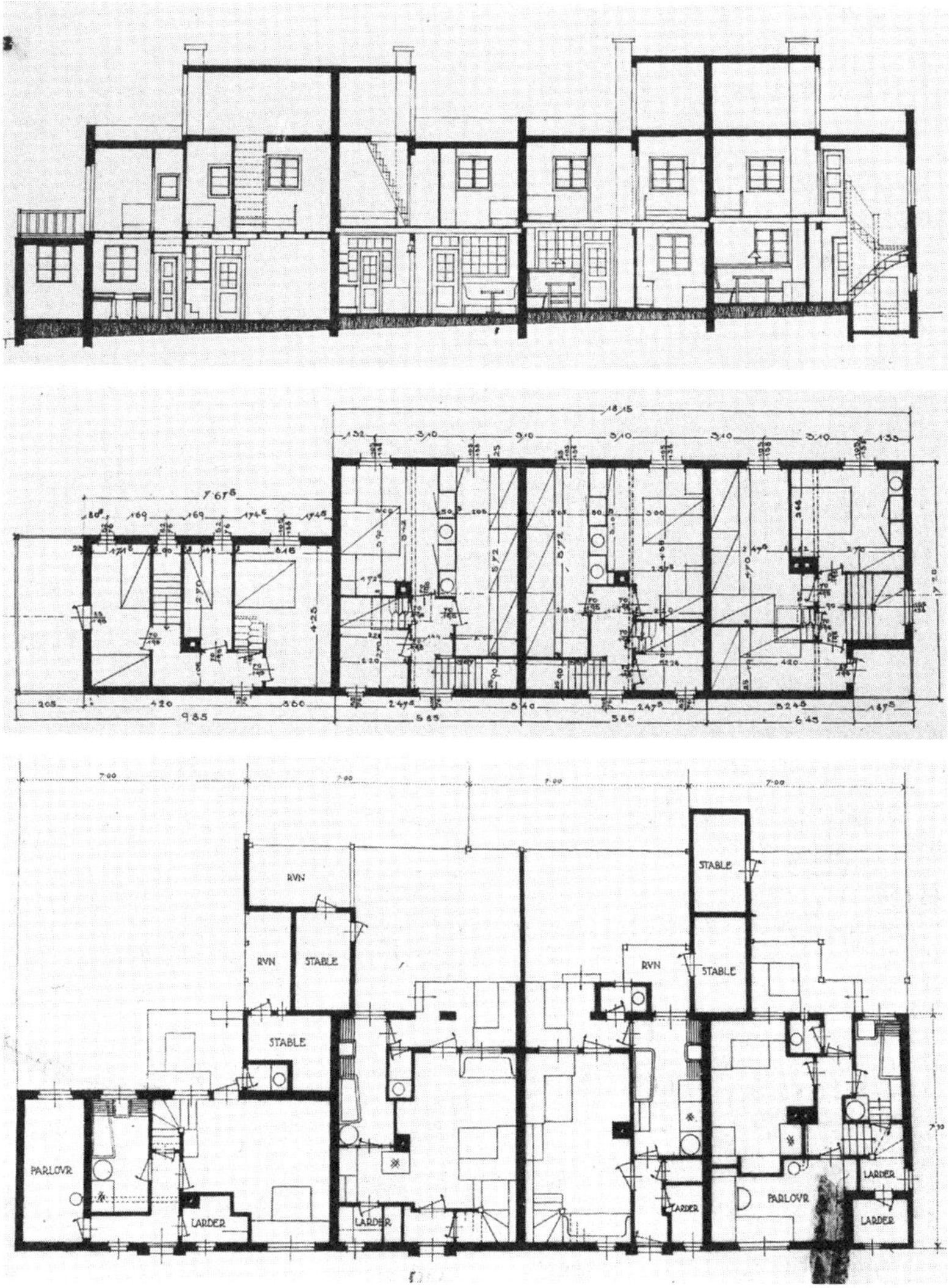

ロースによる公団住宅案、断面、2階・1階平面図。この図面は1922年3月、ロースがロンドンでおこなった公団住宅についての講演のために準備されたもの。4軒とも通り側に食料貯蔵室、庭側に家畜小屋が設置されている。家畜小屋前の飼育場は右端の1軒には描かれていない。客間があるのは両端の2軒

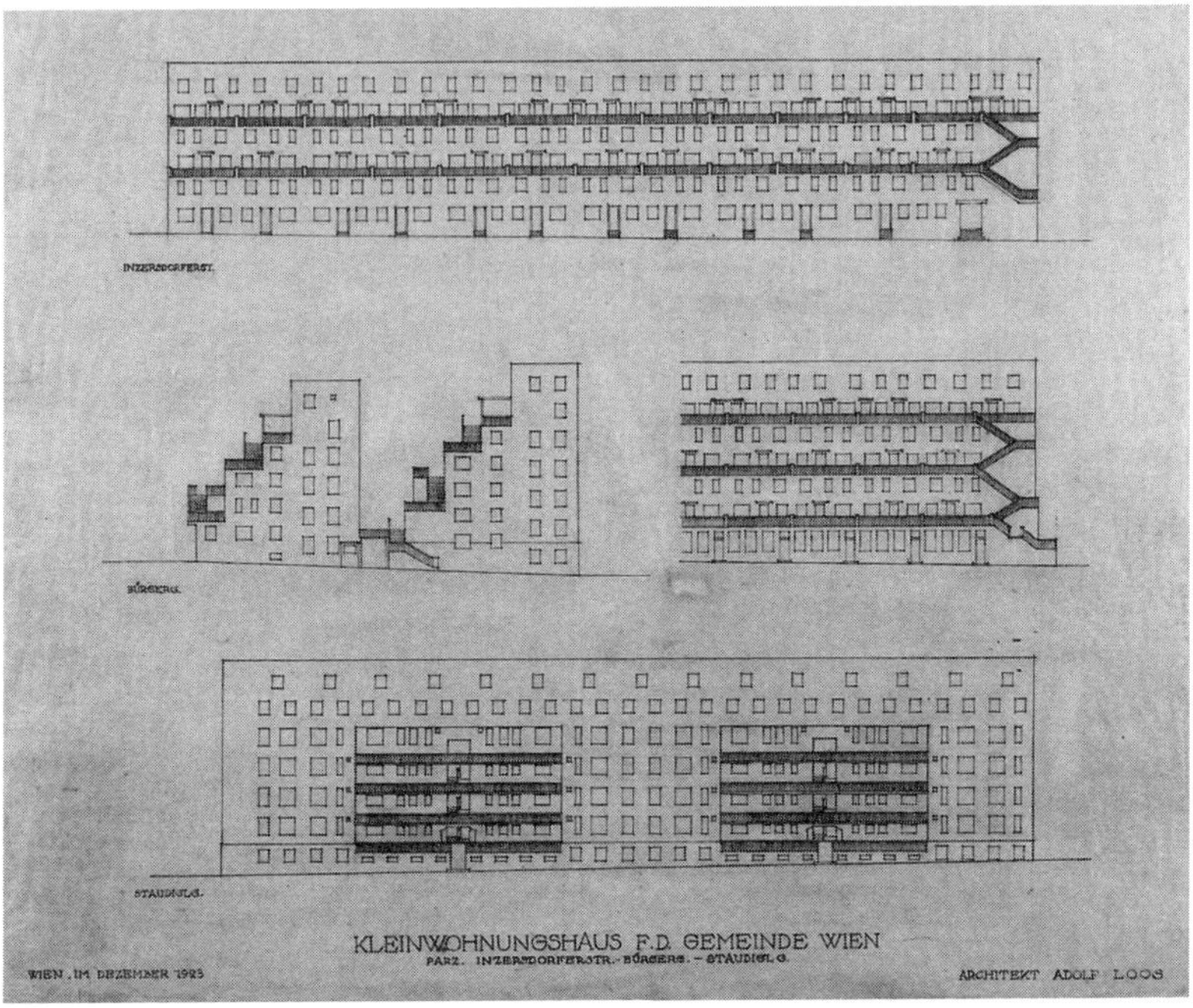

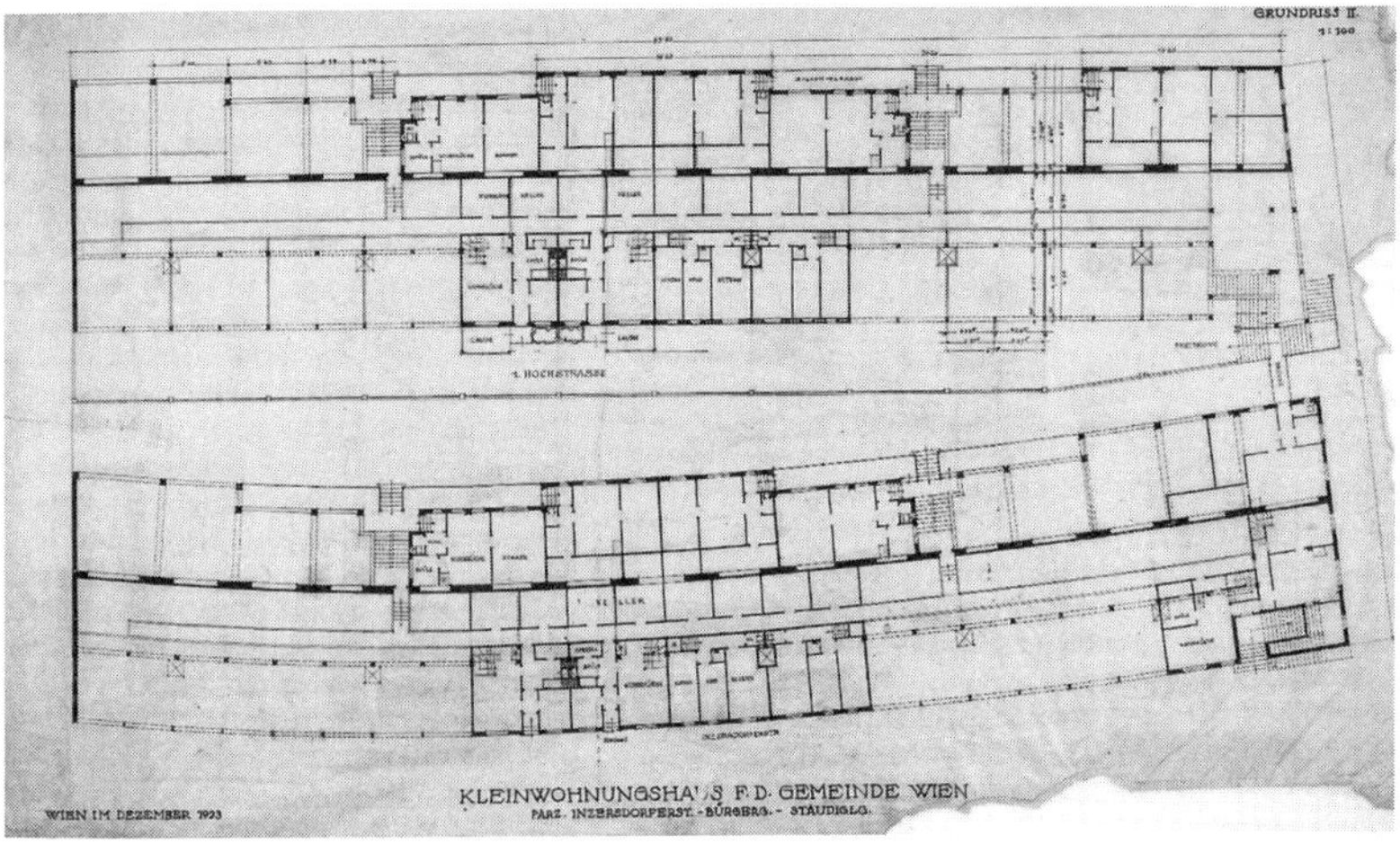

ロース、ウィーン市営インツェルスドルファー通りのアパート案（1923年）。上・表通り、ビュルガーガッセ、シュタウディグルガッセ側立面図。下・平面図。ここでは背後の棟の前面に「高架道」がある

時に着替えることは非常に大事なのではないかと考えています。とくに手を駆使し、肉体を使う労働者こそが、服を着替えることで心も着替えて解放感を味わう必要がある。スーツ姿でオフィスに座って仕事をしている人たちより、それはずっと必要なことだと思うのです。そして手洗いする習慣が身につけば完璧。昼日中ずっと木靴を履いて庭の畑で農作業に勤しんでいた公団住宅の住人が、外出するときには靴を履きかえ、家に戻ってきたらまた靴を脱ぐ。とくに夕方にはそうすることが必要です。こうした習慣はイギリス人なら誰しもが実践していることです。たとえ夕食時に着替えなくともね。彼らは一日外で履いていた靴を脱ぎ、夕方《イブニング》になると家用の靴に履きかえる。そして燕尾服、つまりイブニング・コートに着替えもするのです。

　以上の理由から、共同住宅は二層からなるメゾネットで構成されるのがいいと思うのです。そして玄関は道からつながっている状態にする。私の計画ではさらに付け加えるべきことがある。このメゾネット型集合住宅を、ちょうど雛壇状に建てられたアパートのような外観とし、外部には階段をつけ、その階段を上って各メゾネットのテラスに入ることができるようにするというものです。このテラスを高架道《ホッホシュトラーセ》と呼んでもいい。そして各テラスには玄関口と四阿《あずまや》がついていて、夕暮れどき風に吹かれながら座って一時を過ごすこともできるようにする。子供たちがこのテラスで遊べば、路上の車に轢かれたりする危険もない。これがずっと私が構想していたアイディアです。そのきっかけとなったのは、哀れな、もっとも哀れなともいうべき子供たちの悲しいニュースをしばしば読んだからです。両親が仕事で家におらず、家のなかに置き去りにされた子供たちが、外へ出たくてうずうずして窓の敷居によじ登ったあげく、路上や中庭に墜落して大事故になるなんてニュースをみなさんも耳にされたことがあるでしょう。だからこの安全で静かなテラスがあれば、家の近くで隣人たちが見守るなか、子供たちは一日中外で遊べるというわけです。こうすれば子供たちを庇護できると私は考えたのです。

（一九二六年）

短い髪　あるアンケートへの回答

ヘアスタイルについてのアンケートであるが、逆にこちらから質問させていただきたい。女性のみなさんにたずねるが、男性の短髪についてどう思われるだろうか。こう聞かれればたいていは、そんなことは男性自身の問題でこちらには関係ないとお答えになるだろう。まあ聞いてほしい。スイスのチューリヒでこんな事件があった。ある病院の院長が看護婦をクビにした、なぜなら彼女が髪をばっさり切ったからというのだ。院長は男性だった。もしこれが逆だったら、つまり院長が女性で、看護士が髪を切ったからという理由でクビにするなんてことがありうるだろうか？　元来、男のヘアスタイルは長いものなのである。古代ゲルマン人は長髪を頭のてっぺんで結んでいた。中世になると肩まで垂らした。ルネサンス時代になると古代ローマの習慣に習い短髪になった（いま私が書いているのは、すべて男のヘアスタイルについてである）。これが十七世紀後半から十八世紀初頭に君臨したフランスのルイ十四世時代になるとふたたび肩まで伸ばすようになり、その後、編んだ髪を下げる時代をはさみ、フランス革命以降、ドイツの詩人フリードリヒ・フォン・シラーのようにくるくるにカールした長髪を肩下まで伸ばすシラー巻きが主流となる。その後また短髪に戻り、かのナポレオンはローマ帝国皇帝カエサルに似せた「シーザーカット」にした。これは今日「短髪」と呼ばれるヘアスタイルといってもいいだろう。同時に女性も髪を短く切るようになり――当然の帰結だろう――このスタイルはローマ帝国皇帝ティトゥスをまねて、厚みをもたせた短いカールヘアで「ティトゥスカット」と呼ばれた。だが、いまいったいなぜ長い髪が女性的で、短い髪が男性的とされているのか……そんなことは男たちに混じってお年を召された女性たちが空っぽの頭でせいぜい考えればよろしい。一方で男性たちが、女は長い髪をゆらせとか、長い髪は魅惑的であり、女は男の劣情を刺激するためだけに存在するのだから云々と女性たちにあれこれ指図したいなんて、まったく厚顔無恥もはなはだしい！　女性たちのエロティックな内面生活は秘密に満ちているものだ。まさかそれを道徳的要求にまで高め、世間にさらそうとする女性など誰もいないだろう。ところで女性がズボンをはき、男性がスカートをはく。これは中国でのことだ。西洋では逆である。だが、そんな瑣末なことを神聖な世界秩序や自然、道徳といったものと結びつけるのは滑稽に思える。農業や酪農などの労働に従事する女性はズボンをはくか、短めのスカートをはく。けれども労働などとはまったく縁のない女性たちは、好き勝手に自分の服を着散らしている。女性にあれこれ指図したい男がいる。彼は女性を性的奴隷としかみていないということだろう。男は自分の服選びに時間を割けばいい。その間、女性たちはとっくに自分の服を選んでいるだろう。

（一九二八年）

家具と人間　工芸に関する本に寄せて

私がまだ幼い少年だったころの話だ。はじめてオーストリア博物館――ウィーンでは工芸博物館をそう呼んでいる――に足を踏み入れたとき、何より目を引いたのは巨大な二枚の木のパネルだった。それらはつなぎあわされ、木の象嵌による色の妙と木目によってさまざまなシーンを形づくり、一幅の歴史画になっていたのだ。この作品は後の私の人生に大きな影響を与えることになった。絵画のなかの登場人物たちは実物大で、木のパネルの大きさは縦が三六〇センチ、横がそれぞれ三七三センチと三七六センチだった。なぜそれを知っているのかというと、ハンス・フート〔1〕が書いた文献学的著作『アブラハム・レントゲンとダフィット・レントゲン、彼らのノイヴィート家具工房』に記されていたからである。この本はレントゲン工房に捧げられているのだが、この本に件の「木製パネル」作品が詳述されていた。

この本は「十八世紀でもっとも偉大な堅木細工職人《エベニスト》〔2〕」――百科全書派のひとりグリム侯爵はロシアの女帝エカチェリーナ二世〔3〕への推薦書のなかでダフィット・レントゲンのことをそう呼んでいる――の生涯と作品を明らかにしてくれるのみならず、われわれはダフィットの父アブラハム・レントゲンと彼らの工房の誕生の過程を知ることができる。アブラハム・レントゲンはライン地方のケルンの町ミュールハイム出身で、オランダでキャリアをスタートさせ、その後ロンドンに落ち着いた。このロンドンでの日々が決定的だった。フートの本によれば、南ドイツのコブレンツにあるノイヴィートに工房を開いたとき、ダーフィットはすでにイギリスの家具職人でデザイナーとしても才能を発揮していたトーマス・チッペンデール[4]の図集に描かれた銅版画《シュティッヘ》を応用して自分の家具に利用していたという[5]。さらに棚の抽斗を、イギリス流を規範として小さく張り出た繰形[6]で縁取りしていた。この手法は、当時まだドイツの家具職人のあいだでは通常みられなかったものだ。

この本と出会うことができて、私はつくづく幸せである。ダフィット・レントゲンは、人生を通じてあこがれつづけている私のアイドルだ。もっとも、私が彼について知っていることは次の事実だけである。彼が実在の人物であり、エカチェリーナ二世に書き物用机を二万ターラー[7]で売ったこと。しかも女王は当初の言い値が破格に安いと思い、彼女みずから値段を吊りあげその値段で買った。私ほどこのエピソードに力を込めて繰り返し話す者はいないかもしれない。というのも、私は確信しているのだ。職人仕事というものは、このような評価の仕方によって成果という花をみごとに咲き誇らせることができるのだ。だがエカチェリーナのような目の利く人物は、もう死に絶えてしまった。

ところでこの女帝とレントゲンのあいだで値段交渉がやりとりされていたとき、すでに書き物机は完成していた。だから、もし値段が安く設定されたとしても、その製品をいまさら手を抜いて安い製品にすることはできなかった。しかし次の注文で値段が安く設定された場合には手抜き仕事でやっつけることができる！だがもちろん、ある工房でつくられた製品に対し、顧客側の自由で高く払うということになれば、それはつねによりいいものでなければならないのは当然だ。だから職人世界ではこの決まり文句がある。

「工房を育てるのは顧客である」

フートの本から知ったことはほかにもある。ダフィット・レントゲンはイギリスの家具職人であることを自称した。正確にいえば自分のことを英語で「キャビネットメイカー（家具職人）」と称したのだ。この本の宣伝文句にある文言がそれを明かしている。

「ダフィット・レントゲン、ドイツ・ラインラント＝プファルツ州ノイヴィートに拠点を置くイギリスのキャビネットメイカー。あらゆる種類の家具・室内設備を製造販売。イギリス風やフランス風あり。最新の技法と発明を駆使。書き物机、飾り箪笥、化粧台、カード用テーブル、宝石箱、仕事机、蛇腹扉つきの書き物机、飾り椅子、長椅子等々」

私は問いたい。現在、もっとも価値ある重要な家具は、この世界中のいったいどこにあるのか？　この家具こそプロの職人仕事だと呼びうる家具は？　いったいどこに本物の家具職人はいるのだろうか？　棚は？あるいは往時のフォルムに合わせた大型衣装箪笥《アルモワール》や鏡のついた丈の高い戸棚は？　こうした一連の家具が新聞広告に掲載されることはない。それに最近書かれる工芸関係の本の著者たちは、内容は盛りだくさんで挿入される図版は抜群にいいのに、いかんせん家具に関するものを掲載しない。ということは遠くない将来、家具が消え去るということなのだろうか？　いや、そうではない。もう、こうした家具が新たにつくられることはなくなったということだ。もう現代的ではないのだ。レントゲン工房が活躍した時代、人々はもう衣服を大きな衣装棚にしまわず、小さな収納庫にしまうようになっていた。それはイギリスではクローゼットと呼ばれ、ドイツ語では「フェアシュルス〔＝保管する〕」という言葉で呼ばれるようになっていたのである（ここからウォータークローゼット、つまり汚水を閉じこめておく場所という言葉が派生してくるのだが、これはまた別のテーマだ！）。ところでフランス人とイギリス人は、フランスではパンドリーと呼ばれているこの新たに開発されたつくりつけの戸棚にこだわった。それは、われわれがドイツ語で「ヴァンドシュランク〔＝つくりつけの戸棚〕」と呼んでいるものだ。一方、われわれドイツ人は十七世紀の洋服収納棚を継承し、この家具で部屋を飾り立てたままである。たとえその棚のなかに漬物瓶が入っているだけであっても。今日、衣装箪笥をなくすことは建築家の自由になった。建築における現代的な試みはすべて名誉ある仕事として認められていることはたしかだ。だが蠟燭の芯切り鋏のようなむかしからある日用品がいまだ使われているというのに、あえてこの時代を切り開く新しい試みがいったいどんな役に立っているというのだろうか？　いや、大いに役立っているのである！　われわれはじつはもう百年先に行ってしまっているのである！　レントゲンの作品リストから現在も使いうるものを選ぶとすれば、いくつかは削除せざるをえないだろう。今日、職人によってつくられているのは家具のみである。しかも売りに出せる家具のみである。他のもの、つまり売り買いできない家具はすべて家につくりつけられており、そのため職人ではなく建築家の仕事領域になっている。ある賃貸住宅の入居者は、買いとるか借り受けるかの違いはあれ、前の住人が使っていたものをすべて使いつづけていくのである。一方で天井、床、壁、つくりつけ家具などの現代の様式には誰しもが満足を覚える。だが建築家は、つくりつけではない本来職人仕事である家具づくりに手を出すなと言いたい。なぜなら今日の建築家が設計した家具は現代的でなく、職人がつくった本来のものこそ現代的だからである。そしてわれわれは自問する。もし家具を建築家が「設計」したならば、他の天井や床、壁とその家具は調和するだろうか？　それらが調和するのは、すべてがひとしなみに現代的である場合に限る。現代的なものはなんでも調和する。靴、靴下、衣類、シャツ、革のスーツケースなど、どれを組み合わせても違和感がない。だが建築家による家具だけはまったく調和しない。理由は簡単だ。建築家は家具において何が現代的であるかを知ることができないからだ。

ダフィット・レントゲンの時代には、今日ではエンジニアや仕立屋だけがそうであるように、一部ではあれ「現代的」な人間がいた。彼らは何が現代的であるかは知らなかったが、できうるかぎり最高のものをつくりあげようとする人間だった。なぜ彼らが現代的であることを知らなかったのか。それは、現代という知恵を知ることがむしろ現代性を排除してしまうからだ！　ここに人間と似非人間を隔てる越えがたい境界がある。キリストが麦の実と殻を選り分け、実を倉に入れ殻を火に投じたように、時代が人間と似非人間を選り分け、正しい人間だけを認めるのである。

ところでこの文章のはじめに言及した木製壁画のことだが、ダフィット・レントゲンはこの作品によって私に今世紀への展望を与えてくれた。彼の言わんとするところを私はすぐに理解した。それはこういうメッセージだった。これからは家具そのものではなく壁をどう活かすかを考えるべきだと。つまり現代流に言いかえれば、つくりつけの家具こそが重要なのだということだ。レントゲンの木製壁画がもつ強い印象はこの壁の活用にもとづいている。そしてこの印象は堕落していない人間、つまり子供たちすべてに訴えかけるのである。

なぜなら、あらゆる人間は現代感覚を身につけて母胎から外へ出てくるからである。だが、現代感覚を非現代感覚において利用すること、これをわれわれは教育と呼んでいる。

かつてアメリカで、私は偶然にも寄木細工工房に足を踏み入れたことがあった。そこでの製作工程はこうだった。まず下絵師が下絵を描き、次に皿に入れた熱した砂の上で寄木模様の色合いや陰影をつくりだし、そして細工師が各パーツを組み合わせていく（あらかじめ十二のパーツに切断されていた）。あとはこれを接着し、余計な部分を手鋸で切断していった。私の本業は組積工でしかなかったにもかかわらず、この手法を「壁絵」にまで応用したレントゲンの着想こそ、私が工芸に惚れこむきっかけをつくったのであった。工芸に携わることのほうが、工業学校で学ぶより数段重要に思えたのだ。

最後になるが、読者諸氏はどうかダフィット・レントゲンが参画した家具製作における大きな変革を思い出してほしい。その核心は、質という問題に根ざしている。今日レントゲン時代のようなすばらしい仕事をなしとげるのは不可能だと主張する者があれば、それはまったくの間違いである。逆である。今日こそ、あの時代のような質の高いものがつくれるのだ。レントゲンたちの仕事は、家具製作に携わる者たちすべての共有財産である。最近亡くなったが、キュンストラーハウスの常連だったあの画家の言葉は工芸界にも通用する。彼は言った。「もししっかり払ってもらえるなら、われわれだってみなラファエロやミケランジェロのような作品を描きたかったのだ」

（一九二九年）

ヨーゼフ・ファイリッヒ

老ファイリッヒが死んだ。昨日、埋葬された。

私とつきあいのある人なら、私が誰のことを言っているのかおわかりだろう。私の顧客なら、彼のことを知っている。彼の死は、今後住居というもののあり方を大きく変えてしまうことになるだろう。その内実を明らかにするためには、多少説明が必要だ。

芸術をめぐる大仰な議論が、こと住居に関しては犬一匹たりとも暖かい暖炉から振り向かせられないことは誰もが知っている。これはどの国でも同様である。同様にさまざまな組織や学校、教授たち、専門誌といったものの活動がなんら新しい起爆材にならないというのも周知のことである。さらに現代工芸の発展は新しい発明の影響をまったく被らずにきたのだが、それがじつはあるひとりの男の努力によるものであったということもよく知られている。それは私だ。私だということは誰も知らない。なにも私は私の死後、追悼文にそのことを書き入れてほしいと言っているのではない。このことははっきり言っておく。

もし私が生きているあいだに、私が書いたものが活字になって発表されたとしたら、いたるところで人々が怒り心頭に発することは、私自身わかっている。しかし読者諸君、過去数年間、どの家具やどのような調度品があなた方に望まれたか思い出すことができるだろうか？　つくられてたった十年しか経っていないのに、まるで流行の婦人用帽子のように美的センスからいってありえない状態（それを諸君が「非現代的」と呼んでいる）になっているものがほとんどではないか。「どうかそんな代物、相手にしないでください。なにしろ私が三年前につくったものですから」とさる現代建築家はのたまった。のみならず、この発言のおかげで、この男は三年ごとに自分の作品を克服し、新しいものをつくることができる偉大な人物と祀り上げられたのだった。職人であればそんな言葉は思いつきもしない。この男のような人生観をもつものにかぎって自分を芸術家だと名乗りたがるのだ。

こうした状況が一変するのは、人間が明確に芸術と工芸を分けるようになり、紳士ぶった詐欺師や無教養な者たちが芸術という聖なる宮から追いだされたとき、一言でいえば私の使命が果たされたときはじめて実現されるのである。

われわれはすでにその偉大な道を歩きだしていることを見てとることができる。具体例を挙げるなら、まず第一段階はこうだ。私が一八九九年、ウィーン分離派の展示会に参加を求められたときのこと。私はこう応じた。「ヴュルツルがつくる実直なスーツケースとフランクルの衣服がともに展示されるなら、参加を検討してもいい」。当然非難が殺到した。だが、パリではいまをさかのぼること三年前、いたってまともな皮革製造業者が度を越した遊び、つまりは「芸術作品」としてつくったスーツケースを出展したことがあった（ちなみに、世間ではいま芸術を解さないウィーンの俗物たちまでもがこの「遊び」に熱をあげている。——これはわが応用芸術家諸君たちの最新のおしゃべりネタだ——その遊びはいうなればタロットカードにふけっているようなもので、そのため誰もこの「遊び」にかかっただけの時間の対価を払えとは言わないのだ）。ただしそのスーツケースの変わりようは、持ち主誰もが思わずホテルのポーターの前で恥じ入らざるをえないような代物だった。しかし、この変わりっぷりがなければ、おそらくその展示会には呼ばれなかっただろう。そして第二段階。ウィーン工房が設立された年のことだ。私はこの工房への参加者たちにこう言った。「君たちに確かな才能があることは認めよう。しかしその才能の向かう先は君たちが考えている分野においてではない。それはレディースファッションの分野でいかんなく発揮される想像力だ。君たちはレディースをつくりたまえ」。これまた非難囂々である。だが数年後、ウィーン工房には実際にレディースのモードを扱うチームが編成された。もしこのレディースモードだけで活動していれば、ウィーン工房もさらにしっかりした経営基盤の上で運営できる企業体になりえただろう（芸術家にとっては発狂したくなるような話ではないか！）。彼らは自慢げに自分たちを支持するパトロンたちのおかげで活発な活動を展開していると吹聴しているが、実際にはパトロンのおかげではないのである。

ところで芸術家たち個人の努力や克己心と、日常生活を送る人々の日用品とは元来なんの縁もない。芸術家が努力したところで、そのフォルムがよくなるわけではない。人々が望んでいるのは日用品がよくなることだけである。私自身は、芸術家連中の虚栄に満ちた出世欲とは距離を保ってきたつもりだ。そんなことをいうのは、おまえ個人の恨みつらみからじゃないか、と人は言う。そういう面があったのは否めない。こんな経緯があった。私がかつてシュトゥットガルトの住宅展で設計するチャンスがめぐってきた際に、私の設計案はにべもなく断られてしまった(1)。私が展示しようと考えていたのは、住宅の部屋割りを従来のように各階ごとに平面で考えるのではなく空間で考えるという方法だった。この計画がうまくいっていれば、人類にとって多くの労力と時間を節約できたはずなのだが、それも一芸術家の虚栄心として片づけられてしまったのである(2)。

だが、いったん解決したことは、それ以降なかなか発展しにくいものだ。新たな発明によって古いものが捨てられるか、あるいは新しい文化形態が登場し、それまで常識とされてきたものが根本的に覆されてしまうまでは、何世紀にもわたり決まったフォルムが崩れることはない(3)。

食事の際は食卓につく、ナイフやフォークを使う、こういったことは二百年来まったく変わっていない。同様にネジを嵌める、はずすといったことも数世紀にわたって変わらずおこなわれてきたから、ネジまわしにも変化がない。過去百五十年、われわれは変わることなく同じフォルムの椅子に座ってきた。一方、身の

(1) 私の参加を拒否した理由に関しては、この展示会の主催者たちのあいだでも見解はばらばらである。シュトゥットガルトでは市長が私のことをよく思っていない、という人もいた。市長命令による拒否だというわけだ。次に聞いたのは、私の出展する場所の余裕がないというものだ〔1〕。だが、私の設計した家をぜひ展示したいという関係者がいたにもかかわらず、最後の最後になって建築家ブルジョワが私の代役を務めることになったという人もいる。またドイツ工作連盟のフランクフルト支部のトップが言うには、私がドイツ人に属するとはっきり言うには不十分だから、ということだった。彼が言わんとする意味では、たしかに私はそのとおりだ。こうした連中のあいだでは、「なぜパプア人には文化があって、ドイツ人にはないのか?」という物議をかもした私の発言が反ドイツ的ないし悪意に満ちた冗談と解されているのである。この発言の真意はそんなものではなく、ドイツ魂の張り裂けんばかりの発露なのだ、ということを彼らに理解してもらうのは不可能だろう。

(2) なぜなら部屋割りを平面図でなく空間において思考する、というのは建築界における偉大な革命だからである。哲学者イマヌエル・カント以前、人類はまだ空間において思考するということができなかった。そのため建築家は、トイレの天井の高さを大広間の天井の高さと同じように設計することを余儀なくされた。その半分の高さに抑えるという空間的思考ができていれば、トイレの上に天井の低いもうひとつの部屋が確保できたのだ。いつの日か、われわれが平面板の上ではなく立方体のなかでチェスができるようになるのと同様に、建築家も将来的には平面を空間でとらえ、思考することになるだろう。

(3) この文章の断定的な調子がまったく理解できない門外漢は私と別の考え方の持ち主の違いをこうとらえる。ロースは日常における事物の使用が文化形態と事物のフォルムをつくっていくと主張しているのに対し、別の人々は新しくつくられた事物のフォルムが文化形態(座る、住む、食べる等々)に影響をおよぼすと主張していると。

まわりで変化したものもある。表面に砂を吹きつけて研磨した床のかわりに、足元には絨毯を敷くようになった。われわれが床の上に座るようになったからである。また天井には装飾豊かな絵画を描くかわりに、白くまっさらなままにするようになったが、現代人に天井絵画を眺める習慣がなくなったからである。蠟燭のかわりには電灯が発明されて使われるようになったし、装飾豊かな壁のかわりに無装飾の木材が板張りされるか、余裕があれば大理石を張るようになった。こうした変化はいくらでもあげられる。ところが椅子は違う。古い時代のコピーであっても（職人の手になる椅子はすべてコピーである。それが一ヵ月前につくられたものを見本にしたものであれ、百年前のものをコピーしたものであれ）どんな部屋にも調和する。ペルシャ絨毯がどの部屋に敷いても違和感がないのと同様である。自分の嗜好にこだわって物笑いの種になるのは愚か者だけである。

新たに食卓用の椅子をデザインするなど私に言わせれば愚の骨頂である。時間と労力を無駄にするだけで、まったく余計なことである。チッペンデールの時代の食卓椅子は完璧なものばかりだ。いうなれば椅子とはどうあるべきかという問題への完璧な解決だったのである。現在までそれより優れたものを誰も発案しえていない。現代のフォークやサーベル、ネジまわしと同じである。ネジまわしを使ってネジを抜きとることができない人間やフェンシングができない人間、現代人と同じように食事ができない人間、こうした人間たちはいとも簡単に新しいネジまわしやサーベル、フォークをデザインしてみせる。彼らは――彼らに言わせれば――芸術家の想像力によってそれをなしとげるというのだ。だが私が世話になっている馬具職人の親方は、新しい馬の鞍をデザインして親方に見せに来た芸術家に向かってこういった。「親愛なる教授先生！　もし、わたしが馬や乗馬、馬具職人の仕事や革について、あなたのようにほとんど知識を持ちあわせていなければ、きっとわたしだってあなたの芸術的想像力とやらをもてたでしょう」

チッペンデールの椅子は完璧である。そのため、チッペンデールの時代以降につくられたあらゆる部屋、つまり今日ある部屋に調和するのである。ただし、この椅子をつくることができるのは椅子を専門にしている職人だけであり、一般の家具職人には不可能だ。だがいま巷にある新しい椅子は、この一般の家具職人によってつくりだされている。椅子の専門職人であれ、一般の家具職人であれ、彼らは木材からモノをつくる。鞄職人も馬具職人も革からモノをつくる。だが乗馬をする者ならば、鞄職人がつくる鞍を一蹴するだろう。なぜか？　それは乗馬をする人間が乗馬とは何かということを少なからず理解しているからである。

かつては食卓椅子に座るという行為を、椅子職人がしっかり理解していた。そんな時代につくられた椅子を熟知するつくり手なら、新たにつくられる椅子まがいの椅子を一蹴することだろう。そんなつくり手なら、今日の家具職人の手には負えないむかしの椅子のコピーをつくることを選ぶ。そしてこうした職人はいずれ消えてゆき、さらに技術を継承していく者がいないために、私はことあるごとにたずねられてきたのである。

「もし老ファイリッッヒがいなくなってしまったら、あなたはどうなさるおつもりか？」

昨日、ファイリッッヒは葬られた。このファイリッッヒが私の設計する住宅の食卓椅子を一手に引き受けてきたのだ。三十年の長きにわたりファイリッッヒは信頼に足る、よき仕事仲間だった。第一次世界大戦勃発まで、彼はひとりの徒弟を抱えており、その徒弟との共同作業を彼は高く買っていた。最近の若い人について彼はあまりよく言わなかった。だがこの徒弟も戦争で失った。それ以来、彼はひとりきりで仕事をしてきた。たとえ高くつきすぎることがあろうとも、彼はいつも以前より質の落ちるものはつくるまいとしていた。その結果、ついに彼ひとりぶんですら、しのいでいくだけの十分な仕事が来なくなってしまった。外国にいた私の生徒たちに雇ってもらってようやくしのいだこともあった。若いころ、ファイリッッヒはパリで仕事をしていたことがあったから外国生活は問題なかった。彼は私と同様、耳に障害があった。そのため、お互いのこ

右ページ上・シュタイナー邸（一九一〇年）北東・庭側外観。
右ページ下・同食堂。食卓を囲むチッペンデール・スタイルの椅子。
上・同居間（以上三点とも撮影一九三〇年）。右手に暖炉。
テーベ・スツールが複数置かれている。このスツール・タイプは
一八八〇年代からロンドンのリバティ商会が販売を始めて普及した。
左・ロース設計、ファイリッヒ製作のテーベ・スツール

とをよく理解しあえた。椅子をつくるとなると、あらゆる形に合わせ、どの木材の種類がいちばんしっくりくるか、ファイリッヒがどれだけ熱心に探求したことか！　木の幹末は椅子の背足に当てられた。そして木材に浮いた年輪の線も、椅子の湾曲にぴったりと合わせなければ許さなかった。さらに……、いや、もうやめよう。なぜここで私がもうなくなってしまった工房の秘密をもらさなければならないのか。

死亡通知書には、彼は七十六歳で死んだとある。病を得てベッドに横になる日が来るまで、彼は大きな工房でひとり働きつづけた。一日中、ひとりであくせく働いた。安い金で、どれだけの宝物を得たかも理解できない客たちのために、彼は最高品質の椅子を提供しようと考えつづけたのだった。私に仕事をくれた数少ない顧客たちに対し、私なりの心のこもったサービスをするにあたり、彼らにファイリッヒを紹介して椅子をつくってもらう、これ以上のやり方はなかった。将来、私の客の子孫たちは、今度は私を思い出して感謝することだろう。

ファイリッヒに注文をしに来る人々は、忘れられない印象を受けることになった。この耳の聞こえない親方は、ただひとり大きな工房にいる。仲睦まじい正直者の妻が顧客の言葉を彼女のやり方で彼に伝えるのである。ふたりは金婚式を迎えた夫婦だった。まさにギリシャ神話に出てくるピレモンとバウキス〔2〕ほどの仲のよさと誠実さ。このふたりを訪れた者はいつも、目に涙をためて工房を後にするのがつねだった。

私を案じてくれる顧客の質問はいつも決まってこうだった。「ファイリッヒがいなくなったら、あなたはいったいどうするおつもりですか？」。専門の椅子職人が死に絶えてしまったいまとなっては、完璧な椅子も死に絶えてしまったのだ。もし今後、あのような椅子が必要とされる日が来れば、本物の椅子職人の名に恥じないだけの職人が登場してくるだろう。この椅子の次にその座にとってかわるのは、トーネットの椅子〔3〕だろう。私はこの椅子に関してすでに三十一年前に唯一現代的な椅子だと明言したことがある。ジャンヌレ

（ル・コルビュジエ）もまた同じように考えて、みずから設計した建物でトーネットの椅子を使い宣伝していた。ただ残念なのは、それが偽物だったということだ。そして次に来るのが籐椅子だろう。パリにあるテーラーサロンに、私は赤く染色された籐椅子を置いた。またウィーンのシュタルクフリード通りにある私が最近設計した住宅、モラー邸は斬新さのせいで周辺を通りかかる無邪気なウィンタースポーツ選手たちを驚かせているのだが、[4]そこの食卓にはトーネットの椅子を使った。

ああ、死んでしまった親方よ！　君に心からありがとうといいたい。ぼくたちが人生の道行きで出会えたのは、ほんとうに幸せなことだった。ぼくと出会っていなかったら君は食うに困っただろうし、君に出会っていなかったら、ぼくは完璧な椅子を使うことがなかっただろう。たとえ君以外の職人につくってもらって提供できたとしても、顧客にはとうてい払いきれない値段になってしまったことだろう。それは君のつくったものより三倍は高くついただろう。死せる巨匠よ、君の無欲さがこのすばらしい椅子をぼくの顧客たちに提供することを可能にしたのだ。

社会経済と国民経済を考える人間なら、なぜトーネットの椅子と籐椅子が次世代を担う大きな力になってきたのか理解できよう。一方でわれわれは、一時代を築いた老ファイリッヒに哀悼の意を表し、埋葬の際には亡骸の横に彼が愛用した鉋《かんな》を納めたのだった。

（一九二九年）

モラー邸（ロース、1927年）北・通り側外観（撮影1930年）

訳注

はじめに

〔1〕『装飾なきフォルム（*die form ohne ornament*）』は副題「工作連盟展、一九二四年」が示すとおり、一九二四年におこなわれたドイツ工作連盟展の展示物の図版が収録されており、巻頭言も含めロースについての記述はいっさいなく、当然のことながら作品は掲載されていない。書籍としては一九二五年、ドイツ出版協会（Deutsche Verlags-Anstalt）より刊行された。

「他なるもの」より

＊　初出は「他なるもの（*Das Andere*）」一・二号（一九〇三年十月一日、同十五日）。同冊子の記事とデザインはすべてロースによる。二号ともほぼ同様な構成で、目次は以下のとおり。第一号「（はじめに）／国家の福祉事業／商品／印刷書体／読書／見ることと聞くこと／習慣（エチケットの問題・服装・住まい）／われらのコンペティション」。第二号「（はじめに）／国家の福祉事業／商品／印刷書体／読書／見ることと聞くこと／読者投稿（一般・形態・服装・住まい）／われらの家具職人コンペティション」。本書収録にあたっては記事が取捨選択され、号をまたいで同一テーマごとに再構成されている。なお冊子の目次になかった項目「西洋文化」「馬具屋の親方」は、各号の冒頭に掲載されている文章「はじめに」にあたる。

西洋文化

〔1〕ドリル織りはデニム地に似た太綾で織られた丈夫な生地。撥水性があり軍服や作業衣などに適する。もとはアメリカで労働作業衣として使われていたが、制服、運動靴、テント、ビーチパラソル、ベルトなどに使われるようになった。

〔2〕当時の水泳帽は、耳を覆い顎関節あたりまですっぽりと被る鍔のない形であった。

〔3〕ドレコールは一八九六年、ベルギー生まれの男爵クリストフ・フォン・ドレコール（Christophe von Drecoll, 1851–1939）がウィーンで創業した服飾店。一九〇五年にスタッフとともにパリに移転した。エレガントなデザインのイブニング・ドレスなどで知られ、パリでもっとも人気のあるクチュールのひとつとなった。

〔4〕ローデン生地はオーストリアのチロル地方の男子服に用いる粗い厚手織物。羊毛に自然に備わった撥水性がある。幾色かに染色されるが、緑が代表色。

〔5〕「愛はまず身内から」は「charity begins at home」という諺を借用したもので、「施しをする余裕があるならば、他人よりまず身内へ」という意味。新約聖書「テモテへの手紙一」に、親族を愛することができない者は他人を愛することはできないという趣旨の言葉があり、そこから派生した語である。

〔6〕ガリツィアは現在のウクライナ南西部を中心とした地域。十八世紀末におこなわれたポーランド分割によってオーストリア帝国領となり、第二次世界大戦まで、ウクライナ人、ポーランド人、ユダヤ人という宗教と言語を異にする人々の混在地域であった。差別的に課せられる税により、ガリツィアのユダヤ人社会は極度に貧窮していた。一方でガリツィアの商業を支えていたのはユダヤ人であり、社会的、経済的役割の多くを果たしていた。

〔7〕カフタンは一般には前開きで裾の長い上着を指すが、ここではユダヤ教ハシディズム派が着用している黒のフロックコートのことを指している。

馬具屋の親方

〔8〕「ザ・ステューディオ（*The Studio*）」はイギリスで発行されていた応用芸術に関する月刊誌。一八九三年創刊。写真、版画、スケッチ、イラストレーション、室内装飾など扱われた題材は多岐にわたり、イギリスにおける応用芸術の最新情報を国内外へ提供しつづけた。その影響力は大きく、ドイツの雑誌「装飾芸術（*Dekorative Kunst*）」やウィーン分離派の機関誌「聖なる春（*Ver Sacrum*）」など、同時代に欧米で創刊された多くの出版物の手本となった。また、アーツ・アンド・クラフ

ツ運動やアール・ヌーヴォーなどの芸術活動を支持し、その発達に大きな影響をおよぼした。

国家の福祉事業

〔9〕ヘーラーはドイツ、オーストリア、チェコ、ハンガリーなどで十九世紀末から使われていた通貨単位。オーストリアでは、一八九二年から一九一八年まで使用された。一、二、一〇、二〇ヘーラーと四種類の銅貨から構成され、二ヘーラーは三・三二グラムの銅でできていた。当時の臨時雇いの日給が平均二クローネ八〇ヘーラーだった。

〔10〕クロイツェルはドイツ南部、オーストリア、スイスなどで十九世紀まで使われていた通貨単位。オーストリアでは一八五七年まで、八ヘーラー＝一クロイツェルという換算が通用していた。

〔11〕クローネはオーストリアで一八九二年から一九一八年まで使用された通貨単位。デンマークとスウェーデンのスカンディナヴィア通貨同盟で生まれたクローネと区別するために「オーストリア＝ハンガリー・クローネ」とも呼ばれた。一クローネ＝一〇〇ヘーラー換算。一、二、五クローネと三種類の銀貨によって構成され、二クローネは一〇グラムの銀でできていた。

〔12〕トーマス・アルヴァ・エジソン（Thomas Alva Edison, 1847–1931）はアメリカ合衆国の発明家。蓄音機（一八七七年）や電球（一八七九年）など、生涯に数多くの発明、改良をなしとげ巨財を築いた。彼はミシガン州ポートヒューロンに住んでいた十二歳のころ、デトロイトとの間を結ぶグランド・トランク鉄道支線の新聞売り子として働いた。

〔13〕詳細不明。十九世紀末のウィーンでは人口増加による貧民層の増加に伴い、住居を持たない人々のための救民収容施設が存在していた。代表的なものに、アズュール（Asyl）やヴェルメシュトゥーベ（Wärmestube）と呼ばれる救民収容施設があり、当施設もそれらのひとつである可能性が高い。

〔14〕一八六二年に制定されたウィーンの出版法二十三項に、出版物の商法に関する条文がある。そこでは、通りや広場などの公共の場所において出版物を許可なく販売することが禁じられている。ただしロースが引用した「新聞の路上販売は十八歳以上から許可する」という条文は確認できなかった。

商品

〔15〕M・ヴュルツル＆ゾーン社（M. Würzl & Söhne）のこと。ウィーン宮廷御用達の皮革製品、旅行用品メーカー。一八三九年にヴィルヘルム・ゲルステルによってウィーン中心部のシュピーゲルガッセに創設された工房に端を発する。皮革製の

スーツケースを得意とし、当時の上流階級から高く評価されていた。また、ウィーン万国博覧会（一八七三年）やパリ万国博覧会（一九〇〇年）にも出展し、国際的な評判を博した。

〔16〕ロツェット&フィッシュマイスター社（Rozet und Fischmeister）はウィーンの宮廷御用達の宝石商。フランス出身のニコラウス・ロツェットにより一七七〇年にウィーンで創設され、息子が「Zu den drei Läufern」という店名でさまざまな装身具の販売をおこなった。その後、金銀細工師のフランツ・カール・フィッシュマイスターが加わり、ウィーン分離派やフランスの宝飾デザイナーであるルネ・ラリックらと協働することもあった。

〔17〕ナッシュマルクトは果物・野菜を中心としたウィーン最大の生鮮食料品の市場。ウィーン四区のヴィーデン（Wieden）地区に位置する。市場が成立した十八世紀後半から二十世紀初頭までは、そこから数百メートル北東のウィーン川南岸、現在の地下鉄カールスプラッツ駅付近に位置していた。十九世紀末からの暗渠化工事に伴い徐々に現在の場所に移転が始まり、第一次大戦後の一九一九年に移転が完了した。

〔18〕シュピーゲルガッセはウィーンの中心部に位置し、ハプスブルク家の旧邸宅、現在のアルベルティーナ美術館と高級店の建ち並ぶグラーベンとを結ぶ通り。またロースは一九二三年、シュピーゲルガッセ十三番地にレシュカ紳士服店の設計を手がけている。

印刷書体

〔19〕ヴェル・サクルム体（ver sacrum）はウィーン分離派が一八九八年に創刊した機関誌「聖なる春（＝ヴェル・サクルム）」をはじめ、ポスターなどのグラフィック作品に用いた書体。

〔20〕ポッペルバウム社（Poppelbaum）はオーストリア宮廷御用達の活字鋳造メーカー。ドイツのベンヤミン・クレブス・ナッハフ社のウィーン支店として一八七〇年、ベルンハルト・アレクサンダー・ポッペルバウムにより設立された。現存せず。

〔21〕オットー・エックマン（Otto Eckmann, 1865-1902）はドイツの画家、グラフィックデザイナー、インテリアデザイナー。ドイツのハンブルクに生まれる。画家として出発したが、応用芸術に集中するため一八九四年に絵画制作を放棄。十九世紀末にドイツ語圏で展開されたユーゲントシュティールのメンバーであり、彼の手がけた書体はユーゲントシュティールを代表する書体として知られている。一九〇〇—〇二年にはドイツの電気会社ＡＥＧの宣伝広告をデザインした。

〔22〕ウィーンの建築家オットー・ワーグナー（Otto Wagner, 1841-1918）門下一派の呼称。おもにワーグナーが教鞭を執っていたウィーン造形美術アカデミーの生徒や、彼のアトリエの所員などを指す。ワーグナー自身がウィーン分離派に所属し

ていたこともあり、影響下にあったウィーン分離派やウィーン工房を指すことも多い。代表的な人物に、ヨーゼフ・ホフマンやヨーゼフ・オルブリッヒ、ヨジェ・プレチニックなど。一般的にロースがワーグナー派として数えられることはない。またロースはワーグナー派を代表するホフマンら分離派をしばしば批判の対象としている。

〔23〕「他なるもの」第一号はペーター・アルテンベルクの個人雑誌「芸術（*Die Kunst*）」の付録として、第二号は単独で刊行された。両号とも同じ出版社が版元となり、同じ印刷所を用いている。独立した理由は明らかではないが、アルテンベルクはカール・クラウス宛の手紙（一九〇三年九月付）に「アドルフ・ロースは、もっとも不誠実なやり方で私の雑誌を奪っていった。彼は広告主を見つけることで編集者たちをみずからの側に引き寄せ、知らないうちに私を動けなくし追い払ったのだ！　悪意、裏切り、卑劣の極み！　畜生、アドルフ・ロースとその「アメリカ文化」よ恥を知れ！」と記している。なお本書ではタイトルまわりを含む第一号冒頭ページ全体を掲載（八ページ参照）。

読書

〔24〕フランク・ヴェデキント（Benjamin Franklin Wedekinds, 1864–1918）はドイツの作家、劇作家、俳優。ドイツ表現主義の先駆者と評され、性の問題を根源的に追求した作風で知られる。代表作に『地霊』（一八九六年）『パンドラの箱』（一九〇四年）など。『春のめざめ』はスイスのチューリヒで一八九一年に出版されたヴェデキントの戯曲。少年メルヒオールと少女ヴェンドラの思春期を中心に、性への無知と大人たちからの抑圧による悲劇を描いた作品。出版から十五年後の一九〇六年十一月になってようやくベルリンのドイツ座で初演された。その後ふたたび上演禁止となり、一九一二年まで許可がおりなかった。

〔25〕「ボヘミア（*bohemia*）」はプラハで発行されていた新聞。一八二八年創刊。

見たことと聞いたこと

〔26〕ヨーゼフ・ウルバン（Joseph Urban, 1872–1933）はウィーン出身の建築家。ウィーン造形美術アカデミーで学んだ後、一九〇四年にセントルイス万国博覧会のオーストリア・パヴィリオンを設計、金賞を受賞した。また同年、皇帝即位六十周年記念展のパヴィリオンも設計した。その後、舞台美術家として活躍したが、一九一二年に渡米。建築家として多くの作品をアメリカに残した。

〔27〕「ライプツィヒ・イラスト新聞（*leipziger illustrierten*）」はドイツにおける最初のイラスト入り週刊紙。一八四三年、ライ

プツィヒで創刊。挿絵を織りまぜて社会動向を伝え、広く読まれた。また、文学・音楽・劇・美術など文化に関する記事に加え、当時活躍した多くの著名人を肖像画入りで紹介。正式なドイツ語表記は「Leipziger Illustrirte Zeitung」。
〔28〕エミール・リマー（Emil Limmer, 1854–1931）はドイツの素描画家。ドレスデン美術アカデミーで学んだ後、「ライプツィヒ・イラスト新聞」のイラストレーターを三十五年間務めた。
〔29〕キュンストラーハウスはウィーン造形美術家連盟（Genossenschaft der bildenden Künstler Wiens）の拠点となった建物。イタリア・ルネサンス様式のヴィラを借用したデザインで、リングシュトラーセとカールス広場とのあいだに位置する。同連盟は一八六一年に発足、社会における芸術家の生活条件を向上させることを目的とし、この会場で会員作品の展覧会を毎年開催した。一八九七年、旧態依然としたこの連盟に不満をもったグスタフ・クリムトやヨーゼフ・ホフマンなど若い芸術家が離脱、彼らが新しく設立したのがウィーン分離派である。
〔30〕ヴィルヘルム・リヒャルト・ワーグナー（Wilhelm Richard Wagner, 1813–1883）作詞作曲の楽劇「トリスタンとイゾルデ」。初演は一八六五年にミュンヘンでおこなわれ、ウィーンでは一八八三年にはじめて公演された。楽劇は三幕からなる。第一幕のクライマックス、トリスタンとイゾルデは服毒自殺をはかるが、毒薬はイゾルデの侍女ブランゲーネによって媚薬にすりかえられていた。
〔31〕ケーニヒスベルク風肉団子は北プロイセンの大衆料理。肉団子をホワイトソースで煮込み、茹でたジャガイモとあわせて食べる。ケーニヒスベルクはドイツの東方植民による領土で、一九四六年までその名が使われた、現在のロシア連邦のカリーニングラードの地域。
〔32〕アルフレッド・ローラー（Alfred Roller, 1864–1935）はオーストリアの画家、舞台美術家。一八九七年、グスタフ・クリムトらとともに分離派を創設し、一九〇五年にともに脱退。同年ベルリンに移るが、一九〇三年に公演された「トリスタンとイゾルデ」から継続してさまざまな楽劇の舞台美術に取り組んだ。
〔33〕アンナ・フォン・ミルデンブルク（Anna von Mildenburg, 1872–1947）はウィーンのソプラノ歌手。ウィーン宮廷歌劇場の主任指揮者兼音楽監督に就任したグスタフ・マーラーが一九〇三年に指揮した「トリスタンとイゾルデ」ほかワーグナー作品に多数出演した。彼女と比較されているマティルデ・フレンケル－クラウス（Mathilde Fränkel-Claus, 1868–?）はウィーン生まれのソプラノ歌手。ロースがこの論考を書いた当時、プラハのドイツ劇場を中心に活動していたが、一八九九年と一九〇〇年にウィーン宮廷歌劇場で客演した際イゾルデを演じ、一大センセーションを巻き起こした。
〔34〕アッター湖はオーストリアの観光地ザルツカンマーグートでもっとも大きい湖。その大きさは南北に約二〇キロ、東西

約四キロにわたり、湖の周囲には風光明媚な景色が広がっている。ウィーンからは西方約二五〇キロに位置する。

〔35〕 グムンデンはオーストリアの町で、ザルツカンマーグート地域の塩工業の中心地。

〔36〕 エリック・シュメーデス（Erik Anton Julius Schmedes, 1868-1931）はウィーン出身のテノール歌手。

〔37〕 ヘルマン・ヴィンケルマン（Hermann Winkelmann, 1849-1912）はドイツのテナー歌手。一八八三年、ウィーンでの「トリスタンとイゾルデ」初演時においてトリスタン役をつとめた。ワーグナー自身や指揮者ハンス・リヒターに指導を受けた。

〔38〕 ルドニカー社（Rudniker）はオーストリアの家具製造メーカー。もともとはガリツィアの籐製品職人学校であったが、一八八六年、プラハ・ルドニカー籐製品製造会社を創業し、籐製の家具に特化した。ウィーン工房やそれに関わるデザイナーとのつながりが強く、コロマン・モーザーによってデザインされた椅子などを製造していた。

〔39〕 ザンドール・ヤーレイ（Sandor Jaray, 1845-1916）はウィーンの宮廷御用達の家具職人。ルーマニア生まれ。室内装飾家としても活動し、ウィーン分離派にも参加した。一八六八年にみずからの工房を設立し、一八六九年にはアン・デア・ウィーン劇場の改修に携わった。その後、ウィーン美術史博物館やブルク劇場の内装なども手がけた。一九〇二年のロンドン万国博覧会においては、十九世紀前半の市民の生活様式であるビーダーマイヤー様式の寝室を出展した。

〔40〕 ノルマン様式はロマネスクの一様式。十一世紀にフランスのノルマンディー地方で確立され、ノルマン朝の成立以降、イングランド全体にみられた。長く幅広の身廊と身廊側壁、高く広い内部空間などの特徴が挙げられる。その後、身廊を延長し塔を増すなど、しだいに壮大さや装飾的な表現が追求されていった。

習慣

〔41〕 青年トルコはオスマントルコ帝国の国家改造、立憲制の復活を主張して結成された結社。正式名は「統一と進歩委員会（İttihat ve Terakki Cemiyeti）」。一八八九年にイスタンブール大学の医学科の学生四人が母体を結成。一九〇二年、パリで第一回青年トルコ人会議を開催。一九〇八年、サロニカでの武装蜂起に始まり憲法の復活を宣言、革命に成功。翌年政権を獲得、憲政を再開した。

〔42〕 ティンブクトゥは西アフリカのマリ共和国にある都市。ニジェール川沿いに位置し、トゥアレグ遊牧民が暮らす。ここでロースが例として挙げているように、ティンブクトゥは当時、一般的にも僻地の比喩表現として用いられることが多かった。

〔43〕 ホワイトチャペルはロンドンの中央部に位置する地区。タワーハムレッツ特別区にあり、十六世紀ごろから貧しい人々

が住んでいたスラム街である。とくに一八八〇年代後半の連続殺人事件、切り裂きジャックの犯行現場としてよく知られる。

住まい

〔44〕ヨーゼフ・マリア・オルブリッヒ（Joseph Maria Olbrich, 1867-1908）はオーストリアの建築家。一八八二年から国立職業学校で学び、一八九〇年からウィーン造形美術アカデミーでオットー・ワーグナーのもとで建築を学んだ。一八九七年、グスタフ・クリムトらとともに分離派設立。代表作に分離派会館（ウィーン、一八九八年）、エルンスト・ルートヴィヒ館（ダルムシュタット、一九〇一年）など。

〔45〕アンリ・ヴァン・ド・ヴェルド（Henry van de Velde, 1863-1957）はベルギーの建築家。ヴィクトール・オルタ（Victor Horta, 1861-1947）とともにベルギーにおけるアール・ヌーヴォーの創始者として知られる。一九〇〇年からはドイツに赴き、建築家として数々の設計をするとともに、ワイマールに工芸学校を開設。ドイツ工作連盟の中心メンバーであり、ドイツの芸術家たちに影響を与えた。代表作にドイツ工作連盟劇場（ケルン、一九一四年）、ゲント大学図書館（ヘント、一九三六年）など。

われらのコンペティション

〔46〕「他なるもの」の原本では、このあとコンペの詳細が載っている。コンペはオーストリア在住の家具職人を対象としており、便箋を入れる小箱の設計が課題だった。

読者投稿

〔47〕フリードリヒ・オットー・シュミット（Friedrich Otto Schmidt, 1824-94）が設立した家具工房。一八五三年、ウィーンの中心部から北西に約二キロ離れたワフリンガー通りに設立された。ロースは一八九六年から九七年まで当工房のデザイナーとして働いており、八本の足を持つエレファント・トランク・テーブル（一八九九年）などを制作した。ロースは『虚空へ向けて』所収の「工芸の展望Ⅱ」（一八九八年）のなかでも彼の作品を称賛している。

作法

〔48〕「他なるもの」による啓蒙活動のこと。

〔49〕 レターシートは封筒と便箋を兼ねた手紙のこと。イギリスの産業革命に伴った郵便制度の発展により一八四〇年に考案された。アメリカでは一八六一年の南北戦争の時代に導入された。現在では、一般的にエアログラムや航空書簡と呼ばれている。

装い

〔50〕 スモーキングはタキシードと同義で、男性が着用する夜会用の礼服のこと。一九〇〇年代においては、スモーキングには白いシャツを合わせるのが一般的であったが、後に色物のシャツやネクタイを組み合わせる着こなしが流行した。

〔51〕 靴職人の原語「schuster」には「下手くそ、不細工な仕事をする人」という意味もある。ここで、ロースは「スモーキング」に色シャツを合わせている男を「schuster」と呼び侮辱している。

住居

〔52〕 フロリンはドイツ諸侯国やオランダ、イギリスで十八世紀以降から使われていた通貨単位。英国圏ではギルダー（guilder）、ドイツ諸侯国ではグルデン（Gulden）とも呼ばれる。約一一グラムの銀でできており、六〇クロイツェル＝一フロリンという換算。一八五七年に貨幣制度の十進法が採用され、以降は一〇〇クロイツェル＝一フロリンとなった。

〔53〕 モクセイ科トネリコ属の広葉樹からできた木材。材質は重硬で粘りがあり、曲げに強い。戦前は飛行機のプロペラにも使われていたほど良質な木材。

〔54〕 テーブルや飾り棚の上部の周りについている、金属または木製の小さな柵や一段高くなった縁のこと。

〔55〕 「他なるもの」原本ではH・B氏への解答は三項目に分かれていたが、本書収録にあたって以下の第二の項目が割愛された。「（2）ありがたいことに、いまのところそのような団体はない。分離派もいまだ株式化されていないからだ。しかし、すでに十分に被害をもたらしている」

わが人生の断片より

＊ 初出不明。『にもかかわらず』書き下ろしであるとする説もあるが、論稿に付記された年号は一九〇三年である。

陶器

＊　初出はベルリンの雑誌「ディ・ツゥクンフト」一九〇四年二月十三日号。

〔1〕　アレクサンドル・ビゴ（Alexandre Bigot, 1862–1927）はフランスの陶芸家。化学に造詣が深く、多様な釉薬を開発した。一八八九年、パリ万博で中国陶磁器を見たことが陶芸を開始するきっかけとなって、同年最初の自社工房を開いた。ここで言及されている一八九四年には、フランス最初期のアール・ヌーヴォー建築であるエクトール・ギマール設計のアパート、カステル・ベランジェ（パリ、一八九八年）のタイルなどを制作していた。一九〇〇年のパリ万博では、フランス人ガラス工芸家ルネ・ラリックと正門を共同制作した。ビゴ社のセラミックは耐久性に優れ褪色しないという品質のよさから、建物の被覆材としての需要が高かった。

〔2〕　ヘルマン・バール（Hermann Bahr, 1863–1934）はオーストリアの作家、評論家、脚本家。耽美主義を掲げる「青年ウィーン（Jung Wien）」の一員。週刊紙「ディ・ツァイト（*Die Zeit*）」や「現代文学（*Zur Kritik der Moderne*）」の出版に携わった。一方で、大衆に向けた記事を執筆したことや、自身の思想的立場を幾度も変えたことでも知られている。他の青年ウィーンの参加者と同様、カール・クラウスからは攻撃の対象となっていた。妻は前掲の歌手ミルデンベルク。

〔3〕　ギリシャ神話に登場する女性の妖精種族であるニンフのうち、泉や川に住んでいるものを指す。ナイアスがいる泉や川の水を飲むと、病気が治るとされる。

〔4〕　新約聖書「ヨハネの福音書」第二章で記述される一場面。神聖である寺院を商売人たちが市場として使っているところにキリストがあらわれ、商売人たちを追い出し市場を一掃する。ここでは、分離派をその商売人たちにたとえている。

〔5〕　ボック・インペリアレス（bock imperiales）はグスタフ・ボックにより製造されていた葉巻のひとつを指すと考えられる。十九世紀の中ごろ、オーストリアにおける喫煙の主流はパイプで、葉巻は高級品とされていた。葉巻は通常五十本を一束として売られていたが、この状態では一本ごとの判別がむずかしく、偽って粗悪品が売られることもあった。ボックは、各本に銘柄の入ったバンドを巻くことでこの問題を解決したことで知られている。そのアイディアは他社にも広まり、また彼の銘柄「Bock y Ca」は高名であった。ここでは、その銘柄のうち標準より少し長いサイズをあらわす「インペリアレス」という種類の葉巻を指していると思われる。

〔6〕　マックス・クリンガー（Max Klinger, 1857–1920）はドイツの画家、彫刻家。一八九七年のウィーン分離派結成の翌年、マックス・リーバーマンらとベルリン分離派を結成。一九〇二年の第十四回分離派展においては、クリンガー作のベートー

ヴェン像が会場の中心に飾られるなどウィーン分離派と深い交流をもった。代表作はほかに、「ドラマ」(一八八三年)「死について」(一八八九年)など。

〔7〕 ブンツラウは現在のドイツとの国境付近、ポーランドの町ボレスワヴィエツのドイツ語名。その地域は陶器制作のための土質に恵まれ、十六世紀初頭から陶芸がおこなわれていた。その陶芸様式はブンツラウアー陶器と呼ばれる。十六―十九世紀はおもに壺や水差しなどがつくられた。初期は茶色の釉薬のシンプルなデザインであったが、十九世紀後半には白色の釉薬を用い、スポンジでモチーフをスタンプして描くデザインとなった。描かれるモチーフとしてとくに有名なものにクジャクの羽模様がある。

〔8〕 グスタフ・グルシュナー (Gustav Gurschner, 1873-1970) はオーストリアの彫刻家。オーストリア博物館付属工芸学校を卒業後、ミュンヘンやパリで修業を積んだ。一八九八年の第一回分離派展に出展。一九〇四年から一九〇八年にかけては、分離派から独立して結成されたオーストリアの芸術家集団であるハーゲンブントに参加していた。彼のおもな作品はブロンズの小さな彫刻や、美術工芸品などであった。ロースは『虚空へ向けて』所収の「工芸の展望II」(初出は一八九八年)においても、グルシュナーのブロンズ作品、とくにドアノッカーを評価している。

ウィーンにある最高の内部空間……

＊ 初出はウィーンの新聞「フレムデンブラット」一九〇七年四月七日(第九十四号)。

〔1〕 バロック様式で建てられたリヒテンシュタイン家の邸宅。イタリアの建築家ドメニコ・マルティネッリの主導のもと、一六九一年に計画が開始された。その後、スイスの建築家ガブリエル・ガブリエリが参画し、一七一一年に完成した。現在は、リヒテンシュタイン家のコレクションを収蔵した美術館として利用されている。

〔2〕 ミノリーテン広場はウィーン最古の広場のひとつ。リングシュトラーセの内側、ホーフブルク宮殿やロースハウスの建つミヒャエル広場から北西に二〇〇メートルほどの場所に位置する。正確な成立年代は不明であるが、名称の由来となった広場に面して建つミノリーテン教会は十二世紀から存在している。また、十六―十八世紀にはホーフブルク宮殿に近いという立地から、その周辺に貴族階級が多く居を構えるようになった。

〔3〕 アブラハム・ア・サンタ・クララ通りはミノリーテン広場とバンク通りとを結ぶおよそ五〇メートルほどの小路。

〔4〕 一九一三年に取り壊された旧陸軍省の建物。ウィーンの中心部、一一五六年のバーベンベルク家の移宮とともに成立し

たアム・ホーフ広場に位置していた。一七七六年ごろ、僧院を改築し陸軍舎に転用された。取り壊しに伴い、一九〇七年にはリングシュトラーセ沿いのシュトゥーベンリングへ移転する新陸軍省の設計コンペが開催された。コンペの条件には、旧陸軍省前にあった軍人ラデツキーの記念碑を同時に移設することが含まれていた。ロース自身もコンペに参加し、この記念碑を中心とした左右対称で古典的な構成の計画を発表している。また、このコンペでは、ルートヴィヒ・バウマンの案が採用され、現存している。

〔5〕ケルントナー通りはウィーン中心部に位置する大通りのひとつ。シュテファン大聖堂からリングシュトラーセ沿いのカールス・プラッツにいたる。この通りには、国立歌劇場をはじめ、数多くの店舗が並び、ウィーンを代表する目抜き通りとなっている。また、その脇道（Durchgang 10）にはロース設計の「アメリカン・バー」（一九〇八年）が位置する。

〔6〕ヒンメルプフォルト通りはケルントナー通りと直交し、市立公園まで続く通り。

〔7〕「すばらしい建物」とはウィーンの建築家ヨハン・ヴァラントにより設計され、一九〇六年ごろに竣工した住宅兼商業ビルのこと。ウィーンにおける初期の鉄筋コンクリート造建築とされる。低層部にはコーニスなど古典的要素がみられるものの、上層部は幅の狭い窓が連なるように配置され、そのファサードは当時のウィーンにおいてはきわめて簡素なものであった。また内部空間は、その窓割に合わせて任意に分割可能となっていた。現存。

私の建築学校

＊ 初出はウィーンの雑誌「デア・アルヒテクト」一九一三年十月号。またロースの建築学校が開校したのは一九一二年であり、本書収録にあたってロースがこの論考の年号を一九〇七年とした理由は不明。

〔1〕ヴィルヘルム・F・エクスナー（Wilhelm Franz Exner, 1840–1931）はウィーンの技術者、農学者。ウィーン工科大学で学び、一八七五年よりウィーン農科大学の教授に就任。一八七九年から一九〇四年には、ウィーン産業技術博物館の初代ディレクターを務めた。その後、同博物館の永久理事に任命されたほか議会議員など活動は広範囲におよんだ。

〔2〕アドルフ・フェター（Adolf Vetter, 1867–1942）はヴィルヘルム・エクスナーとともにウィーン産業技術博物館の開館に携わった。なお、息子のハンス・アドルフ・フェターは建築家で、ロースとともに一九三二年のオーストリア工作連盟の住宅展示会に出展している。

〔3〕ウィーン中心部にあった一九〇一年創立の私立女学校。オイゲーニエ・シュヴァルツヴァルト（Eugenie Schwarzwald,

1872–1940）はチューリヒ大学で文学、哲学を学んだ後、一九〇〇年にウィーンへ移住。ウィーンにおいてはじめて女学生の大学進学に必要な教育体制を整えた。また芸術家による講義を設けるなど、先進的な教育の場として知られていた。ロースも教師陣のひとりであり、他にオスカー・ココシュカ、アーノルト・シェーンベルクなどが在籍した。なお、本文において言及されているアドルフ・ロース建築学校は一九一二年に開校され、一九一四年に一時中断、その後一九二〇年に再開し一九二二年まで続いた。

〔4〕ドイツの古典語学校に端を発する中等教育機関。オーストリアにおいては、小学校で四年間の基礎教育を受けた後、高等教育を望む者はギムナジウムあるいはレアルシューレ（職業訓練学校）に進んだ。二十世紀初頭のギムナジウムは八年制で、最終学年で課される試験に合格すれば、オーストリアだけでなくドイツの総合大学へも入学することができた。一方、レアルシューレはおもに単科大学進学へつながる教育機関であった。また、小学校を終えると各種の職業学校へ進み、職業技能を身につける者もいた。

〔5〕ヨハン・フェルディナンド・ヘッツェンドルフ・フォン・ホーエンベルク（Johann Ferdinand Hetzendorf von Hohenberg, 1732–1816）はウィーンの建築家。ウィーン造形美術アカデミーを卒業後、舞台装飾画家として活動した。一七六九年から一七七二年までウィーン造形美術アカデミーの教授、以降亡くなるまでその校長を務めた。また、一七七六年には宮廷建築家に任命されている。代表作にシェーンブルン宮グロリエッテ（ウィーン、一七七五年）など。

〔6〕ウィーンにあるパラヴィッツィーニ家の宮殿。ミヒャエル広場から一〇〇メートルほど南東のヨーゼフ広場に位置する。ヘッツェンドルフの設計により一七八六年に建設され、ウィーンにおける初期の新古典主義建築とされる。現存。

文化

＊初出はミュンヘンの雑誌「メルツ」第二十号（一九〇八年十月十八日）。

〔1〕古代ゲルマン人にとって、豚は大切な存在であった。それを端的に示す例として、豚の頭数を単位として森の規模をあらわしたり、彼らの神話のなかにセーフリームニルという巨大な豚が登場し生命の源として扱われたことがあげられる。菜食中心のローマ人に対し肉食中心の文化であった古代ゲルマン人にとって、とくに豚は欠かせない存在であった。

〔2〕ゲーテの小説『若きウェルテルの悩み』（一七七四年）の主人公ウェルテルが作中で着ていた青い燕尾服のこと。当時この小説はベストセラーとなり、ヨーロッパの若者たちのあいだでは「ウェルテル・モード」と呼ばれる、黄色のチョッキ

に青い燕尾服という服装が大流行した。燕尾服は元来、乗馬の際に鞍の上で動きやすいように、後ろ裾が燕の尾のようにカットされた乗馬服であった。この服装は十九世紀中期までは男性の日常着であったが、その後イブニング・ドレスとして礼服化された。

〔3〕愛称「ロッテ」。『若きウェルテルの悩み』でウェルテルが愛する女性のこと。小説出版当時、ウェルテルの服装が流行したのと同様に、若い女性たちにはロッテに憧れるものが多くいた。ゲーテを虜にしたドイツ人女性シャルロッテ・ゾフィー・ヘンリエッテ・ブッフ（Charlotte Sophie Henriette Buff, 1753–1828）がモデルである。

無駄（ドイツ工作連盟）

＊ 初出はミュンヘンの雑誌「メルツ」第十五号（一九〇八年八月一日）。

〔1〕ドイツ工作連盟（Deutscher Werkbund）は一九〇七年にミュンヘンで結成された工芸団体。芸術と産業、職人の技術が協力することにより、工芸を発展させることを活動の理念とした。おもなメンバーとしてヘルマン・ムテジウス、アンリ・ヴァン・ド・ヴェルド、ヨーゼフ・マリア・オルブリッヒ、ヴァルター・グロピウス、ペーター・ベーレンス、ブルーノ・タウトらがいる。

〔2〕ヨーゼフ・ホフマン（Josef Hoffmann, 1870–1956）はウィーンの建築家。オットー・ワーグナーの弟子。ブルノの国立工芸学校、ウィーン造形美術アカデミーで学ぶ。卒業論文でローマ賞を受賞し、イタリア旅行を通して南イタリアの土着の建築に感銘を受ける。一八九七年、ヨーゼフ・マリア・オルブリッヒらとともにウィーン分離派を結成。またコロマン・モーザーらとともに一九〇三年にウィーン工房を設立した。一九〇五年にウィーン分離派を脱退後、一九〇七年、ムテジウスとともにドイツ工作連盟の設立に参加。代表作にプルカースドルフ・サナトリウム（ウィーン、一九〇四年）、ストックレー邸（ブリュッセル、一九一一年）など。

〔3〕リヒャルト・リーマーシュミット（Richard Riemerschmid, 1868–1957）はドイツの建築家、家具デザイナー、都市計画家。ミュンヘンに生まれ、一八八八年から一八九〇年にかけてミュンヘン美術院にて学んだのち、建築家として独立した。ユーゲントシュティールの代表的な作家で、ドイツ工作連盟の設立メンバーでもあった。また、一九〇七年から一九一三年にかけて、ドイツで初となる田園都市をドレスデンに計画した。代表作にフィッシェル邸（キール、一九〇四年）、ヴィーラント邸（ウルム、一九〇九年）など。

〔4〕女王プロセルピナはローマ神話に登場する農耕の女神。ユーピテルとケレースの娘で、冥府を司る神プルートーに冥府へ誘拐され妻となった。プロセルピナが誘拐される場面は、絵画や工芸品の題材としてよくとりあげられた。

〔5〕ドイツの哲学者イマヌエル・カントの主著。一七八一年に初版、一七八六年に改訂二版が発刊された。原理論と方法論の二部構成で、人間の認識に関する理論が展開される。続いて刊行された『実践理性批判』(一七八八年)『判断力批判』(一七九〇年)とあわせて三批判書と称され、理論、実践、美的感情・目的論におよぶ批判哲学を提示した。

〔6〕十六世紀において王侯貴族のあいだでは金銀のモールや宝石、鳥の羽根飾りなどの装飾が施された帽子が流行した。

〔7〕ベートーヴェンによって作曲された交響曲第九番ニ短調作品一二五「合唱」。ロースはモダニティの象徴としてしばしばこの交響曲を引き合いに出している。

〔8〕十六世紀中ごろより、王侯貴族や富裕層のあいだで襞襟と呼ばれる円盤形の襟が流行した。8の字の襞をつけた布を環状に巻いたもので、肩幅ほどの直径をもつ襞襟もあった。十七世紀中ごろには扇型に広がる平らな襟へと変化していくが、このような襟の多くはレースや刺繍、羽根飾りによる装飾が施されていた。

〔9〕ハンス・ザックス(Hans Sachs, 1494–1576)はドイツのマイスタージンガー(職匠歌人)。靴屋の親方を生業とするかたわら、悲劇、喜劇、謝肉祭劇などさまざまなジャンルの作品を残した。

文化の堕落

＊ 初出不明。書き下ろしとする説もあるが、論稿に付記された年号は一九〇八年である。

〔1〕ヘルマン・ムテジウス(Adam Gottlieb Hermann Muthesius, 1861–1927)はドイツの建築家。一八八三年より王立シャルロッテンブルク工科大学で建築を学ぶ。一八九六年から一九〇三年、在英ドイツ大使館文化専門員としてロンドンに滞在。帰国後一九〇四年に発表した『英国の住宅(*Das englische Haus*)』でアーツ・アンド・クラフツ運動を紹介した。一九〇七年にアンリ・ヴァン・ド・ヴェルドらとともにドイツ工作連盟を設立。代表作にフロイデンベルク邸(ベルリン、一九〇八年)、クラマー邸(ベルリン、一九一二年)。

〔2〕「聖なる春(*Ver Sacrum*)」はウィーン分離派の機関誌。一八九八年から一九〇三年まで発行され、分離派の作家による絵が毎号表紙を飾った。グラフィックを重視する雑誌で、三つの紋章をモチーフとしたブランドマークが散見される。ロースは非会員ではあったが、一八九八年七月にこの雑誌において「ポチョムキンの都市」「われらの若き建築家たちへ」を発

表した。

〔3〕カフェ・ムゼウムは一八九九年にロースが設計したウィーンのカフェ。漆喰仕上げのヴォールト天井には小さな照明が配され、客用の椅子はロースがトーネット社の曲木椅子（十四番）をもとにデザインしたものである。

〔4〕ウィーンにある蠟燭と石鹼の販売店。一八九九年、建築家ヨーゼフ・ホフマンにより設計された。入口の半円を描いた鉄の装飾とショーウィンドウの大きなガラスが特徴的である。また、そのディスプレイと店内を仕切るガラス製の衝立をコロマン・モーザーがデザインした。ウィーン中心部のアム・ホーフ広場に位置していた。現存せず。

〔5〕フランシス・ベーコン（Francis Bacon, 1561-1626）はイギリスの哲学者、司法官、政治家。多数の著作を残し、その対象は法律、国家、宗教、政治等多岐にわたる。直観よりも経験を重視し、偏見にとらわれず積極的に自然を解明する精神の必要性を説いた。代表作に、『随想集』（一五九六年）『学問の発達』（一六〇五年）『新体系』（一六一九年）など。

〔6〕イスラエル王国の第三代国王ソロモン。旧約聖書「列王記」「歴代誌」に登場する。神殿の造営や貿易の拡大、行政改革をおこない、イスラエルを強大化させた。またイスラエルの知恵文学の祖とされ、知恵の象徴として知られる。

〔7〕一八一六―一七年に発行されたゲーテの旅行記『イタリア紀行』の一七八六年十月八日の記述において同内容の記述がみられる。以下を参照。J. G. Cotta, *Goethe's poetische und prosaische Werke in zwei Bänden*, 1836.

装飾と犯罪

＊本論考は一九一〇年一月二十一日、文学・音楽学術協会での講演がもとになっているといわれている。テキストとして確認できる最初のものはパリの雑誌「カイエ・ドジュールデュイ」一九一三年六月号である。

〔1〕アクキガイ科の貝の内臓にはパープル腺という特殊な腺があり、紫色の貴重な染料として紀元前から珍重されてきた。

〔2〕一九〇七年十二月八日付の「フランクフルト新聞（*Frankfurter Zeitung*）」に掲載された論考「住居の見学会」において同様の表現をしている。「われわれの文化が新しい装飾をつくることができないことは、われわれの文化の偉大さを意味する。人類の発展は、日用品から装飾を排除していく過程と歩みをともにしている」。同論稿はロース没後に刊行された著作『ポチョムキンの都市』に収録されている。

〔3〕ペーグニッツ協会はドイツ言語と詩の発展、純化をめざした言語協会。ペーグニッツは、ニュルンベルクを流れる川の名。協会員をさす pegnitzschäfer は、ペーグニッツの羊飼い、転じて指導者の意味である。一六四四年に詩人のゲオルグ・フィリッツ

プ・ハルスデルファー、ヨハン・クライを中心としてニュルンベルクで発足した。本文で述べられているような装飾過剰性は、たとえばハルスデルファーの詩「愛するとは何か」においてて文字がハート形のタイポグラフィによって組まれていることからもうかがい知ることができる。

〔4〕「数多なる魚群」はコロマン・モーザーが一九〇〇年にデザインした食器棚。同年開催された第八回分離派展において発表され、当時宮廷顧問官アーサー・フォン・スカラが館長を務めていたオーストリア応用美術博物館に購入された。縁の部分にシンプルな魚のモチーフを交互に組み合わせた図柄が繰り返されている。

〔5〕「呪われし王女」は同じくコロマン・モーザーが一九〇〇年にデザインした戸棚。扉の外側には涙を模した装飾が施され、内側には冠をつけた女性が虚ろに微笑む絵が描かれている。

〔6〕オーストリア西部の東チロルの山村カルス・アム・グロースグロックナーのこと。オーストリア最高峰であるグロースグロックナー山南西の麓に広がる地域。

〔7〕ウィーンにおいて謝肉祭の期間中におこなわれる仮装行事。詳細は不明であるが、十九世紀中ごろにウィーンの芸術家たちによって開催された芸術家祭(Künstlerfesten)がもとになっている。Gschnasとは、廃材やパレットに残った絵の具など「役に立たないもの」を指す語で、ロース執筆当時においては、そのような材料でつくられた衣装の展示会であったと考えられる。一八六八年からはキュンストラーハウスにおいて開催された。

〔8〕カフィル人とは南アフリカに住む黒人の総称。もともとはバントゥー族の一種族を指す言葉であったが、ヨーロッパ諸国による入植以降、部族に関係なく黒人を総称するようになった。十九世紀当時、彼らの生活を見世物とした展示が欧米諸国各地でおこなわれていた。彼らの多くは上半身に衣服をまとわず腰に布を巻き、多くの装飾品を身につけていた。

ウルクに

＊　初出は一九一〇年四月七日、ベルリンの雑誌「デア・シュトルム」第六号。ただしタイトルはなく、「装飾と犯罪」の付言として掲載されたものであった。

〔1〕一八七二年から一九三三年まで発行されていたベルリンの風刺雑誌「ウルク――ユーモアと風刺のイラスト週刊誌(*Illustriertes Wochenblatt für Humor und Satire*)」のこと。「ベルリン日刊新聞(*Berliner Tageblatt*)」「ベルリン国民新聞(*Berliner Volks-Zeitung*)」の別冊付録として発行された。一九一〇年三月十八日付の本誌に「装飾を嫌う者」と題された記事が掲載さ

れた。そこでは、犯罪的に装飾を施しているという理由でベルリン市民を投獄しようとするロースをとりあげ批判している。本記事の執筆者は不明であるが、「次に彼と会うときは、無装飾なタキシードに身を包んで慎重に会うこととしよう」とロースを皮肉っている。

建築

＊ 初出不明だが一九一〇年十二月十五日、ベルリンの雑誌「デア・シュトルム」第四十二号に「建築について」というタイトルで本論考の一部と一致する文章が掲載されている。また一九一二年十二月、パリの雑誌「カイエ・ドジュールデュイ」第二号に「建築と現代様式」というタイトルで本論考フランス語版の全文が掲載されている。

〔1〕 ベリアルは『新約聖書』「コリント人への第二の手紙」に出てくる悪魔の名称。キリストと対極の存在であるサタンとして書かれる。ヘブライ語の「無価値なもの」を意味する罵りの言葉に由来する。

〔2〕 同様の表現がフランスの詩人ヴィクトル・ユーゴーの『笑う人』（一八六九年）にもみられる。

〔3〕 コロマン・モーザー（Koloman Moser, 1868-1918）はウィーンのインテリアデザイナー、画家。そのほかアクセサリー、服飾デザインなどさまざまな分野で活躍した。ウィーン分離派において「聖なる春」のイラストをはじめ数多くのデザインを手がけるかたわら、オーストリア博物館付属工芸学校の教授を務めた。その後一九〇三年にウィーン工房を設立。代表作に分離派館（ウィーン、一八九八年）のステンドグラスおよび建築彫刻、マジョリカハウス（ウィーン、一八九八年）の外装装飾など。

〔4〕 建築家フランツ・ガウによって、パルテノン神殿の随所に色彩塗料の痕跡が残っていることが一八三〇年代に発見された。その後、建築史家フランシス・ペンローズが著書『アテネ建築原理の調査』（一八五一年）においてパルテノン神殿の復元図を作成し、かつて多彩装飾が施されていた様子を提示した。

〔5〕 サロンチロル人とは休暇を利用してアルプスに登り、チロル人のような格好をして過ごすドイツ人のこと。十九世紀末、ドイツ市民たちのあいだで広まった。

〔6〕 パラッツォ・ピッティはフィレンツェにあるルネサンス様式の宮殿。フィリッポ・ブルネレスキ設計。現在はメディチ家が収集した美術品を数多く所蔵する美術館となっている。『虚空へ向けて』所収の「被覆の原理」においてロースはこの宮殿を称賛している。

〔7〕伊藤哲夫は以下のような指摘をしている。「ワーグナー、オルブリッヒそれにホフマンをはじめとするワーグナー・シューレに関連する建築家達が、なにかに憑かれたかのように小さな正方形（一―二センチ角）模様をデザイン・モチーフとして内外の壁面等をデザインした。縮尺百分の一などの図面では、この小さな正方形は点で表現するほかなく、それで「点打ち」と呼ばれたのであろう」（アドルフ・ロース『装飾と犯罪』伊藤哲夫訳、中央公論美術出版会、二〇〇五年）。また、ホフマンは「正方形のホフマン（Quadratl-Hoffmann）」と称されることもあり、窓枠や家具にも正方形を用いたデザインを施している。

〔8〕「装飾芸術（*dekorativen kunst*）」は一八九七年から一九二九年までミュンヘンで発行されていた前衛芸術誌。アドルフ・ブルックマンとユリウス・グラーフェによって編集、出版された。アール・ヌーヴォー、ユーゲントシュティールの作家を紹介していた。一八九九年に発行された号にカフェ・ムゼウムの内観写真が一枚のみ掲載されている。

〔9〕処女作エーベンシュタイン紳士服店（ウィーン、一八九七年）のことか。ロースは当建物のファサードの設計、そして客室や更衣室に漆喰のフリーズを配するなどの室内改装をおこなった。

〔10〕一八九八年に発表された論稿「紳士のモード」（ロース『虚空へ向けて』所収）や本書所収の「服装」（「他なるもの」）において同様の指摘がみられる。

〔11〕一九二一年にジョルジュ・クレ出版により出版された『虚空へ向けて』をめぐる経緯をさすか。当時、複数の出版社からオファーがあったものの、内容の検閲をめぐってロースが出版を拒否しつづけた経緯があった。

〔12〕哲学者ヘーゲルが提唱した概念。世界史において特殊的有限的なもの（民族精神）を媒介として自己を段階的に実現してゆく超越的な精神と説明される。

〔13〕シューはオーストリアにおいて使用されていた長さの単位。地域によって多少の差異があるが、ウィーンにおいて一シューは約〇・三一六メートルをさした。一八七二年にメートルに置き換えられた。

〔14〕ヨハン・ベルンハルト・フィッシャー・フォン・エルラッハ（Johann Bernhard Fischer von Erlach, 1656–1723）はバロック期を代表するオーストリアの建築家並びに初期の建築史家。十六歳からローマに赴き、ベルニーニに師事した後、ナポリにて建築家としての修業を積んだ。その後一六八七年にオーストリアに帰国し、ウィーンを中心に活躍した。代表作にシェーンブルン宮殿（ウィーン、一六八八年）、カールス教会（ウィーン、一七一五年）など。

〔15〕アンドレアス・シュリューター（Andreas Schlüter, 1664–1714）はバロック期を代表するドイツの彫刻家、建築家。一六九四年にフリードリヒ三世より宮廷彫刻家に任命され、ワルシャワからベルリンへ移った。彫刻作品を手がける一方、宮廷

建築家として建築作品も残している。代表作にシャルロッテンブルク宮殿（ベルリン、一六九九年）、エカチェリーナ宮殿の琥珀の間（サンクトペテルブルク、一七〇一年）など。

〔16〕カール・フリードリヒ・シンケル（Karl Friedrich Schinkel, 1781–1841）は十九世紀の新古典主義を代表するドイツの建築家。ベルリンの最高建設官として多くの建築計画を指揮した。代表作にノイエ・ヴァッヘ（ベルリン、一八一六年）、ベルリン旧博物館（一八二三年）など。

ちょっとした出来事

＊　初出不明。書き下ろしとする説もあるが、論稿に付記された年号は一九〇九年である。

〔1〕クリストフル（Christofle）はパリの銀食器製造会社。一八三〇年創業。もともとは宝石会社であったが、純銀に代わる新製品を提供すべく、一八四二年より銀メッキ製品の製造を始めた。一八五五年、一八六七年のパリ万国博覧会においてグランプリを受賞するなど国内外で高い評価を得た。またオーストリアの皇室御用達メーカーであり、ウィーン中心部オペルンリングに支店をもっていた。

〔2〕ここでロースがとりあげている陶器については詳細不明であるが、セーヴル産の白い犬の陶器で二十世紀初頭に制作されたものが存在する。ピンシャー犬が四角い台座に座っている、高さ約四〇センチ程度の作品である。

〔3〕パリ南西に位置し、ヴェルサイユとの間にある地区。陶磁器の生産地として知られ、セーブル焼と呼ばれる磁器が有名である。

ウィーン人に告ぐ

＊　初出は一九一〇年四月九日、カール・クラウスの雑誌「ディ・ファッケル（炬火）」第三百号。

〔1〕カール・ルエーガー（Karl Lueger, 1844–1910）はウィーン出身の政治家。小市民・中産階級の代表として資本家たちと対峙し、「美男のカール」と呼ばれた。一八七五年、ウィーンの市議会議員となり、一八八五年より国会に進出、三年後キリスト教社会党を成立。一八九七年、ウィーン市市長に就任し、ガス・水道・電気、市街電車、公共学校・病院など公共施設の拡充に力を尽くした。

〔2〕カールス教会はウィーンのクロイツヘレンガッセにある教会。皇帝カール六世がペストの鎮静を願って建設を命じた。フィッシャー・フォン・エルラッハによる設計案のもと、息子がその建設を引き継ぎ一七三九年に完成した。
〔3〕ウィーン市第一区の北西部に位置する地名。かつては城門として存在していたが、リングシュトラーセの建設に伴って一八六〇年ごろに取り壊された。現在では、同じ場所にある地下鉄の駅名としてその名が残っている。
〔4〕ウィーン市第一区にあるホーフブルク宮殿の敷地内につくられた広場。ミヒャエル広場から南に一〇〇メートルほど離れた地点にあり、ショッテン門とカールス教会を結ぶ道のりのほぼ中間に位置する。

ミヒャエル広場の建物に関するふたつの主張とひとつの付言

＊ 見出し「私の設計による最初の建物」以下の初出はウィーンの週刊紙「デア・モルゲン」第三十七号（一九一〇年十月三日）。「付言」以下は初出不明。「ウィーンにおける建築問題」以下の初出はウィーンの新聞「ライヒスポスト（帝国新報）」一九一〇年十月一日。
〔1〕スイスのレマン湖畔にあるヴィラ・カルマのことと考えられる。ウィーンの生理学者・医師であったテオドール・ベーアの依頼で、ロースが一九〇三年に増改築の設計を手がけた。紆余曲折の後、ロースの友人M・ファビアーニの弟子がロースの設計図をもとにして建物を完成させた。
〔2〕アーノルト・シェーンベルク（Arnold Schönberg, 1874–1951）はオーストリアの作曲家、指揮者、教育者。ロースの論稿に「アーノルト・シェーンベルクと同時代人たち」があるように、ロースとシェーンベルクは親交が深く、お互いを高く評価していた。
〔3〕ウィーンの宮廷御用達の仕立屋ゴールドマン&ザラチュ（Goldman & Salatsch）のこと。設立者ミヒャエル・ゴールドマンの息子レオポルド・ゴールドマンとロースの親交が深かったため、この「ミヒャエル広場に建つ建築」（一九一一年）の設計が依頼されることとなった。
〔4〕キンスキー邸はヨーハン・ルーカス・フォン・ヒルデブラントの設計で一七一三年竣工。バロック様式の邸館。
〔5〕ロブコヴィッツ家により所有されていたバロック様式の宮殿。イタリア人建築家ジョバンニ・ピエトロ・テンカラの設計で一六八七年竣工。一七一〇年にフィッシャー・フォン・エルラッハにより、屋階アッティカ部分と正面入口が付け加えられた。

〔6〕アッティカとは古典建築においてエンタブレチュア上部につくられる帯状の壁面のこと。正面を構成するおもなオーダー部分から、コーニスによって分けられ、銘板や浮き彫りなどで装飾された。本来、建物の正面を方形に整えるため、屋根勾配を隠す装飾壁であったが、ルネサンス以降の宮殿建築などではこの壁に窓が開けられ、新たな階として内部空間がつくられるなどした。

〔7〕現在のリングシュトラーセの位置にかつて存在した都市壁のこと。フランツ・ヨーゼフの治世下、一八六五年よりウィーンの防御斜堤を取り壊しその跡地に環状の道路を建設する計画がなされた。その後四十年にわたり公共建築物と民間住宅あわせて八百ほどの建物がリングシュトラーセ沿いに次々と建てられた。

〔8〕ここではロースハウスの立地条件を端的に示している。同建物はハプスブルク家の居城であったホーフブルグ宮殿にミヒャエル広場を挟んで向かいあう位置に建設された。なお、コールマルクトはウィーンの高級商店街で、ミヒャエル広場はその南端に位置している。

〔9〕シポリンは白と緑の縞のある大理石。おもにイタリアやギリシャで採掘される。ロースハウスのシポリンはギリシャのエウボイア島産のものとされる。

音響効果の不思議

＊　初出は一九一二年一月、ウィーンの雑誌『デア・メアケル』第一号。

〔1〕リヒテンシュタイン皇太子の乗馬学校を改造してつくられた音楽ホール。ピアノメーカー、ベーゼンドルファー社のルードヴィヒ・ベーゼンドルファーがその建物の音響効果が大変優れていることに着目し、皇太子を説得してホールにした。

〔2〕詳細不明。十九世紀末から二十世紀初頭、建築音響についてはまだ不確実な対策が多かった。そのなかで好んでおこなわれた方法は、残響が長すぎる場合、室内に針金を四、五マイル張るものであった。「針金がヴァイオリンの弦のように振動して、音のエネルギーを吸収してくれるだろうと単純に思い込んでいたわけである」(マイケル・フォーサイス『音楽のための建築――十七世紀から現代にいたる建築家と音楽家と聴衆』別宮貞徳ほか訳、鹿島出版会、一九九〇年)

〔3〕ベーゼンドルファーホールにおいて実際にこの方法が採られたかは不明。なお、この方法はウィトルウィウスの建築書による、劇場の座席の間に穴倉をつくり、そこに青銅の壺を置くと音響に効果的である旨の記述に類似している。『ウィトルウィウス建築書』森田慶一訳、東海大学出版会、一九七〇年、参照。

〔4〕ウィーン都市大改造計画の一環で、ケルントナートーア歌劇場の取り壊しに伴い新築された歌劇場。ウィーン造形美術アカデミーの建築家エドゥアルト・ファン・デア・ニルとアウグスト・シカート・フォン・ジッカルツブルクによって設計された。柿落としは一八六九年五月二十五日、モーツァルト作曲の「ドン・ジョヴァンニ」が上演された。

〔5〕ヨハネス・メスハールト（Johannes Messchaert, 1857–1922）はオランダのホールン出身のバリトン歌手。

ベートーヴェンの病める耳

＊ 初出は一九一四年、ショッテンフェルト・レアルシューレ卒業文集。

〔1〕ルドルフ大公（Rudolf von Österreich, 1788–1831）のことと思われる。大公はベートーヴェンのウィーンにおけるもっとも重要なパトロンであり、弟子でもあった。

〔2〕一八一九年、ベートーヴェンに関して特記すべき出来事は二点ある。ひとつは、ルドルフ大公に献呈されたピアノソナタ第二十九番変ロ長調 Op.106「ハンマークラヴィーア」の楽譜の出版である。もうひとつは、ルドルフ大公がモラヴィアのオルミュッツ大司教に任命されたことがあげられる。これを受け、ベートーヴェンは「荘厳ミサ曲」Op.123 の作曲にとりかかった。

カール・クラウス

＊ 初出は一九一三年六月十五日、インスブルックの雑誌「デア・ブレンナー」一九一三年六月十五日号。

〔1〕カール・クラウス（Karl Kraus, 1874–1936）はオーストリアの文化批評家、劇作家。北ボヘミア、イッテンのユダヤ人家庭に生まれる。ウィーン大学で法律を学んだ後、一八九九年より個人雑誌「ディ・ファッケル」を発刊、当時のウィーンを鋭く風刺した。代表作に『モラルと犯罪』（一九〇八年）『人類最期の日々』（一九一八年）『第三のワルプルギスの夜』（執筆一九三三年）など。なお、ロースとは生涯親友の関係にあった。本稿が掲載された「デア・ブレンナー」はカール・クラウス特集を組んでおり、トーマス・マン、ゲオルグ・トラークル、ペーター・アルテンベルクなど十七人もの論客が記事を書いた。

山村で家を建てるためのルール

＊　初出は一九一三年十月一日、インスブルックの雑誌「デア・ブレンナー」もしくは一九一三年発行の「シュヴァルツヴァルト学校年鑑」。

〔1〕ドイツ語の「マーレリッシュ」は、英国のピクチャレスクに相当する語。建築においては、それまでの古典主義的建築美の理想に対して田園、民家、異国情緒、非対称等を尊重する様式を指す。

〔2〕ウィーンから北西に一五キロほどのヘルマンスゴーケル山に建てられた、中世の塔を模した展望台。一八八八年、オーストリア・ツーリストクラブがフランツ・ヨーゼフ一世即位四十周年を迎えることを記念して計画したもの。外観は建築家フランツ・フォン・ノイマンの設計による。一八九二年からはオーストリア＝ハンガリー帝国の軍事地理院が国土調査のための観測所として利用した。

〔3〕フザーレン神殿はウィーンから南西に二〇キロほどのフォーレンベルク自然公園内に建てられた新古典主義様式の神殿。ナポレオン戦争における戦闘のひとつであるアスペルン・エスリンクの戦い（一八〇九年）にオーストリアが勝利したことを記念し建設されたが、一八一二年に嵐で全壊。翌年ヨーゼフ・ゲオルク・コルンホイゼルによって再建された。

郷土芸術

＊　初出不明。

〔1〕郷土芸術（Heimat kunst）とは一八九〇年ごろからドイツを中心に興隆した田舎の文化を謳歌する運動のこと。建築分野では、郷土様式（Heimatstil）、郷土保護（Heimatschutz）などとも呼ばれ、田舎の景観をモチーフにしたデザインがそのおもな特徴である。

〔2〕ホルツ・ツェメント構法（Holzzementdach）とは一八三九年にザームエール・ホイスラーが開発した野地板を使ったセメント屋根の構法のこと。野地板に防水紙を敷いた上にアスファルト、タール、硫黄（この三点を合わせてホルツ・ツェメントと呼ぶ）を流し込み、さらにその上に砂利、礫を加えてつくる。最初期のフラット・ルーフにみられる構法である。なおこの構法は、ロースの作品であるシュタイナー邸（一九一〇年）の屋根の一部において用いられた。

〔3〕チェコ共和国の北西に位置する、モラヴィアシレジア地方の都市。十九世紀後半には、オーストリア帝国における鉄鋼

生産の拠点となった。

〔4〕 アメリカの軍人ステファン・ディケーターが残した、愛国心をあらわす意味の慣用句。一八一六―一八二〇年、彼が海軍評議員であったとき、「わが国！　諸外国との関係においてつねに正しい。しかし正しくても間違っていても、私はわが国を支持する」と言ったとされる。

〔5〕 一八七五年にアブラハム・ヴェルトハイムらが創業したヴェルトハイムグループの百貨店のこと。ここでは、ベルリンに複数あったうちライプツィヒ通りにある店舗のことを指している。アルフレッド・メッセルによる設計で一八九七年に開業し、一九一二年までに三度増築された。当時ヨーロッパの小売店において最大の売り場面積七万平方メートルを誇った。

〔6〕 一九〇九年、イタリア人の建築家ピエトロ・パルンボ（Pietro Palumbo, 1877–1928）がグラーベン街とハプスブルク通りの角地に建てた店舗兼アパートのことか。この角地の建物のファサードにはモザイク画を用いた装飾などがみられる。

〔7〕 ロベルト・エルレイ（Robert Örley, 1876–1945）はウィーンの建築家であり大工。工芸学校で絵画を学び、家具職人である父の工房でその技術を習得したが、正規の建築教育は受けていない。エルレイは彼自身の設計したサナトリウムや住宅をきっかけにしてロースやヨーゼフ・ホフマンらと親交を深めた。また複数の機関に積極的に参加し、ウィーン分離派代表、オーストリア工作連盟代表、オーストリア建築中央協会副代表を務めた。

〔8〕 三位一体記念柱（dreifaltigkeitssäule）とは一六九三年に当時の皇帝レオポルト一世がペスト流行の終息を記念して建てたバロック様式の記念碑。グラーベン通りに位置する。設計はフィッシャー・フォン・エルラッハらによる。台座を三つの柱から構成することで、キリスト教における「父と子と精霊」の三位一体をあらわしているといわれている。

〔9〕 印刷出版業を営んでいたヨハン・トーマス・フォン・トラットナーが所有していた建物。一七七六年に建てられ、トラットナー自身の書店などのほか住宅やコンサートホールも内包する建物であった。そのコンサートホールではモーツァルトも数多くの演奏会を開いていた。建物は一九一一年に取り壊された後、オーストリアの建築家ルドルフ・クラウスによって建て替えられた。建物があった通りは現在も「トラットナーホーフ」と呼ばれる。

〔10〕 新古典主義様式の建物。一八三八年、イタリア出身の建築家アロイス・ピッヒルの設計によって建てられた。グラーベン街とコールマルクトの交差点に現存する。

〔11〕 ヴァイルブルク城は一八二三年、カール大公が夏の離宮として建てた新古典主義様式の城。ヨーゼフ・ゲオルク・コルンホイゼルによる設計。

〔12〕 オーストリアの北東部。ドナウ渓谷に沿ってメルクからクレムスまで広がる地域には、メルク修道院をはじめ、多くの

修道院や教会が点在している。

〔13〕 木造家屋の屋根や天井、壁などに使用される薄く剝いだ板のこと。板の端部は丸く縁取られたものや尖らせたものなど、さまざまな形態がみられ、その重ね方も地域によって異なる。

〔14〕 通称「ロースハウス」（一九一一年）。「ミヒャエル広場の建物に関するふたつの主張とひとつの付言」を参照。

〔15〕 「ドイツ芸術と装飾（*Deutsche Kunst und Dekoration*）」は一八九七年からドイツのダルムシュタットで刊行されたユーゲントシュティールの代表的雑誌のひとつ。工芸近代化運動の指導者アレグザンダー・コッホにより創刊。

口出しするな！

＊ 初出不明。書き下ろしとする説もあるが、論稿に付記された年号は一九一七年である。

〔1〕 「ユーゲント（Jugend）」は一八九六年から一九四〇年にかけてミュンヘンで刊行された芸術雑誌。作家でありジャーナリストでもあったゲオルグ・ヒルトにより創刊された。ヨーロッパ各地で流行した服飾に関する情報、風刺漫画、新発売の商品の広告などが掲載され、成功を収めた。ロースが批判的に語ることの多いアール・ヌーヴォーの作家を多く扱ったが、その一方で、ロースと親交の深いオスカー・ココシュカの作品なども掲載していた。

〔2〕 「ベルギー近代派（belgische moderne）」という言葉はロースによる造語だと思われる。具体的には、ヴィクトール・オルタやアンリ・ヴァン・ド・ヴェルドらのような十九世紀末にベルギーにおいてアール・ヌーヴォー様式を展開していた建築家たちを指しているものと考えられる。

〔3〕 ルネ・ラリック（René Lalique, 1860–1945）はフランスの宝飾細工師、ガラス工芸家。パリの金銀細工師のもとで学んだ後、カルティエなどの宝飾商会にデザインを提供しはじめる。一八八五年にみずからの工房を設立すると、一九〇〇年のパリ万国博覧会をはじめ多くの展覧会に出展した。代表作にブローチの「蜻蛉の精」（一八九七年）、朝香宮邸（現・東京都庭園美術館、一九三三年）の正面玄関ガラス扉など。

〔4〕 一八九八年当時の様子についてはロース『虚空へ向けて』を参照のこと。とくにここで批判している木材の扱いに関しては、同書所収の「被覆の原理」（一八九八年）のなかでもふれており、本物の素材に見せかけたイミテーションのあり方を批判している。

ペーター・アルテンベルクとの別れ

＊ 初出はウィーンの週刊紙「デア・モルゲン」一九一九年一月八日。

〔1〕 ペーター・アルテンベルク（Peter Altenberg, 1859–1919）はオーストリアの詩人、作家。本名はリヒャルト・エングレンダー（Richard Engländer）。ウィーン印象主義の代表者のひとり。市内のカフェ・ハウスに入り浸る生活を送っていた。一九〇〇年ごろ、すでに有名な作家であったアルテンベルクとロースはカフェ・ハウスにて親交を深めた。ロースがアルテンベルクの墓をウィーン中央墓地に設計するなど、ふたりの友情は生涯続いた。また彼が長年住んでいたウィーン市内のグラーベンホテルの一室を博物館へ移設、保存することをロースは強く主張し、一九五〇年になってようやくウィーン市立歴史博物館で実現された。おもな著作に短編集『私のみるままに』（一八九六年）など。

〔2〕 マリアツェルはウィーンから約一二〇キロ離れた南西に位置する市。ニーダーエステライヒ州の隣の、シュタイアーマルク州に属する。著名な巡礼地のひとつ。

〔3〕 グラーベンホテルはウィーン第一区のグラーベン通り沿いの路地に現存するホテル。第一区のほぼ中央に位置する。ホテルの入口脇には金属プレートで「一九一三―一九年、ペーター・アルテンベルク、ここに住み、フランツ・カフカとマックス・ブロート、しばしば滞在する」と記されている。

〔4〕 フランツ・グリルパルツァー（Franz Grillparzer, 1791–1872）はオーストリアの作家、劇作家。代表作に『サッフォー』（一八一八年）『人の世は夢』（一八三四年）など。

読者からの質問と回答

＊ 初出は一九一九年六月十四日から十月二十五日にかけて毎週土曜にウィーンの新聞「新八時新聞（*Neues 8 Uhr-Blatt*）」の三面に連載された。同紙の一九一九年六月七日号には、ロースが質問を募集する記事が掲載されている。

〔1〕 靴づくりの機械化が進み量産が可能になると、既製靴が主流となり靴のサイズをあらかじめ定める必要が生じた。靴のサイズの規格化について最初とされるものには、一八八〇年、ニューヨークにおいてエドウィン・B・シンプソンが提唱した方法がある。この方法では靴の長さの増大に比例して靴幅に関する規定もされていた。アメリカでは一八八五年ごろにはすでにサイズの規格化が一般に広まっていた。

〔2〕乗馬用に腰部と膝のまわりの自由を考慮してゆったりとつくられたズボン。足首にカフスをつけるものもある。布地には丈夫な毛織物が用いられる。

〔3〕二十世紀初頭に流行した短ズボンのこと。膝の部位が緩くなっているが、裾口がしぼられているのが特徴である。旅行者、ゴルファーなどが着用する。ニッカーボッカーズという名前は、ワシントン・アーヴィングの一八〇九年の小説『ディートリッチ・ニッカーボッカーのニューヨーク史』に由来する。この小説の挿絵に登場するオランダ人は、このような短ズボンをはいていた。

〔4〕この論考の執筆時（一九一九年）にはアルプスをこえるゼメリング鉄道が開通していたにもかかわらず、馬に乗ってアルプスをこえてきた者、つまり乗馬用ズボンのブリーチズをはいた者は時代遅れであるとして笑い者にされたのだと考えられる。

〔5〕オランダ系のボーア人とイギリス人とのあいだで起こったアフリカ大陸における植民地戦争のこと（第一次は一八八〇―一八八一年、第二次は一八九九―一九〇二年）。

〔6〕ベーデン＝パウエル（Robert Baden Powell, 1857–1941）はイギリスの軍人で、ボーイスカウトの創始者。一八七六年より英国陸軍に仕官する。ボーア戦争におけるマフェキングの包囲戦において活躍し、「マフェキングの英雄」として市民に讃えられた。ボーア戦争後は『スカウティング・フォア・ボーイズ』（一九〇八年）を著し、その影響により、全英各地でボーイスカウトが自発的に組織されていった。ボーイスカウトは、実用性から半ズボンを着用していた。

〔7〕バード・アウスゼーはウィーンから西へ三〇〇キロほどのザルツカンマーグートに含まれる街。フリンサールと呼ばれるカーニバルは二月から三月にかけての謝肉祭最終日であり、日付は年ごとに異なる。ロースがここで言及しているフリンサールの衣装は、全身が色とりどりの装飾やスパンコールで縫いつけられたもので、同様の装飾が施された仮面や円錐状の帽子も身につける。フリンサールの衣装は十八世紀後半には存在したと考えられる。

〔8〕チロル地方で用いられる軽登山用の紐靴。厚手の革を用い、爪先はモカシン縫い目がある。

〔9〕ショッテンはスコットランドの意で、穴飾りやギザギザ飾りなどがついた頑丈な靴。甲の部分に当てられる革をベロと呼ぶ。

〔10〕「――?·」は原文どおりの表記。この質問は「新八時新聞」の一九一九年六月二十八日に掲載されたものが初出であり、同紙面においても同様の表記がされている。

〔11〕この文章の初出二日前にあたる六月二十六日に発行された週刊紙「ダス・インテレサンテ・ブラット（*Das interessante*

Blatt)」において関連する写真がいくつか確認できる。一面には「六月十五日における犠牲者の葬儀式典」と題して葬列の写真が掲載された。また一面以外にもウィーン州首相、市長など当時ウィーン市議会において与党であった社会民主党の幹部が葬儀に参加している写真が掲載されており、ロースはこれらの記事について言及していると考えられる。

〔12〕チャンダーラは古代インドにおいて最下層とされた人々のこと。漢訳仏典では旃陀羅（せんだら）。はじめはカースト制度の最下位であるシュードラ（首陀羅）に含まれていたが、後にシュードラ以下の存在とされた。この集団は一般市民に穢れを与えると考えられ、町や村には住むことが許されなかった。また、狩猟や刑殺など不浄とみなされた職に就くことを強制された。

〔13〕古代ギリシャの哲学者ディオゲネスの逸話に、あるとき彼は少年が両手で水をすくい飲んでいるところを目撃し、「自分は簡素という点でこの子供に負けている」といって袋に入れていたコップを投げ捨てたという話がある。

〔14〕一八四八年、パリにおいて二月革命が起こったことを契機にヨーロッパ全体で革命の気運が高まった。またイタリア、ハンガリー、ボヘミアなどでは民族運動が活発化した。同年、オーストリアにおいても三月革命が起き、当時の宰相メッテルニヒが追放されるなどの動きがあった。

〔15〕ヨッペは厚手の男性用ジャケット。着丈が短く機能的であるため、外套のかわりとなる仕事着として着用される。

〔16〕ウィーン会議の一八一四年から市民革命のおこる一八四八年までの期間を中心とした時代。ビーダーマイヤーとはドイツ・オーストリアの家具調度、美術、文学等の様式、ならびにその時代の小市民的な生活感情を指す言葉である。ビーダーマイヤーの語源は、ドイツでもっとも普遍的な姓であるMaierに「実直な」という意味のBiederを加えたものである。これが後にBiedermeierと綴られるようになった。

〔17〕ノーフォーク・ジャケットは腰丈のシングルジャケット。胸と背に肩当てや襞などの装飾がつく。背部または腰部にはボタン留めのベルトがついており、身体と服の隙間を調節できるようになっている。元来は狩猟などの際にニッカーボッカーズやブリーチズと組み合わせて着用されていた。

〔18〕一八六〇年代に登場したロングコート。アイルランドのアルスター地方が原産のウール地を用いており、腰の部分にベルトがついている。

〔19〕襟ぐりから袖下に向かって切り替えが入り肩から続く袖（ラグラン・スリーブ）をもつコート。肩がゆったりとしており動きやすいのが特徴。イギリスのラグラン卿がクリミア戦争（一八五三―五六年）の際、負傷兵のために考案した服が原型である。

〔20〕バティックとはインドネシアを中心としたアジア地域でつくられる臈纈染（ろうけつぞめ）のこと。蠟を塗った部分には染材が浸透せず模様となり、多彩な動植物文様や幾何学模様が染めだされる。

〔21〕本論考掲載の二週間前にあたる一九一九年八月十九日、「労働者新聞（*Arbeiter Zeitung*）」一面に「モードの展覧会について」という記事が掲載され、展覧会に出品された服は富裕層による労働力の無駄遣いであると批判された。ロースはこの記事への返答として執筆したと推測される。なお、この展覧会の詳細については不明である。

〔22〕「新八時新聞」一九一九年九月十三日号掲載。本書収録にあたり、この項の最後の質問と回答とされた。

〔23〕エスファハーンはイランの中央部に位置する都市。政治、文化、交通の拠点として古くから栄えた。本論考の執筆された一九一九年八月九日、イランは「英国・イラン協定」によりイギリスの被保護国となった。

〔24〕ヘラートはアフガニスタンの北西部に位置する都市。西アジア、ヨーロッパ、インド、中国などを結ぶシルクロードの重要な交易都市として古来より栄えた。アフガニスタンは一九一九年、第三次アフガン戦争の末、イギリスの被保護国となっていた状態から独立を果たした。

〔25〕アメリカでは「カンカン帽の日（Straw Hat Day）」を境に、夏の訪れを象徴するものとしてカンカン帽をかぶる習慣があった。州や町によってカンカン帽の日は違うが、共通して五月の中旬から終わりころとなっていた。なお、ロースが訪れたとされる地域とは異なるが、ワシントン州東部において五月二十一日がカンカン帽の日とされている（*Spokane Daily Chronicle*, May 9, 1941 参照）。

都市住民が移住する日

＊初出は一九二一年四月三日、ウィーンの新聞「ノイエ・フライエ・プレッセ」。

〔1〕都市郊外につくられ、小さく分割した区画を市民が借りて利用する菜園。別称クラインガルテン（Kleingarten）。児童保護のために、医師のダニエル・ゴットリープ・モリッツ・シュレーバーが提唱したことからその名がつけられた。シュレーバーはライプツィヒ大学を卒業した臨床医である。一八四四年に整形外科体操療養所を開き、一八五五年には『医療室内体操』を著した。

〔2〕クネーデルとは小麦粉や、つぶしたジャガイモを団子状に丸めて茹でたもの。スープや煮込み料理に入れられる。

〔3〕ブフテルンは酵母を入れたパン生地にジャムやクリームチーズ、ケシの実などを包んだ焼き菓子。

〔4〕原文には単位の記述がない。しかし文脈から適当な単位として当時の金額をあらわす「クローネ（krone）」を当てることとした。クローネは一九二四年末までオーストリアで用いられていた通貨単位であった。

住むとは何かを学ぼう！

＊　初出は一九二一年五月十五日、ウィーンの新聞「ノイエ・ヴィーナー・ターゲブラット」。

〔1〕レベレヒト・ミッゲ（Leberecht Migge, 1881–1935）はドイツ人造園家、都市理論家。ダンツィヒ出身。一九一八年『みんなで自給自足』を発表、そこで各戸に用意された庭で野菜を育てる自給自足型集合住宅を提案した。ミッゲの提案は、十九世紀以降ドイツで普及してきていたクラインガルテンの考えに、当時ヨーロッパで流行していた田園都市の思想をとりいれたものだといえる。おもな著作に『二十世紀の庭園文化』（一九一三年）『グリーン・マニフェスト』（一九一九年）など。

〔2〕十八世紀以前のヨーロッパの家屋における平面計画では、各部屋に通じる共有の廊下がなく、ひとつの部屋にふたつ以上のドアを設けたものが一般的であった。このような平面では各部屋が直接つながっており、目的の部屋に行くためにそのあいだにある別の部屋を経由しなければならなかった。

〔3〕壁に向かって一段奥に彫りこまれた窪みのこと。本来はキリスト教会堂の内壁などに設け、彫像などを置く。

〔4〕ウィーンの伝統的都市住宅においては十八世紀より火所が完全に覆われている竈が普及していたためであると考えられる。一方、イギリスでは古くから火のある場に家族が集まるというのが一般的であった。十九世紀より建設されていた労働者住宅では、竈や暖炉のあるリビングルームにおいて調理や食事がおこなわれていた。ロースは本書所収の「現代の公団住宅」において火の暖かみや調理の様子を眺める楽しさにふれ、居間・食堂と厨房が一体となった住宅を称賛している。

家具の終焉

＊　初出は一九二四年二月十四日、ベルリンの雑誌「ディ・ノイエ・ヴィルトシャフト」第七号。ただし掲載当時のタイトルは「現代住宅の潮流」であった。

〔1〕一九一九年にドイツのワイマールにて設立された造形芸術学校。あらゆる造形活動の最終目標は建築であるという理念を掲げ、建築を中心として、絵画や彫刻、家具、ガラス細工、グラフィックデザインなどその学科は多岐にわたったが、一

九二一年当時、服飾デザインを教える学科はなく、バウハウス製のズボンというものは存在しない。

装飾と教育

＊ 初出は一九二四年十月十日刊のブルノのチェコ語雑誌「われわれの進む道（*Náš Směr*）」第二号ならびに一九二四年刊のブルノのドイツ語雑誌「ヴォーヌングスクルトゥアー（*Wohnungskultur*）」二・三合併号。

〔1〕『にもかかわらず』初版の本文冒頭には「親愛なる教授」と記載されており、教授の名前は不明であるが、「われわれの進む道」に掲載された記事には「親愛なるモクリー教授！」と記載されている。本書はこれに従った。モクリー教授とはプラハ出身の画家、教育家フランチシェク・ヴィクトル・モクリー（František Viktor Mokrý, 1892-1975）のことと考えられる。モクリーは「われわれの進む道」の編集者であった。絵画の作風は新古典主義的である。

〔2〕「音を立てない風車は、現代の粉屋をめざめさせるのである」——このロースの文句に似たドイツのことわざに「風車が止まれば粉屋は眠れず」というものがある。「異常なことが起こると人は度を失う」という意味。ロースはこれをもじって、装飾がなくなることが人々に大きな刺激を与えると述べていると思われる。

〔3〕二十六年前は一八九八年にあたる。この年はロースが論稿を著した最初期であり、とくに「皇帝即位五十周年記念展示会」の特集記事を集中的に連載した。その媒体はオーストリア国内で広く読まれた日刊紙「ノイエ・フライエ・プレッセ（新自由新聞）」であった。当時二十八歳だったロースはこの連載によって注目を集め、翌年からは建築家としての仕事が急増した。その後も同年内に「被覆の原理」など十編ほど同紙に寄稿した。これらは『虚空へ向けて』に収録されている。

〔4〕ドイツの詩人エマニュエル・ガイベルの詩「ドイツの使命」（一八六一年）に「そしてドイツの存在によって世界よ、ふたたび健康を取り戻すがいい」という一節がある。ロースはこれを引用していると思われる。この一節はドイツの優位性を喧伝したいナチス等の勢力にスローガンとして使われた。

〔5〕ギリシャ・ローマ式建築における円柱と梁（エンタブレチュア）の比例関係による構成原理。一般にドリス式・イオニア式・コリント式、トスカーナ式、コンポジット式（複合式）の五種類を指す。ギリシャにはドリス式・イオニア式・コリント式の三種類があり、その後ローマ人が継承しつつそれに新たにトスカーナ式、コンポジット式（複合式）の二種類を加えた。ルネサンスの建築家はこれらのオーダーを好み、とくにローマのオーダーを採用した。オーダーを五つと定めたのは盛期ルネサンスの建築家セバスティアーノ・セルリオである。

〔6〕クロード・ペロー（Claude Perrault, 1613-1688）はフランスの建築家。医者と同時に解剖学者でもあった彼は、さまざまな装置を作成し実験することでも知られた。おもな作品に天文台（一六六七―七二年）、サン・タントワーヌ門のための凱旋門（一六六八年）。フランスの詩人シャルル・ペローの兄でもある。

〔7〕マクシミリアン・ベルリッツ（Maximilian Delphinius Berlitz, 1852-1921）により発明された外国語学習方法。はじめの授業から外国語で話すことに重点が置かれ、読み書きや理論よりもコミュニケーションと実践を重視する方法。また十九世紀後半はアメリカでジョン・デューイの経験主義にもとづいた進歩主義教育が唱えられていた時代であり、ベルリッツ・メソッドもその影響下にあったとされる。なお、彼の設立した学校は外国語学習塾のベルリッツとして現在も存続している。

〔8〕直角に折れ曲がる線が幾重にも重なった迷路状の装飾文様。小アジアを蛇行するメアンダー川に由来し、ギリシャ雷文とも呼ばれる。

〔9〕開花した花を真上から見たように、円の中心から放射線状に花弁を配した円形文様。

〔10〕フェルディナン・ブルノー（Ferdinand Brunot, 1886-1938）はフランスの言語学者、哲学者。一八九一年から在籍したソルボンヌ大学（パリ大学）の講師時代に、全十三巻からなる『フランス語史』を執筆し、後の古典フランス語研究の礎を築いた。ブルノーは一九一四年から一九一九年までパリ十四区の市長を務めた後、一九二八年までパリ大学の学部長を務めた。

〔11〕カルヴィン・クーリッジ（Calvin Coolidge, 1872-1933）は第三十代アメリカ合衆国大統領。一九二〇年代に急成長していたアメリカ経済を後押しする一方、前政権の不正事件を追及し、自身の厳格さと清廉さを強調する演説を数多くおこなった。また、ラジオで演説をおこなった最初の大統領としても知られる。

〔12〕エドモン・ド・ポリニャック公夫人（die Prinzessin Edmond de Polignac）は本名ウィナレッタ・シンガー（Winnaretta Singer, 1865-1943）、世界的なミシンメーカーの創業者である父アイザック・メリット・シンガーの子として生まれる。ポリニャック公との結婚後、サロンでの交流を通じて音楽家のラヴェルやフォーレに援助をおこなうようになる。その援助下でラヴェルの「亡き王女のためのパヴァーヌ」（一八九九年）やフォーレの「ペレアスとメリザンド」（一八九八年）などの名曲が数多く誕生し、献呈された。

アーノルト・シェーンベルクと同時代人

＊　初出は一九二四年、ウィーンの雑誌「アンブルッフ」八・九月合併号。この号はアーノルト・シェーンベルク特集号であ

った。

〔1〕アーノルト・シェーンベルク（Arnold Schönberg, 1874–1951）による独唱・合唱とオーケストラのための曲。作曲期間は一九〇〇年三月から一九一一年十一月、初演は一九一三年二月二十三日ウィーン。この曲が書かれていた十年の間に、シェーンベルクの作品は伝統的調性音楽から無調音楽へと変わっていた。しかし「グレの歌」はリヒャルト・ワーグナーなど十九世紀ロマン派の伝統的音楽語法を模範に書かれた。

現代の公団住宅について

＊講演会の草稿か、もしくはそれをもとにして構成された論文である。初出はシュトゥットガルトのヴュルテンベルク州産業省刊行の「建築現場と工房（*Für Bauplatz und Werkstatt*）」一九二七年二月号。

〔1〕第一次世界大戦後、ドイツのシュトゥットガルトにおいて多くの公団住宅が建てられた。この論考の発表後一九二七年七月、同市において開催されたヴァイセンホーフ・ジードルンク集合住宅展（一九二七年）もその一環であった。この展示はドイツ工作連盟を中心にしたもので、ル・コルビュジエ、ミース・ファン・デル・ローエなどが出展した。最終的にロースはこの展示に出展はしていないが、選定プロセスの当初は名前を連ねていた。

〔2〕「破壊の領域が大きくなればなるほど、いや、さらにいえば労働が破壊行為によってのみ成り立っているとすれば、それはきわめて人間的かつ本能的であり、高貴なおこないであるといえる」——一九三一年三月に「フランクフルター・ツァイトゥング（*Frankfurter Zeitung*）」誌に掲載されたヴァルター・ベンヤミン「カール・クラウス」において同箇所が引用されている。この引用をとりあげて、ベンヤミンはクラウスとロースの思想の類似性を指摘している。なお同年十一月、同誌においてベンヤミンは「破壊的性格」を発表した。

〔3〕ジャン・ジョレス（Jean Léon Jaurès, 1859–1914）は社会主義の指導者。トゥールーズ大学の哲学教授を経て、一八八五年、代議士となる。一八九二年から一八九五年にかけておこったカルモーのストライキをきっかけに社会主義者になる。一九〇五年統一社会党を結成し、社会主義政党の統一をめざした。しかし第一次世界大戦に反対し、平和を訴えたために熱狂的愛国者に暗殺された。一九二四年、彼の遺骨はパンテオンに移され、その際にはカルモーの坑夫たちが棺を運んだ。ちなみにカルモーはフランス南部の都市であり、ジョレスの出身地であるカストルから約五〇キロの距離にある。

〔4〕パリの聖ジュヌヴィエーヴの丘に位置する新古典主義建築の霊廟。一七五五年、聖ジュヌヴィエーヴに献堂するための

教会として、ジャック・ジェルメン・スフロによって設計された。その後一七九一年、フランスの偉人を祀る霊廟として利用することが国民議会で決定され、パンテオンと名が改められた。

〔5〕ピョートル・アレクセイヴィチ・クロポトキン（Pjotr Aljeksjejevich Kropotkin, 1842-1921）はロシアの革命家、無政府主義の思想家。さまざまな地理資料を分析しながら、食糧生産や労働の方法について説いた。代表作に『パンの略取』（一八九二年）『相互扶助論』（一九〇二年）など。なお『パンの略取』最終章の「農業」には、当時の野菜農家が引っ越しの際に耕した土を運んでいたことが記されている。

〔6〕土地の区画に用いられる壁やワイヤーなどに沿って植えられた植物のこと。造園家レベレヒト・ミッゲは、家庭菜園の区画にはこの垣根仕立ての植物を用いることを推奨し、実践している。

〔7〕ポール・ポワレ（Paul Poiret, 1879-1944）はパリのオートクチュールデザイナー。コルセットの装着が婦人服の主流であった一九〇六年、コルセットを使用しないハイウェストのドレス、ローラ・モンテスを発表するなどモード界に革新をもたらした。

〔8〕イギリスの小説家チャールズ・ディケンズによる長編小説。一八三六年より月刊分冊形式で出版された、元実業家の紳士ピクウィック氏が仲間とともにする旅の物語である。第二十八章「陽気なクリスマスの章」において、召使いも含めた家族全員が台所に集まり、目隠し遊びや歌をうたうなど、お酒を飲みながら楽しくクリスマスを迎える様子が描かれている。

〔9〕『虚空へ向けて』所収「金持ちゆえに、不幸になった男の話」を参照。

短い髪

＊　初出は一九二八年四月十五日、ウィーンの新聞「ノイエ・フライエ・プレッセ」。

家具と人間

＊　初出は一九二九年八月二十五日、フランクフルトの新聞「フランクフルター・ツァイトゥング」。

〔1〕ハンス・フート（Hans Huth, 1892-1977）はドイツ出身の美術史家、家具研究家。ウィーンやベルリンで美術史および哲学を学び、美術史家のエルヴィン・パノフスキーらとともに美術批評活動をおこなった。第一次世界大戦に出兵した後ア

メリカに渡り、イェール大学やニューヨーク大学にて美術史の教鞭をとった。おもな著作に『アブラハム・レントゲンとダフィット・レントゲン、彼らのノイヴィート家具工房』（一九二八年）『後期ゴシックの芸術家とその工房』（一九六七年）など。

〔2〕十七世紀後期のフランスにおいて、家具を豪華に見せるために家具の表面に黒檀の化粧張りをつけたり、象嵌細工や寄木細工を施すなどの装飾技術が生みだされた。これらの技術を身につけた職人は、指物師ムニュイジエ（menuisier）と区別して家具師エベニスト（ébéniste）と呼ばれるようになった。

〔3〕エカチェリーナ二世（Yekaterina II Alekseyevna, 1729–1796）はロシアのロマノフ朝第八代女帝。一七六二年に帝位に就き、政治改革や領土の拡大を達成した。彼女は啓蒙主義君主としても知られ、ヴォルテールらと文通し、文学と芸術の保護に取り組んだ。

〔4〕トーマス・チッペンデール（Thomas Chippendale, 1718–1779）はイギリスの家具職人、家具デザイナー。ヨークシャー出身。一七四八年に独立した後、多くの専門職人と本格的な家具制作をおこなった。

〔5〕チッペンデールの著作『紳士と家具職人のための手引書（*The Gentleman and Cabinet Maker's Director*）』（一七五四年）のこと。同書は百六十枚の銅版を使って描かれたさまざまな様式の家具のデザイン画集で、出版の翌年に再版、一七六二年に増補第三版が刊行された。ダフィット・レントゲンはこの書籍から知ったチッペンデールのデザインにアレンジを加え、ロココ調のキャビネットをデザインしたとされる。

〔6〕繰形とは建築や家具に施される帯状の装飾のこと。モールディングともいう。断面の形は凹型、凸型、円形などさまざまで、家具表面に陰影を生む効果がある。

〔7〕ターラーは十六世紀からおよそ四百年にわたり、ヨーロッパで広く用いられた銀貨。そのサイズや銀の純度は時代や国によって異なる。たとえば十六世紀末以降神聖ローマ帝国で流通し、広く領邦で用いられたライヒスターラーは一ターラーあたりおよそ二五グラムの銀を含んでいた。

ヨーゼフ・ファイリッヒ

＊初出は一九二九年三月二十一日、フランクフルトの新聞「フランクフルター・ツァイトゥング」。

〔1〕ヴィクトール・ブルジョワ（Victor Bourgeois, 1897–1962）はベルギーの建築家。一九一四年から一九一八年の間、アン

リ・ヴァン・ド・ヴェルドに師事する。ドイツ工作連盟のヴァイセンホーフ・ジードルンクにベルギー人として唯一参加した。代表作にシテ・モデルネ（ブリュッセル、一九二二―二五年）など。

〔2〕 ギリシャ・ローマ神話に登場する老夫婦。老婆バウキスとその夫ピレモンは、旅人に身をやつしていたゼウスとその息子ヘルメスを歓待した。その恩としてふたりは洪水から逃れることができた。さらに、晩年を神殿の神官として過ごした後、ふたりそろって大木へと姿を変えるという夫婦の望みが叶えられた。

〔3〕 ミヒャエル・トーネット（Michael Thonet, 1796–1871）が一八一九年に創設した家具会社。世界ではじめて曲木椅子の大量生産を実現した。ロースは自身が設計したカフェ・ムゼウム（ウィーン、一八九九年）にトーネットにならったデザインの椅子を用いている。また同時期の建築家では、ル・コルビュジエもラ・ロッシェ・ジャンヌレ邸（パリ、一九二三年）など初期の作品でトーネットの椅子を用いている。

〔4〕 このシュタルクフリード通りのあるペッツラインスドルフはウィーンにおけるスキーの発祥地として知られる。

（訳注執筆　早稲田大学建築学科中谷礼仁研究室）

年譜

＊以下でふれるロースの論考・講演で、次の三著に所収のものは各著略号を付記した。
I『虚空へ向けて』（*Ins Leere gesprochen 1897–1900*, Georges Crès et Cie, 1921）
T『にもかかわらず』（*Trotzdem 1900–1930*, Brenner, 1931）
P『ポチョムキンの都市』（*Die Potemkinische Stadt: verschollene Schriften 1897–1933*, Prachner, 1983）

一八七〇年
十二月十日、モラヴィア地方ブルノ市（現チェコ共和国）にてアドルフ・フランツ・カール・ヴィクトール・マリア・ロース生まれる。同じアドルフという名の父は彫刻家にして石工。幼少期のロースは父の仕事場に出入りして、「服飾産業以外のあらゆる手仕事」に従事する職人たちを統括する父の仕事ぶりをつぶさに見て育つ。
同月十五日、モラヴィア地方ブルトニツェ市にヨーゼフ・ホフマン生まれる。

一八七九年　九歳
三月、父アドルフ死去。ロースは一八九八年の評論「ロトンダ会場内のインテリア」［**I**］で、みずからの育った室内空間について父の思い出とともに語っている。

一八八〇―八八年　十―十八歳
父の死後、母および後見人との関係は良好とはいえず、一八八〇年ブルノの上級ギムナジウムに入学するも、母の意向によりイグラウやブルノのいくつかのギムナジウムへの入退学を繰り返す。十二歳のころには右耳の難聴を自覚していたとされる。八五年、ライヒェンベルクの国立職業訓練学校入学。翌年には建築家を志し建築技術科に転科。八八年、ブルノの国立職業訓練学校の建築工芸科に移る。ここにはホフマンも同時期に在学していた。

一八八九―九二年　十九―二十二歳
ドレスデンの王立工科大学で聴講生としてヴァイスバッハに師事し建築を学ぶ。その後一年間の志願兵生活を経てウィーンの造形美術アカデミーに入学。しかし翌年にはドレスデンの王立工科大に戻る。このころウィーンのカフェには、後に生涯にわたる交友をもつことになるカール・クラウスやペーター・アルテンベルクが出入りしていたが、ロースといつ知り合ったかは不明。
ホフマンは九二年にウィーン造形美術アカデミーに入学、カール・フォン・ハーゼナウアーのもとで建築を学ぶ。

一八九三―九五年　二十三―二十五歳

イギリス経由でアメリカに渡る。フィラデルフィアに住む叔父のもとに滞在しつつ、シカゴでおこなわれた万国博覧会を見学し、その後ニューヨークにて自活する。

一八九六年　二十六歳

イギリス経由で帰国。二度目の兵役に就く。軍での適性検査の際、右耳の難聴が公式に記録されている。ウィーンにてカール・マイレーダーの建築事務所に職を得る。
一方、ホフマンは一八九四年のハーゼナウアーの死後、オットー・ワーグナーに師事し、書きあげた卒業論文によりローマ賞受賞、イタリアへと留学。一八九六年に帰国後、ウィーンにてワーグナーのアトリエに入所。

一八九七年　二十七歳

新聞、雑誌上にて執筆活動を開始。最初の論考「工芸学校の展示会」［I］において、アトリエでのグラフィカルなデザインを実用に即さぬものとして批判し、日用品は素材について熟知した職人がつくるべきとの論を展開。また建築家としてはエーベンシュタイン洋服店内装をウィーン一区に設計。知られているかぎりの最初の仕事。
この年四月三日、ウィーン分離派結成。中心メンバーはグスタフ・クリムト、ヨーゼフ・ホフマン、ヨーゼフ・マリア・オルブリッヒ、コロマン・モーザー（ワーグナーは一八九九年に参加）。守旧的なウィーンの芸術家団体キュンストラーハウスからの脱却を意図する分離派とその構成メンバーに対してロースは当初好意的であった。

一八九八年　二十八歳

日刊紙「ノイエ・フライエ・プレッセ」にて皇帝即位五十周年記念展示会に合わせ一連の文化評論を発表。「建築材料」［I］では材料の等価性からファサードにおけるイミテーションを糾弾。「被覆の原理」［I］では、ファサードや構造よりも壁面の被覆材により望ましい雰囲気を生みだすことに重点を置いた建築思想を展開。また「建築における新・旧ふたつの方向」［P］を雑誌「建築」懸賞論文への応募作として投稿、二等を得る。そこでは建築における現場主義と古典教養重視というロースに一貫する姿勢が打ち出されている。ウィーン旧市街のグラーベンにゴールドマン&ザラチュ紳士服店の内装設計。分離派の機関誌「聖なる春（ヴェル・サクルム）」創刊。以後一九〇三年まで刊行される。ロースも論考「われわれの若き建築家」［**P**］「ポチョムキンの都市」［**P**］を同誌に寄稿。一方で日常生活と芸術の関係についての思想や、職人と伝統を重視する立場から分離派に対する批判的傾向を強めていく（「「他なるもの」より」の「馬具屋の親方」［**T**］など）。またロースは、分離派館（オルブリッヒ設計、この年十月竣工）の会議室内装の仕事をホフマンに断られたことを述懐している（「私の建築学校」［**T**］）。

一八九九年　二十九歳
ウィーン一区カールス広場近くの文化施設の集まる地区にカフェ・ムゼウムを設計。奥にはギブソン・ルームという少人数のためのくつろげる部屋もつくられている。四月、カール・クラウスが個人誌「炬火」を創刊。ロースと生涯強い思想的連帯意識で結ばれていたクラウスは、身内を顧客として紹介するなどさまざまな面でロースを援助する。この年からオルブリッヒはダルムシュタットでの芸術家村の建設を開始。

一九〇〇年　三十歳
四区のツルノヴスキー邸や六区のシュタイナー邸などウィーン市内各所でアパートの内装設計。この時期、建築家としてのロースのおもな仕事はアパートや店舗の内装だった。

一九〇二年　三十二歳
ウィーンのカフェの娘、リナ・オーバーティンプファーと結婚（一度目の結婚）。

一九〇三年　三十三歳
ウィーン一区のアパート五階に自身の住居を設計。ロースはこの際、床を取り払うという既存の階構造への介入の企図をもっていた（リナの証言）が実現はせず。夫妻の寝室の写真をペーター・アルテンベルクの個人誌「芸術」に発表している。また同誌付録としてロース自身の個人誌「他なるもの」が刊行されるも、単独で刊行された二号で休刊（一部［**T**］および［**P**］に採録）。
ウィーンの生理学者テオドール・ベーアよりスイス・モントルーの湖畔に建つ建物の内装を依頼される。このヴィラ・カルマは一九〇六年に施主との関係悪化により他の建築家と交代したが、ロースの計画の基本線を踏襲して完成（一九一二年竣工）。大理石やマホガニーといったロースの好む素材がふんだんに用いられた初期の重要作。この年ホフマン、モーザーを中心としてウィーン工房が設立される。イギリスのアーツ・アンド・クラフツに範をとり、日用品や家具の制作、住居の内装等をおこなう。分離派同様、ロースの攻撃の対象となる。

一九〇四年　三十四歳

ヴィラ・カルマの仕事でしばしばスイスへ赴きつつ、ウィーン市内にて住居や店舗の内装設計。二月、論考「陶器」［T］を発表。分離派による日用品の芸術化は、結局は芸術を汚すものだと指摘。

ホフマン、ウィーン近郊のプルカーズドルフにサナトリウムを設計（一九〇六年竣工）。

一九〇五年　三十五歳

ウィーン市内にてオイゲン・シュヴァルツヴァルト（八区）やクラウスの兄アルフレード（三区）の住居の内装を設計。学校を経営するシュヴァルツヴァルトの家では文化的サロンのようなものが形成され、ロースはここでアーノルト・シェーンベルクと知り合うことになる。この年、リナと離婚。イギリス出身の踊り子エリザベス・ブルースと出会い交際を始める。

クリムト、ワーグナー、ホフマンが分離派を脱退。オスカー・ココシュカ、ウィーン工芸学校入学（一九〇九年まで）。

一九〇六年　三十六歳

シュタイナー造花・装飾用羽毛店（一区、一九〇七年竣工）など住居や店舗の設計をおこなう。

この年、ワーグナー設計のウィーン郵便貯金局竣工（一部増築ののち一九一二年完成）。

一九〇七年　三十七歳

食料品店経営者パウル・クーナー（四区）やクラウスの兄ルドルフ（一区）の住居などを設計。十二月十、十一日、ウィーンにて自身の設計した住居等の見学会を開催。事前の告知文（「住居の見学会」［P］）によると、ウィーン市民やとくに内装や家具の職人に近代的な住居を示すことを目的としていた。

ミュンヘンにてドイツ工作連盟が結成される。ココシュカがウィーン工房に加盟。この年と翌年、ヒトラーがウィーン造形美術アカデミーを受験して失敗している。

一九〇八年　三十八歳

このころ「装飾と犯罪」［T］の草稿を書き、各地で講演を始める（ただし、ウィーンにて記録に残っている最初の講演は一九一〇年一月二十一日）。ウィーン一区にケルントナー・バー（アメリカン・バー）を設計。ロースはこの小さなバーにおいて、雪花石膏を入口上部の窓に、鏡を壁に貼りつけ、透過と反射によるイリュージョニスティックな効果を創出した。八月、論考「無駄（ドイツ工作連盟）」［T］を発表。現代的な製品に対する「無駄」なものとして「応用芸術家」である工作連盟を批判。
ウィーンで第一回クンストシャウ（国際美術展）開催。ロースは出品されている作品を見てココシュカを知り、ウィーン工房を離れるよう助言した（「オスカー・ココシュカ」一九三一年［P］）。シェーンベルクはこの年、歌曲集『架空庭園の書』により伝統的な調性からの脱却を図る。八月、オルブリッヒ死去。

一九〇九年　三十九歳

服飾業者ゴールドマン&ザラチュより、ウィーン市一区の王宮に面したミヒャエル広場前に建設予定の建物（現在のロースハウス）の設計を依頼される。ウィーンにて第二回クンストシャウ開催。会期中、ココシュカの戯曲「殺人者、女たちの希望」が初演され、ロースもクラウスとともに観劇する。
この年エゴン・シーレ、ウィーン造形美術アカデミーを退校。

一九一〇年　四十歳

ウィーン十三区、高級住宅街を形成するヒーツィング地区にシュタイナー邸を設計。同邸宅は庭園側のプレーンなファサードと古典的な左右対称性で知られる。クニーシェ洋服店を設計（一区、一九一三年竣工）。建設中のミヒャエル広場の建物はその上階部分が無装飾であったために、向かい合う王宮に対する不敬にあたるとして建設は一時中断される。このスキャンダルに対して、ロースは執筆活動を通じてみずからの正当性をアピールした。最終的に、窓辺に花壇用のポットをつけることを条件に建設は許可されることとなる。
四月九日付の「炬火」に発表した「ウィーン人に告ぐ」［T］において、前月に死去したカール・ルエーガー市長にふれ、「ウィーンの都市イメージの守護者」であったと評す。論考「建築」［T］を発表。建築と芸術の峻別を打ち立て、例外として墓石とモニュメントを挙げる。

一九一一年　四十一歳

ミヒャエル広場にゴールドマン&ザラチュの建物竣工。一階の店舗部分は外壁や柱がチポリーノ大理石で覆われ、上階の住居部分は白漆喰で塗られることで、両者の差異を明示。内部では複数の層からなる中二階がギャラリーによって視覚的に連続しひとつの大きな空間を形成している。ロースはこの建物の建設にまつわる騒動の心労により、以降神経性胃炎に苦しめられる。三月、プラハに赴き「装飾と犯罪」の講演をおこなう。一八九九年以降無宗教であったカール・クラウスがこの年カールス教会にて洗礼を受け、ロースが代父をつとめる。

ホフマン、ストックレー邸（ブリュッセル）竣工。ストックレー邸はクリムトやウィーン工房による内装とともに、同時代の傑作として評価される。

一九一二年　四十二歳

ウィーンにてホーナー邸（十三区）、ショイ邸（十三区、一九一三年竣工）、マンツ書店（一区）を設計。ヒーツィングに建てたショイ邸は、三階までの各階の陸屋根により階段状のフォルムを形成。この特異な形態はウィーン市民の目を引き、また反発の対象ともなった。

シュヴァルツヴァルトの経営する学校の教室を借り、アドルフ・ロース建築学校を開く。私塾的性格をもった同校には、工科大や美術アカデミーからも学生が訪れる。

詩人のゲオルク・トラークルと交友。トラークルはミヒャエル広場の建物を訪れ、訪問帳に詩を残している。十一月、講演「郷土芸術」「**T**」。芸術の分野で声高に叫ばれる「郷土芸術」は実態を欠いたキャッチフレーズとして否定、むしろ伝統にこそ立ち戻るべきだと説く。

この年ホフマンが中心となり、ドイツ工作連盟を手本としたオーストリア工作連盟が結成される。

一九一三年　四十三歳

ウィーン一区にカフェ・カプアを設計。フランスの雑誌「カイエ・ドジュールデュイ」六月号において「装飾と犯罪」がはじめて活字化される。夏にアルテンベルク、エリザベスらとヴェネチアのリド島に旅行。「ベートーヴェンの病める耳」「**T**」を発表。自身も難聴であったロースは、ベートーヴェンに共感を寄せ、芸術作品を語る際にはしばしば交響曲第九番を引き合いに出している（「装飾と犯罪」「アーノルト・シェーンベルクと同時代人たち」「**T**」など）。

このころウィトゲンシュタインが匿名でロース、リルケ、ココシュカ、トラークルら芸術家に資金援助。

一九一四年　四十四歳

サラエボにおけるオーストリア皇太子暗殺をきっかけに、七月二十八日、第一次世界大戦勃発。十一月三日、トラークルが薬物の過剰摂取により自殺。ロースは前年にもこの表現主義の詩人に職を世話し、アルコールと薬物から脱却させようとしていた。

一九一五年　四十五歳

ウィーン十九区にドゥシュニッツ邸の改築設計（一九一六年竣工）。戦争によりロースの建築学校はこの年までで一度休止され、再開は一九一九年からとなる。

一九一六年　四十六歳

ウィーン十九区にマンドゥル邸の改築設計。

十一月、皇帝フランツ・ヨーゼフ一世逝去。甥のオットーの子が即位し、カール一世となる。

一九一七年　四十七歳

論考「口出しするな!」[T]発表。装飾やデザインに対する素材の神聖さを掲げ、それを台無しにする者として応用芸術家を批判。

一九一八年　四十八歳

ウィーン十三区にシュトラッサー邸の増改築設計(一九一九年竣工)。小刻みな階段により多様な高さの部屋を連結しつつ全体の空間を構成。長年患ってきた胃炎の手術を受ける。講演にもとづく論考「都市と地方」[P]を発表。都市と地方、ふたつの文化の差異を強調しつつ、都会の子供が一年間地方で暮らすよう提言。

四月、ワーグナー死去。スペイン風邪が流行し、二月にクリムトが、十月にはシーレが病死。十月、プラハにてチェコスロヴァキアが独立を宣言。十一月、カール一世、スイスに亡命し退位。オーストリア帝国は崩壊し、オーストリア共和国(第一共和国)へ。

一九一九年　四十九歳

一月八日、アルテンベルク死去。ウィーン中央墓地にて埋葬。ロースは同日付の「デア・モルゲン」紙に「ペーター・アルテンベルクとの別れ」[T]を寄稿。年内にアルテンベルクの墓を設計。五月、ウィーン市の市議会議員選挙にて社会民主党が第一党となり、ロースの設計したショイ邸(一九一三年竣工)の施主グスタフ・ショイが市議会議員として住宅不足解消に取り組むことになる。

七月、ウィーンのダンサー、エルジー・アルトマンとの結婚(二度目の結婚)。秋、建築学校を再開。以降、この学校は二一年まで断続的に開催され、ハインリヒ・クルカら何人かの生徒はロースとともに働きはじめる。

一九二〇年　五十歳

四月、ショイが入植者に住宅建設を指導する部局を設置。ロースはこの部局にて無報酬で働き、市の住宅建設活動に協力。市を挙げたこの活動にはホフマンやマルガレーテ・リホツキーなど多くの建築家が参加することになる。ロースはウィーン郊外への公団住宅の配置案を作成。パリにてル・コルビュジエ、アメデ・オザンファンによる雑誌「レスプリ・ヌーヴォー」が創刊、第二号にロース

「装飾と犯罪」が掲載された。
この年、シェーンベルクは「五つのピアノ曲」の作曲にとりかかり、この曲において十二音技法を用い始めた。

一九二一年　五十一歳
四月、ショイの設置した部局が集合住宅建設局に昇格し、ロースは主任建築家となる。「都市住民が移住する日」「**T**」「住むとは何かを学ぼう！」「**T**」を発表。郊外における労働者の生活のあり方を食事、睡眠、小菜園の利用法という観点から説き、寝室を上階に据えた二層の住居を提言。また列状住宅を省資源で設営する方式である「一枚の壁の家」「**P**」により特許取得。一九〇〇年までの論考を編纂したはじめての著作『虚空へ向けて』を刊行。ウィーン郊外ラインツの公団住宅（十三区）、ヒルシュテッテンの公団住宅（二十二区）、ホイベルクの公団住宅（十七区、一九二三年竣工）の建設計画を作成。

一九二二年　五十二歳
ウィーン、ヒーツィングにルーファー邸（十三区）を設計。一〇メートル×一〇・四メートルという空間を有効活用し、部屋の高さを変化させつつ音楽室や食堂、書斎などの部屋をつくりこむ。またシカゴ・トリビューン社の新社屋コンペに応募。ドーリア式円柱を模した社屋案を提示するが落選。

一九二三年　五十三歳
パリのサロン・ドートンヌ展に招かれ、グランドホテル・バビロン計画を出品。また同名の論考「**P**」も発表。これによると、陸屋根のテラスとしての活用についてロースはショイ邸（一九一三年竣工）以来検討しつづけていた。この年は屋上を街路とした列状住宅（ウィーン十区に構想）をも提案している。

一九二四年　五十四歳
二月、「家具の終焉」「**T**」を発表。据え置きの収納具を家具という領域から排除することを宣言。一方で建築家の領分として壁面を掲げ、つくりつけの戸棚を収納場所として提唱。屋上を街路とした列状住宅の計画案が却下されたことにより、住宅局の主任建築家を辞す。「アンブルッフ」八・九月特別号に論考「アーノルト・シェーンベルクと同時代人」「**T**」を発表。
九月、シェーンベルクは楽曲全体に十二音技法を導入した「木管五重奏曲」の初演をウィーンにて迎える。

一九二五年　五十五歳
パリのモンマルトルにダダイスト、トリスタン・ツァラのアトリエ兼邸宅を設計（一九二六年竣工）。街路側ファサードは上階部と下階部で被覆素材が際立った差異をなし、内部を覆い隠す仮面としての機能を果たしている。庭園側は内部の部屋の構成を反映した階段状をしており、街路側とは好対照。ロースは居住地をパリに移す。以降、仕事に応じて各地を移動しつつ生活する。
バウハウス、デッサウに移転。

一九二六年　五十六歳

シュトゥットガルトにて「現代の公団住宅について」〔T〕と題した講演をおこなう（翌年活字化）。そのなかで屋上を街路とした列状住宅の意義を強調。この年、エルジー・アルトマンと離婚。
リホツキー、フランクフルト・キッチンを設計。効率化された動線による省スペースの台所はこれ以後、とりわけ労働者向けの住居において普及する。グロピウスによるバウハウスのデッサウ校舎完成。

一九二七年　五十七歳

ウィーン郊外十八区にモラー邸設計（一九二八年竣工）。ロースは一部突出部のある正方形のファサードの内部において床の高さを変えつつ、つくりつけの着座スペース、ホール、食堂、音楽室を全体の空間に組み込んでいる。
またこの年、パリで知己であったとされるダンサー、ジョセフィン・ベイカーの住居を構想。上階部のファサードを白と黒の大理石で縞模様に被覆する計画とした。この建物は実現しなかった。七月、シュトゥットガルトにてヴァイセンホーフ・ジードルンク展が開催されるも、ロースは主催者による事前の選考に漏れ未参加。

一九二八年　五十八歳

チェコの顧客オットー・ベックの娘クレールと結婚する（最後の結婚）。プラハにミュラー邸設計（一九三〇年竣工）。ロースの設計した個人宅のなかでもサイズが大きく、構成が入り組んでいる。チポリーノ大理石の用いられたホール、レモンウッドの婦人室というように、被覆素材とその造作によって各部屋の性格が打ち出されている。また「建築家の領分」（「家具の終焉」〔T〕）である壁面を活用し、つくりつけの戸棚を各所に設けている。
この年、ヴィトゲンシュタインの設計によるストーンボロウ邸がウィーンに完成。ロースの弟子パウル・エンゲルマンが設計に協力している。ハンネス・マイヤーがグロピウスに代わりバウハウスの校長に就任。

一九二九年　五十九歳

三月、亡くなった家具職人への追悼文「ヨーゼフ・ファイリッヒ」［T］を発表。注において部屋の高さを用途に合わせて変化させ、全体のなかへと組み込んでいくみずからの思考法を建築史上の革命と位置づけ、「三次元のチェス」になぞらえる。ウィーン近郊の山間地パイヤーバッハにクーナー荘を設計（一九三〇年竣工）。ウォール街において株価が大暴落した十月二十四日付の「フランクフルター・ツァイトゥング」に「装飾と犯罪」掲載。確認されているかぎりではドイツ語圏で初の活字化。

一九三〇年　六十歳

プラハのミュラー邸にて六十歳記念パーティがおこなわれ、記念の小冊子発行。

この年ウィーンでは、社会民主党による「赤いウィーン」を象徴する大規模な市営住宅、カール・マルクス・ホフが建設される（カール・エーン設計）。また、ブルノにミース・ファン・デル・ローエ設計のトゥーゲントハット邸竣工。ミースは同年、マイヤーに代わりバウハウス校長に就任する。

一九三一年　六十一歳

精神神経症により、入退院を繰り返す。一月、マンハイムで開かれるココシュカの作品展カタログに「オスカー・ココシュカ」［P］を発表。第二の著作『にもかかわらず』を刊行。弟子のハインリヒ・クルカの編集により生前唯一のモノグラフ『アドルフ・ロース』刊行。同書においてラウムプランという概念がロースの建築における特色として提示される。

一九三二年　六十二歳

オーストリア工作連盟住宅展にてクルカと共同で二世帯が連なった小規模な住宅を展示する。

この年、ウィーン工房解散。バウハウス、ベルリンへ移転。

一九三三年

八月二十三日、ウィーン近郊カルクスブルクのサナトリウムにてアドルフ・ロース死去。八月二十五日、中央墓地に埋葬。弔辞はカール・クラウスが詠む。

バウハウス、ドイツ工作連盟ともにナチスにより解散させられる。

一九五八年

生前のスケッチをもとに、ウィーン市により中央墓地にロースの墓石が築かれる。またロースのウィーンの住居（居間部分）が市の博物館に移築保存される。

（年譜作成　岸本督司）

解題　へそまがりの論理　ロースを読む

中谷礼仁

「一度こんなこともあった。君があるレストランで、ウェイターに三度も肉を突き返して焼き直しをさせ、もうこれ以上話にならないとあきらめると、君は肉に手をつけずに支払いだけはし、腹をすかせたままでいた。ぼくが「ペーター、ほんとうに何も食べないつもりかい？」とたずねると、君はこう答えたものだ。「うん、もう食べないよ。だって今日使っていい金は使い切ったからね」」（「ペーター・アルテンベルクとの別れ」）

この本の著者アドルフ・ロースが彼の親愛をストレートにあらわすのは、こんな人たちに対してである。なにかに個人的にあらがっている人たち。十九世紀末から二十世紀前半におけるウィーン周辺のへそまがりたち。

しかし私たちは、このロースが書き留めた詩人ペーターのみずから課したルールに、多少なりとも共感を抱かないだろうか。変人ペーターの行為には相応の理があることを感じはしないだろうか。

へそまがりたちは、けっして負けない。

彼らの対社会的な自己正当化は激しい。そのせいで世間から疎まれたり、逆に嘲笑の的になる。しかしへそまがりは頑として存在する。それは彼らの言葉や態度がときとして世間を見つめなおすことのできる効用があることを誰もが認めざるをえないからである。アドルフ・ロースもそのような人間として生きた。

そもそもなぜ、彼らはひねくれるのか。

ねじれたまま巻かれてしまった帯を想像すればいい。彼らの頭のなかには、彼らをとらえて離さないふたつ以上の現実的な難題がひそんでいる。それらはあまりにも不調和で、それをスムースに平坦につなげることは不可能である。そんな難題の場合、通常の人であればその一方を抑圧し忘れられる「器量」がある。しかし生に忠実なへそまがりにはそれができない。その解決不能な二重性＝ギャップを生き、そこに道筋を見いだそうとするとき、その論理は当然のようにねじれてゆくのだ。そのねじれを読者に共感可能なように指し示すのが、本稿の役目である。

二重の帝国

一八七〇年、アドルフ・ロースはウィーンを北上すること約一〇〇キロメートルのモラビアの工業都市ブルノで石工の家に生まれた。同都市は現時点ではチェコ共和国に帰属しているが、当時はオーストリア＝ハンガリー二重帝国という複雑な体制によって築かれた巨大な連邦的領土に位置していた。

「音楽の都」のイメージの強いウィーンに私たちはヨーロッパの真髄のひとつをみている。それはそれで正しいのだが、そもそもロースをとりまくこの環境が多民族の渦巻く地域であったことを見逃してはならない。二重帝国体制とは、周辺の国家的策動のなかで便宜的に中世以来の大貴族・ハプスブルク家の統治の継続を意図した後衛的なものであった。その領土はいまだ広大であった。しかし、オーストリアとはその意味どおり「東の国」であった。それはヨーロッパの辺境の地でもあったのだ。

一九一四年に勃発した第一次世界大戦の引き金は、そもそもこの二重帝国の皇位継承者が銃殺される事件からはじまった。同帝国が一九〇八年のトルコ革命に乗じてボスニア・ヘルツェゴヴィナを併合した恨みをかい、セルビアの地で狙撃されたのであった。近代戦争のはじまりといわれる第一次大戦の引き金は、そのような過去のねじれがばねとなっていたのだ。

そしてその敗戦によって二重帝国はようやく一九一八年（！）になって消滅した。つまり世紀末ウィーンをとりまく地政は、最新鋭どころかまったく古めかしいままであった。ロースはこの状況から、みずからの置かれた場所に古き良き貴族趣味と同時に、もはやけっして追いつくことのできない後進性をも感じていた。生活の隅々までにどうしようもないほど伝統が息づいているのであった。その思いは、オーストリアでの建築学生生活から逃亡して親戚をたどってアメリカ、そしてロンドンという当時の先進地で生活した体験が決定的にした。その生活は放浪的と表現してもよさそうであるが、当初の目的は一八九三年に開催されたシカゴ万国博覧会訪問であったという。彼はそこで当時、よろずの国々で何がおこなわれているかを間近にしたのであった。そして一八九六年、二十六歳のロースは、ヨーロッパのもっとも本質的な場所にしてかつ辺境の地ウィーンというねじれた場所に戻ってきた。

リングシュトラーセ

一八九六年のウィーン。それは都市大改造がすでになされ、それらがさらに展開している時期であった。首都であったウィーンは、東方からの攻撃に耐えるために、ヨーロッパの他の首都がそれらを取り去って後もいまだ堅牢な稜堡で守られていた。それらが十九世紀後半にさしかかってようやく取り払われたのである。その稜堡の撤去後にあらわれた空地は古都それ自体より巨大であった。新しい環状道路がつくられた。その開発は従来の貴族と新興のブルジョワジーたちによってなされた。

新ウィーンを建設するにあたってその文化的施設、公共建築はどのようにかたちづくられたのか。それはまるで砂糖菓子を固めるように再現された伝統的ヨーロッパの街並であった。数百年も前から建っていたと錯覚させるかのようなゴシック様式のヴィオ・テーフ教会、そして市庁舎。ブルク劇場はバロックを装い、ウィーン大学は知識の殿堂らしくルネサンス様式で建てられた。そして国会議事堂は当然、ギリシャ様式が採用された。つまり、すべてが新しかったが、すべてが古かった。国会議事堂の斜路の入口には、ローマのカピトリヌス神殿から一対の「調馬師」が借用された[1]。オーストリアの議会自由主義がそれ自身の歴史を象徴するためのモチーフがいまだ存在していなかったからである。近代国家へといいたる道程の多くが、書き割りであった。

「リングシュトラーセをぶらつくと、私はいつもこんな思いにとらわれる。現代にもポチョムキンのような存在がいて、ウィーンに足を踏み入れたすべての者たちに、気品に満ちあふれた都市に連れてこられた、と信じ込ませる任務を果たそうとしているのだと」(「ポチョムキンの都市」)

ロースはその様子を痛烈に皮肉った。彼はその開発の様子を、むかしロシアのエカチェリーナ女帝がクリミアの地を訪問した際に、彼女の右腕であった大臣ポチョムキンが荒れ果てた土地を隠し、板壁を立て、キャンバスを張り、そこに幸福な農村の姿を描いたという十八世紀末の出来事を引き合いに出しつつ語る。そして同じことがウィーンで起こりつつあると告発している。過去の装飾がボルトで打ち付け固定されている！ 開発者のみならず、それをありがたがる市民もまた同罪である。このような歴史の卑屈な上塗りをやめ、真正の近代的な建築スタイルを確立すること。これがアメリカ・ロンドン貧乏放浪帰りの二十代後半のロースの主張であった。このようにしてロースは、もっとも新しい開発地でありながら、さも堂々と古風な意匠をまとうねじれた時間を散歩するのであった。

ねじれは急進性を生む

ロースの主張を読むとき、ふと近代初期の日本の知識人に共通する気質を感じることがある。たとえば永井荷風。ロースとほとんど同時代に生きたこの都市徘徊者の視点のうちに、やはり同質のねじれを感じるのだ。荷風もまた東洋の辺境から西欧の中心パリに赴き、その文化を骨の髄までしゃぶり帰国した。彼はその新奇性を紹介することと同時に、江戸を懐かしみ、遊女がたむろする巷に埋没していった。そのへそまがりぶりはなんともウィーン＝日本的ではなかろうか。

そして気づくのだが、急進的かつ根源的、つまりラディカルな文化的表現が生み出されるためには、特殊な条件が必要なのだ。それは着々と技術が発展し、それに従って環境が間断なく更新されていくような中央では生まれない。むしろウィーンや日本のような辺境的文化地でこそ生み出される。なぜなら、辺境の地の表現者が抱える問題は、中央よりとてつもなく甚大な時空間の誤差を伴っているからだ。考え、解決しなくてはいけないギャップが山積みなのだ。そして文化的中央との時差ゆえにさまざまなモードが順序を違えて押し寄せてくる混沌のなかで、彼らはそのセンスを研ぎすまさなければならない。たとえばロースも親しくしていたダダイズムも、辺境の地といってよいスイス・チューリヒにおいて生まれた。赤子のつぶやきを冠としたこの芸術運動の性急さもまた同類のものであったろう。いわばそのねじれに押しつぶされ産声を上げたのだ。そしてダダイズムは、その後パリという中央で、シュルレアリスムというよりエスタブリッシュされた回路へ回収されていった。しかしダダイズムに比べれば、ロースははるかに論理的であったことは間違いない。

たとえば「どのように装えばいいのか？」という素朴な問いかけに対し、ロースは一言、めだたないことがいちばん現代的であると答えた。しかし、その単純な行為を実行するためには、じつはいくつもの時空のねじれを見いだし、解決していかなければならない。ロースは続ける。

もし、めだたない格好をしても、その格好でアフリカのティンブクトゥへ行けば、人々はその姿をみて驚くだろう。その装いがそこでは逆にめだってしまうからだ。だから条件を付け加えなければならない。西洋文化の中心にいてめだたない場合に限り、それは現代的な装いをしているということになるのだ、と。

さらに、茶色い靴を履き、ジャケットを着て舞踏会へいけば、ここでも場違いゆえにめだってしまう。そのため、さらに条件が加わる。つまり、西洋文化の中心にいて、さらにある特定の機会をわきまえたときにこそ現代的な装いが達成される。

ねじれの発見はこれだけでは終わらない。ハイドパークの散歩中にめだたない服装であっても、その格好で貧民街をぶらつけば、ひどくめだつことになる。とすると現代的な装いとは、西洋文化の中心にいて、ある特定の機会をわきまえ、さらに上流社会でめだたないことが条件となる（「「他なるもの」より」参照）、とロースは結論づけるのである。

めだたないという目標すら、これだけの逆説的な物言い――へそまがりの論理――が必要になってくるのである。辺境の地の表現者は、このようないくつものハードルを一発で表現しうる形式をも獲得せざるをえない。そのような環境で、「装飾と犯罪」は満を持して発表されたのであった。それは一瞬にしてスキャンダルとなった。

二重の罪としての装飾理論

二十世紀建築論の端緒を切り開き、かついまだに建築論史上最大の問題作といっても過言ではない彼の「装飾と犯罪」（本書所収）は、ウィーンでの一九〇八年ごろの講演[2]がもとになっていた。しかしそれがテキストとして公開されたのは、じつはウィーンではなく一九一三年のパリであった。ジョルジュ・クレ社[3]が発行していた総合芸術誌「レ・カイエ・ドジュールデュイ」第五号にフランス語として初登場したのである。そして一九二〇年にはル・コルビュジエが主宰する「レスプリ・ヌーヴォー」誌二号に再掲され、近代建築誕生のドキュメントとしてその地位を不動のものとした。この経緯はロースのテキストの性格をよくあらわしている。先進と後進、中央と辺境とを横断し、それをみずからの問題として独自の論理に到達した同論は、じつは中央的文化人がけっして獲得できない構成と質をもつものだったのである。それゆえにへそまがりロースのテキストは、中央においてこそ参照される価値があったのだ。

同論はいかにも奇妙である。それゆえにこれまでにさまざまな読み方を許容してきた。たとえばロースは装飾の端的な例として、犯罪者が好んでみずからの体に刻んだ入れ墨を例にあげ、その反社会性を告発する。しかしながら一方で、装飾行為自体は人間生活のいたしかたない本性として認めている。たとえばふだんの衣装にビーズで模様を織り込む地方の女性たちにとって、それに代わる楽しみは見いだせないし、同質の楽しみを近代は与えてくれないであろうとさえ述べる。まるでロースがふたりいて代わる代わる主張を繰り返しているような滅裂さがある。この分裂に加え、ロースの性的嗜好まで表面的に付け加え、さらにその倒錯を近代建築そのものの倒錯にまで拡大解釈する評も存在する。しかし、もうそんな臆測は不要といいたい。これまで日本に紹介されてこなかった、そして今後みすず書房にて継続して公開されることとなる予定の、ロースの著作群をまず吟味すればよい。とくに彼が多く書いた非建築論、つまり建築論でないとして訳出されてこなかった彼の衣装論や女性論やエチケット論をあわせて検討すれば、思いのほか彼の思考が一貫していたことが判明する。もちろんそれは彼が身を置かざるをえなかった「辺境の中心地」によって、多分に逆説的になっているところが魅力的だ。その一端を紹介してみたい。

同論で多くの読者がつまずくのは「パプア人の入れ墨」に象徴される未開文化の位置づけである。それはウィーン世紀末につながっていたことは一読して了解いただけるだろう。パプア人にとっては罪ではない入れ墨が、近代人にとっては無用で犯罪ですらあるというロースお得意のねじれた繋げ方によってなのではあるが。

彼はその主張をもって、全生活を芸術化、いわば入れ墨化しようとしたウィーン分離派や後に続く応用芸術一派を断罪した。しかし、これだけであれば同論はそれほどの力をもたず、またウィーンサロンに笑い種を提供しただけにすぎなかったろう。

同論が不朽の問題作になったのは、潜在する別の切り分けである。それは以下のようなものである。

- 装飾性——パプア人（文化的未開人）の入れ墨——ウィーン世紀末応用芸術（文化的犯罪）
- 無装飾性——非文化的人間（原始人）——きたるべき近代様式

文化的未開人と、そもそも装飾的文化を必要としない原始人は根底的に異なる。ロースは装飾批判とは別に、装飾文化そのものの止揚によってホフマンに入れ墨をしてもらう社会[4]とはまったく別種のきたるべき近代、いわば〈原始スタイル〉があらわれる余地を提示したのであった。

ロース自身の未開人をめぐる定義が曖昧であったため、私たちはこのふたつの切り分けをなかなか見いだすことができなかったのだ。この二元論は、ロースによるジェンダー論といえる「女たちのモード[5]」（一九〇二年）をかたわらに置くことで浮かびあがってくる。というのもロースは、女性が身にまとうモードにこそ装飾発生の要因を見いだしているからである。従来の女性は、男性にとりいらざるをえない服従的立場に置かれているがゆえに、媚態の強調としての装飾を発達させた。さらに媚態としての装飾が女性のみならず、伝統的貴族文化が装飾を必要とする際の一般的性格だというのである。

「もし愛が素直であるなら、女は男に裸で近づくだろう。だが裸の女は男にとって魅力に欠ける。たとえ一時的に男の欲情をかき立てることはできても、長くつなぎ止めておくことはできない。羞恥心から女はイチジクの葉を身につける必要が生じたのだ、とまことしやかに語られてきたが、全くの大間違いだ！　洗練された文化が苦労してでっち上げたこの羞恥心という感情は、原始人には無縁だった」（「女たちのモード」）

ここでロースは、羞恥心が装飾（イチジクの葉）を必要としたという失楽園以降の人間のあり方は、むしろ後代の洗練された文化がつちかった「やっかいな感性」――わいせつな感情――によって捏造された過去であることを主張している。そのとき「装飾と犯罪」において唐突に引き合いに出された、十字架の逸話の意味が増してくる。

ロースはいう。装飾の初源は十字架であった。水平の線は横たわる女であり、それに交わる垂直線は女を差し貫く芸術家自身であった。それは本来エロスとつながっているものであった、と。十字架は装飾以降を指し示すが、同時にまたそれ以前の直接的なエロス＝生ともつながるという分岐点に立っている。社会を編成する文化的人間（未開文化であっても文化である）の歴史とイチジクの葉（装飾）など必要としない原始人たちとの分岐である。「野獣は愛する、ただ愛する、本能が命じるままに。だが人間は本能を虐待し、本能は人間に潜むエロスを虐待する。われわれは厩舎につながれた野獣だ。与えられるべき餌のお預けをくらった野獣、命令されて愛さずにはいられない野獣だ。そうすると我らは家畜だということになる」（同前）

神の近くで自然との完全な調和の中で暮らしていたアダムとイブ。彼らが、食することを禁じられていた、善悪の判断を授ける知恵の実であるリンゴをかじってしまったことからはじまる身体の革命。これによって彼らには恥じらいと自由意志が生じた。彼らは急に沸き起こった恥じらいの感情に対処するために、自らの工夫でイチジクの葉によって彼ら本来の裸体をおおった。これが神の庇護のもとの純粋動物としてではない、罪を永遠に背負う人類としてのアダムとイブのはじまりであった。装飾に秘められた原罪的側面である。ロースは「装飾と犯罪」で聴衆に向かって、このような原罪的モチーフを語りかけた逸話を自ら紹介している。

「泣くな君たち。見よ、新しい装飾を生みだしえないということこそが、われわれの偉大な時代の本質をなしているのだ。われわれは装飾を克服した。われわれは装飾を必要としない時代に足を踏み入れたのだ。見よ、時は近い。あらゆるものに装飾のない時代がまもなく実現する。街路は白い壁のように輝くだろう！　聖なる街、天国の首都シオンのように。そのときこそ時代はほんとうの完成をみるだろう」（「装飾と犯罪」）

このような冗談めいた勇気づけは、「女たちのモード」においてはより具体的である。

「しかしわれわれはいま、新しい偉大な時代を迎えているのだ。もう男のエロスにアピールするのではなく、みずから働き男から経済的に独立することによって、女は男と平等な立場を獲得するのだ。女の価値が、時代によって変化していくエロスのありように左右されることはなくなるだろう。そうなればビロードとシルク、花とリボン、羽飾りと色とりどりの装いなど、いままで女が自分を引き立たせるのに使ってきたものは役に立たなくなり、いずれ消えうせることになろう」(「女たちのモード」)

いずれにせよ、ここに私たちはロースに潜んでいた彼のユートピア的性格をみるのである。もちろん羞恥(装飾)のない裸の原始未来生活は到達しえない夢である。しかし抑圧と解放というモチーフは、二十世紀を通じてさまざまな前衛精神によって試みられた運動の精神の中核でもあったことはいまさら指摘するまでもないと思う。そしてこのロースが潜ませた切っ先は、現在の私たちにも向けられているのである。

破壊=貴族=農民

「私は共産主義者だ。私とボルシェビキとの唯一の違いは、彼らが皆をプロレタリアートにしたいと考えているのに対して、私は皆を貴族にしたいと考えているところにある」[6]

第一次世界大戦の敗退によって貴族、ブルジョワジーの次にウィーンにやってきたのは、大衆の支持を得た左翼政権だった。敗戦間もない一九一九年にオーストリア社会民主党はウィーン市議会で第一党となった。その後ナチスの内乱によってその体制が崩壊する一九三四年までウィーンの政治主導体制を握った。彼らは労働者住宅の普及に熱心であり、結果的に三百七十九の集合住宅、戸数にして六万四千戸にのぼる市営集合住宅を建設したという。いわゆる「赤いウィーン」といわれた時期である。そのときロースは何をしていたのか。ロースは無報酬で彼らのために働いていたのである。

早くも一九二〇年四月からとりかかり、さらにその後いくばくかの報酬とともに一九二四年六月まで、集合住宅建設局のチーフアーキテクトとして働いたのだった。実際にロースによる労働者住宅も残存している。その取り組みは真摯で本格的なものであった。本書においても長編の関連論考が収められている。労働者の会合に出向き直接話しかけたかのような具体的な家屋改善案にその性格が顕著にあらわれている(「現代の公団住宅について」参照)。

ロースの生きた時代は、ウィーンがもっともめまぐるしく変貌する時代であった。建築家のみならず多くの文化人は転向を余儀なくされたり、社会的に抹殺されたり、逆に機転よく体制にあわせて言葉を変える状態であったことをけっして忘れてはならない。というのも、読者は気づくであろうが（この解題を読んでいただけなければ、むしろ気づかなかったかもしれないのだが）、本書に収められた論考は、そのような激動の時代を背景にもつことをまったく感じさせないほどつねに一貫しているのである。このへそまがりだけがもちえた時代との距離とその強度を最後に指摘しておきたいと思う。

それはもちろん、私怨でもあったウィーン工房への執拗な批判だけではない。ロースにはそのような私怨から（これもまた解決できないへそまがり特有の問題である）論理を発展させて、普遍的な洞察にまでいたってしまう癖がある。なかでもとくに労働者や職人の生き方についての論考は、彼の執筆生活において主だったもののひとつであったことはたしかであろう。

このような貧しい者、勤勉な者、ひいては現実の生活を知る者たちへの愛はまさに尽きせぬ泉のようである。その理由を彼の石工の息子という出自に回収することは、もはやロースに対して失礼であろう。というのも「赤いウィーン」の時代においても彼は時の風潮におもねることなくへそまがりの論理を通しつづけたからである。その持続に刮目すべきなのである。

この人を見よ。

彼の労働者讃歌は、生硬な社会主義者のそれでは断じてない！

驚くべきかなニーチェである。

「高貴な人々というのは農民階級からなるものですが、彼らは手に鋤を持って大地を傷つけ、その上にモノを捨てるかのように種をばらまき、そして永遠なる自然の恵みを鎌で刈りとるのです。その際、なんら建設的なことはしない」（「現代の公団住宅について」）

注

＊　本論考で用いた訳は特記なきかぎりすべて加藤訳を利用した。

（1）カール・E・ショースキー『世紀末ウィーン――政治と文化』安井琢磨訳、岩波書店、一九八三年、六五ページ。

（2）一九一〇年という説もあり。ただし「装飾と犯罪」は彼の十八番の講演であり、何回もおこなわれたという。

（3）同社はその後一九二一年、とくにウィーン応用芸術派に対する攻撃的文章によってドイツ、ウィーン周辺では出版中断となっていた、いわくつきのロースの第一著作集『虚空へ向けて』の刊行に踏み切ったのであった。

（4）ヴァルター・ルプレヒター「アドルフ・ロースとウィーン文化」、アドルフ・ロース『虚空へ向けて』アセテート、二〇一二年、所収。

（5）『虚空へ向けて』所収。

（6）ロースの妻であったクレール・ロースが一九三六年に著した *Adolf Loos Privat* の「ロースは言った……（Loos Sagt…）」から。

訳者あとがき

加藤　淳

本書はアドルフ・ロース生前第二の、そして生前最後の著書 *Trotzdem: 1900–1930*（Brenner, 1931）の全訳である。ロースはその日、その週、その年に生起するあらゆる動向に反応し、建築をはじめとして文化、モード、手工芸、政治、社会問題など遡上にのせて論じた。寄稿先はウィーン、ベルリン、ミュンヘン、パリなどの日刊紙やカルチャー誌、建築誌、教育誌、作家カール・クラウスの個人雑誌「ディ・ファッケル（炬火）」など多岐にわたる。本書は三十歳から六十歳にかけてこれらメディアで書き綴られた論考三十一篇（うち本邦初訳は十四篇）を収録しており、建築家として日の目を見はじめた時期から、社会で一挙手一投足が注目され、後進の育成にも力を入れた黄金期、ともに熱い時代を駆け抜けた有名無名の同志たちを看取った晩年までのロースの全体像があますところなく伝わる著作である。

訳出中、訳者はロースの言葉遣いに少なからず翻弄された。新しい価値観、新しい思想、新しい様式、新しい文化、新しい労働、新しい生き方……十九世紀末から二十世紀初頭への変わり目にウィーンは激震した。その渦中にあったロースには語るべきことがあった。現代とは何か。現代建築とは何か。現代にふさわしい様式とは何か。それを説明するのに誤解や矛盾を恐れている暇はなかった。時代を切り裂き一直線の論理を展開した。ロースは目の前の現実をすばやく判断し、大鉈を振り下ろした。切った相手から返り血を浴びた。血だらけの顔をぬぐいもせず、カッと目を見開いて見得を切った。「荒事」を演じつづける以上、より効果的に見せるために言葉の動作が激しくなった。

手ごわかったのは、たとえばArchitekt（建築家）というドイツ語だ。著名な建築家であるロース本人が「私は建築家を人間の一種だとはみなしていない」とまで言い切っている。これに該当する同時代人をロースはひたすら攻撃した。だが、これは職種としての建築家のことだ。彼らの履歴は決まって建築専門学校で勉強した後、建築事務所に勤め、設計し、図面を描いて生計を立てる。成功した者は建築学校の教授におさまるという具合だ。こうした建築家をロースは蛇蝎のごとく嫌った。大工（Bauhandwerker ないし Zimmermann）が同時代の様式でしか家をつくれないのに対し、建築家は参考文献に依存し、書物のなかからロココやバロック、アンピール様式と時代にそぐわない様式を引っ張りだしてトレースする。さらにこの人種は建築雑誌に掲載されて不朽の名作を残すことに躍起となっている。

だが「建築家」が称揚される場面もある。その真意を突きとめてみると、ここでは建築家は「職種」というより、その上のカテゴリーである「職掌」ととらえられている。つまり図面書きという専門能力をもつ技術職掌としての建築家と、実際に建築をしていく作業職掌としての建築家がいて、ロースは前者のみの建築家を否定し、両者のあいだに位置するか、あるいは後者に属する建築家を肯定した。いいかえれば建築家でありながら、図面があまりうまく引けなくても自分の考えている設計を伝えられ、職人仕事に精通しており、棟梁としての才覚も持ちあわせた仕事人こそが真の建築家ということになる。それは別の言葉ではBaumeisterが使われている場面もあった。訳は同じ建築家としたが、建築・建設を意味する「バウ」と徒弟制度のトップに立つ「マイスター」が組み合わされた言葉だ。ここには手仕事が感じられ、ロースの抱く肯定的建築家像が反映されている。

またKünstlerという単語は素直に日本語に置きかえれば「芸術家」となるが、額面どおりに受けとるとロースの真意からかけ離れる。ロースはこの言葉にネガティブな意味を背負わせた。ロースが言う「芸術家」とは、商品をデザインし、職人たちにそのとおりにつくらせる立場にあった者のことだった。当時、家具をはじめとする工芸分野において、流行の様式はめまぐるしく変わった。実直な職人たちはどう仕事をしていいかわからなくなった。そこでルネサンスやロココなどの過去の様式を使った装飾を恣意的に採り入れてデザインする「芸術家」が次から次へと登場した。大工や家具職人に自分の「作品」を押しつける建築家も「芸術家」にカウントされた。そうした場合は、本文でKünstlerと書かれていても、わかりやすくするために「建築家」と訳出した。

ここで本書の一助とするために、頻出単語をポジティブワードとネガティブワードに分けておく。ロースの毒に当てられて論旨を見失いそうになった際の解毒作業に使われたい。

まず、ポジティブワードから。建築家・建築士(Baumeister)、大工・建築作業員(Bauhandwerker)、壁職人(Maurer)、仕立屋(Schneider)、靴職人(Schumacher)、鞄職人(Taschner)、馬具職人(Sattler)、車大工(Wagenbauer)、楽器職人(Instrumentenmacher)、農民(Bauer)、労働者ないし職人(Arbeiter)。

これらはみな職人である。あるいは職人的に仕事をする人間たちである。ロースは本格的な活動を開始する直前、アメリカに渡ったことがあった。そこで出会った職人たちはみな素材を生かした装飾のないものを上質に仕上げていた。それこそロースが思い描いた現代にふさわしい職人たちだった。ウィーンでは「芸術家」と「建築家」が工芸を牛耳るあまり、職人が本来の姿を見失っていた。ロースはアメリカで将来の職人像をふたたび獲得したのだ。以来、彼は職人魂の再興をめざして論陣を張っていくことになる。

ネガティブワードを見てみよう。建築家(Architekt)と芸術家(Künsler)は、ロースにとって二大悪である。ほかに空間芸術家(Raumkünsler)、応用芸術家(angewandter Künsler)、図面描き(Zeichner)、教授(Professor)などである。

ロースはこれらの人々を、健康な子供を壺に入れて育てる中国での話を引き合いに出し、学校教育のせいでねじ曲げられた「精神的畸形児(geistige Missgeburten)」というレッテルを貼っている。そして真の建築家を「まったく図面の描けない人間」「線を引くだけではみずからの内面のありようを表現できない人間」と定義し、図面の役割は、建設にあたる職人たちに自分の意向を理解してもらうために使うものだとしている（「装飾と教育」）。にもかかわらず上記の職能集団が幅を利かせている現状を、ロースは激しく論難するのである。

訳出作業は二重、三重の精査と確認で構成された。

毎月二度、講読会をおこなった。その際、訳者加藤が訳文の叩き台をつくり、同時に各パラグラフに分けたテキストごとに担当を決め、ゼミ学生が辞書を片手に原書に向き合った。学生翻訳は徹底してストレートな直訳を心がけた。原文にはロース流の皮肉、奇を衒う表現、現代のわれわれには理解しがたい当時の言いまわしなどが頻出する。ロース文体の悪路を歩く現代のわれわれには躓きやすいポイントが多くあった。しかし学生による素直な直訳が加藤の読解とうまく合体し、スムーズに歩行を進める性能のいい登山靴となった。

建築の専門家ではない訳者のバックには監修者である建築家、元早稲田大学芸術学校校長の鈴木了二、早稲田大学建築学科教授の中谷礼仁、京都大学博士課程の岸本督司の三氏が控え、適宜テクニカルタームや建築上の概念と構造、美学・哲学上の学問的知識などを駆使して解読していった。ウィーンに留学していた岸本は、八時間の時差があるため現地は真夜中だったがSkypeを使用して出版ゼミに参加し、ドイツ語の読解のみならず現地より実地情報や直接手に入る資料にあたり、その成果を反映した。さらに学生たちが膨大な資料を読みこんで裏づけ、詳細な訳注をつくりあげていった。なお参加したゼミのメンバーは以下のとおりである。本橋仁、原功一、齋藤亜紀子、癸生川まどか、根来美和、保坂麻友、丸茂友里、渡辺周、芳野真央、吉田和弘、浦上卓司、石井宏樹。

翻訳・訳注作成にあたっては多くの方にお世話になった。独自編集のロース文集であり、日本のロース研究書籍としてもっとも挙げられることの多い『装飾と犯罪』を訳出された元国士舘大学教授の伊藤哲夫氏に、ロース研究にあたる際の的確なアドバイスをいただいた。またドイツ語に関しては、ドイツ文学研究者であり、訳者の恩師である慶応大学教授の和泉雅人教授、ならびに粂川麻里生教授のご協力なくしては完訳することはできなかった。

本書は、早稲田大学特定課題研究助成（課題番号 2014A–028）による研究成果の一部である。また研究に用いた一次資料は早稲田大学中谷研究室で二〇一〇年夏におこなったウィーンの現地調査の成果である。本調査は、安藤忠雄文化財団の助成を受けおこなった。現地ではロース研究者ラルフ・ボック氏をはじめ、アルベルティーナ博物館キュレーターのマルクス・クリスタン氏、またノルベルト・シュタイナー氏、ペトラ・ミッチェル氏の協力のもと資料収集、実測調査をおこなうことができた。また現地では建築家三谷克人氏の協力を仰いだ。関係者、関係諸機関に厚く御礼申し上げる。

ロースが活躍した時代から百年以上が経つ。現代の日本にロースが立ったら、なんと言っただろうか。それは読者のみなさんがご自分の持ち場でそれぞれに想像していただけたらと思う。ロースの呼びかけに応答することは、われわれが生きる時代をどう切り拓いていくべきかを見極める一助になろう。

著者略歴

(Adolf Loos, 1870-1933)

オーストリアの建築家．1870年，モラヴィア地方ブルノ市（現チェコ共和国）に生まれる．ドレスデン工科大学で学び，1893年より3年間アメリカに滞在．帰国後ウィーンで建築家としてキャリアを積むかたわら，種々の新聞・雑誌に多くの批評を寄稿．1922-28年，パリに拠点を移すも晩年はふたたびウィーンに戻って活動を続けた．1933年没．作品「カフェ・ムゼウム」（ウィーン1899）「アメリカン・バー」（別称「ケルントナー・バー」，同1908）「シュタイナー邸」（同1910）「ミヒャエル広場に建つ建築」（同1911）「ルーファー邸」（同1922）「トリスタン・ツァラ邸」（パリ1926）「ミュラー邸」（プラハ1930）ほか．

監修者略歴

鈴木了二〈すずき・りょうじ〉 1944年生まれ．早稲田大学大学院修士課程修了．建築家，早稲田大学栄誉フェロー．作品「物質試行20 麻布EDGE」（1987）「物質試行37 佐木島プロジェクト」（1995／日本建築学会賞）「物質試行47 金刀比羅宮プロジェクト」（2004／村野藤吾賞，日本藝術院賞）ほか．著書『非建築的考察』（筑摩書房1988）『建築零年』（筑摩書房2001）『物質試行49 鈴木了二作品集1973-2007』（INAX出版2007）『建築映画 マテリアル・サスペンス』（LIXIL出版2013）『寝そべる建築』（みすず書房2014）ほか．

中谷礼仁〈なかたに・のりひと〉 1965年生まれ．早稲田大学大学院前期博士課程修了．早稲田大学理工学術院建築学科教授．歴史工学・建築史．著書『国学・明治・建築家――近代「日本国」建築の系譜をめぐって』（波乗社1993）『セヴェラルネス＋（プラス）――事物連鎖と都市・建築・人間』（鹿島出版会2011），共著『近世建築論集』（アセテート2004）『シリーズ都市・建築・歴史8 近代化の波及』（東京大学出版会2006）『今和次郎「日本の民家」再訪』（平凡社2012）ほか．

訳者略歴

加藤淳〈かとう・じゅん〉 1972年生まれ．慶応義塾大学文学部卒業後，ベルリン工科大学ドイツ文学科に学ぶ．ベルリン在住10年を経て帰国後は翻訳，通訳，フリーライターとして活動．訳書アドルフ・ロース『虚空へ向けて』（アセテート2012）ほか．

アドルフ・ロース
にもかかわらず
1900-1930
鈴木了二・中谷礼仁監修
加藤淳訳

2015年9月14日 印刷
2015年9月24日 発行

発行所 株式会社 みすず書房
〒113-0033 東京都文京区本郷5丁目32-21
電話 03-3814-0131(営業) 03-3815-9181(編集)
http://www.msz.co.jp

本文組版 キャップス
本文印刷所 平文社
扉・カバー印刷所 リヒトプランニング
製本所 誠製本
装幀 羽良多平吉

ISBN 978-4-622-07887-6
[にもかかわらず]